Artes – Pro und Konta II

Untersuchungen zum gesellschaftlichen Diskurs zu

Kunst, Wissenschaft und Technik

Kapitel 3

Dr Vilmos Czikkely

1   Aufbruch in Athen: die vita contemplativa.

1.1   Athen im 5. Jahrhundert

Zum Verständnis der intellektuellen Auseinandersetzungen und Friktionen im Athen des 5. und 4. Jahrhunderts v.u.Z. wollen wir zunächst wesentliche Merkmale der geistigen Situation politisch, wirtschaftlich, militärisch, religiös, sozial und bildungspolitisch betrachten (3.1.1.). Dadurch sollen Meinungen und geäußerte Einstellungen zu den τέχναί einen „Sitz im Leben" bekommen.

1.1.1   Hintergrund

Die folgende Skizze der attischen Gesellschaft soll kein Geschichtsbuch ersetzen. Doch einige wichtige Merkmale werden zum besseren Verständnis der Auseinandersetzungen des 5. und 4. Jahrhunderts v.u.Z. um die τέχναί gebraucht, und dazu sollen sie in Erinnerung gerufen werden. Wir müssen ja auch etwas von der Sache wissen, worüber sie geredet haben.

* Doch „Kultur", auch die griechische, braucht interkulturellen Kontakt[1]. Bereits Homer (2.3.2.1.) wusste um die Bedeutung des Handels, der Schifffahrt und der Kenntnis anderer Kulturen für die Entwicklung eines Gemeinwesens. Die Kyklopen blieben rückständig in einem urwüchsigen Naturzustand, da sie isoliert auf ihr Insel lebten[2]: Ihnen … *mangelt das bunte Geschwader der Schiffe, / Mangeln die Meister zum Bau, so baut ihnen keiner den Nachen, / Hoch, mit schönem Verdeck, der all die Reisen vollbrächte, / Fern zu den Örtern der Menschen, wo rings in der Welt sich die vielen / Männer einander besuchen und fahren durchs Meer mit den Schiffen. / Hätten sie solch einen Meister, so stünde das Eiland blühend. / Denn es ist gar nicht schlecht und brächte wohl vieles zu Reife*[3].

Für Hesiod (2.3.2.2.) war die Erfindung von Schiffen und Seefahrt Frevel gegen die göttliche Ordnung[4], vor dem er seinen Bruder gewarnt hat[5]. Doch ", ab etwa 750 v.u.Z. haben die Griechen systematisch Kolonien an den Ufern der Meere (Mittelmeer und das Schwarze Meer) errichtet. Am Ende des 6. Jahrhunderts saßen sie *wie Frösche um einen Teich*[6] (2.3.). Der Besuch der bekannten Heiligtümer, Wettkämpfe und Festspiele: Delphi, Olympia, auch Athen setzt Reisen voraus, auch beschwerliche Landreisen. Hermes, der Götterbote war auch Schutzgott der Straßen, er hatte an Kreuzungen seine Kultstätte[7].

* Athen war vor der Regierung des „Tyrannen" Peisistratos (600 – 527 v.u.Z.) eine Provinzstadt, die sich weder an geistiger Bedeutung noch politisch mit Sparta, Korinth oder den Städten an der Ionischen Küste messen konnte. Peisistratos sorgte für den Aufschwung von Handel und Verkehr. Er war es auch, der mit seinem monumentalen Bauprogramm als Erster das Stadtbild prägte. Charakteristisch dafür war das Ineinandergreifen von politischem Machtausdruck und Erneuerung des religiösen Lebens. Doch die Handelswege führten zunächst nach Korinth. Athen blieb bis zu den Perserkriegen von den Prozessen einer Globalisierung (2.3.) noch relativ abgekoppelt. Athen war damit auch vom naturphilosophischen Diskurs (2.3.4.1.) in den kolonialgriechischen Städten der ionischen Küste, Sizilien und „Magna Graecia" zunächst unberührt.

Aulus Gellius berichtet, dass nach der Legende Peisistratos eine große Bibliothek für die freien Künste eingerichtet habe, der öffentlich zugänglich gewesen wäre[8],[9].

Die Schicksalsstunde .Athens kam mit den Perserkriegen 480 und 490 v.u.Z. und der maritimen Aufrüstung. Der Ausbau des Hafens in Piräus folgte im 5. Jahrhundert v.u.Z. die Konzentration des Seehandels auf diesen: Getreide, Bauholz, Tierhäute, Lebensmittel, Eisen und Kupfer wurden eingeführt, Öl, Honig, Keramik, Waffen u.a.m. wurden ausgeführt. Piräus war um 450 v.u.Z. ein Tor zur Welt, ein Treffpunkt von Seefahrern, Händlern, Finanziers und auch Sklaven. Der Handel gab der Athener Gesellschaft neue Impulse[10].

Im 5. Jahrhundert v.u.Z. und besonders in dessen 2. Hälfte, war Athen ein kulturelles Zentrum, ein brodelnder Kessel politischer und intellektueller Auseinandersetzungen. Allein schon dies kontrastiert mit den vorangehenden Alten Reichen, Ägypten und Mesopotamien, aber auch mit der eigenen Vergangenheit in den „Dunklen Jahrhunderten" und im 6. Jahrhundert.

An diesen Auseinandersetzungen beteiligt waren die Sophisten (3.2.), die Dichter der Tragödie (3.4.) und der Komödie (3.5.), auch die Geschichtsschreiber (3.3.) und die Philosophen (3.6.). Von den letzteren gehörte nur „Sokrates" dem 5. Jahrhundert v.u.Z. an. Die beiden großen Philosophen, Platon und Aristoteles, gehören zwar dem folgenden 4. Jahrhundert an, sind aber von dem vorangehenden gesellschaftlichen Diskurs geprägt (3.6.). Zu den brennenden Problemen ihrer eigenen Zeit, dem 4. Jahrhundert v.u.Z. --- etwa zu den Versorgungsproblemen nach dem verlorenen Peloponnesischen Krieg und der Auflösung des Seebundes[11] --- nahmen in ihren Werken weder Platon (3.6.2.), noch Aristoteles (3.6.3.) Stellung.

Für das kulturelle Leben Athens markieren der Peloponnesische Krieg und die Auseinandersetzung mit Philipp von Makedonien noch keine deutliche Zäsur. Einen markanten Wandel brachten die Feldzüge Alexanders und die anschließende Neuordnung der alten Welt (Kapitel 4).

* Zum Vergleich: Sparta war bis ins 6. Jahrhundert v.u.Z. wirtschaftlich und kulturell eine blühende Stadt. Politisch hat Sparta mit dem Peloponnesischen Krieg den Gipfel der Macht erreicht, doch das kulturelle Leben war vom 5. Jahrhundert v.u.Z. in Athen dynamischer.

1.1.1.1 Die politische Verfassung Athens

Mehrere „politische Faktoren" haben den Aufstieg Athens von einem Dorf zu einem Kulturzentrum gefördert, soziale, wirtschaftliche aber auch militärisch-strategische. Zunächst die sozialen Faktoren:

* Durch den Synoikismos (politische Verschmelzung) bildeten Athen und die Dörfer Attikas wirtschaftlich und politisch eine Einheit. Nach Auskunft des Thukydides war der Großteil der Bevölkerung in den Demen von Attika aufgewachsen und war das Leben auf dem Lande gewohnt. Die Stadt war Zentrum der politischen Meinungsbildung, Rats- und Amtsstätte, aber für die meisten von ihnen nicht der gewohnte Lebensraum. Als die Peloponnesier Attika überfielen und Perikles die Demen evakuieren ließ, „*mussten sie ihr ganzes Leben umstellen, ja kaum anders, als müsste jeder aus seiner Heimat auswandern*"[12].

Politisch war die Bürgerschaft Athens und Attikas in Phylen organisiert. Es gab deren 10, sie bestanden seit der Reform des Kleisthenes (508/507 v.u.Z.) jede aus einem städtischen, einem ländlichen und einem Küstenbezirk. Kleinste Verwaltungseinheit waren die Demen (ca. 100). Ländliche und urbane Interessen mussten also innerhalb der Phylen ausbalanciert werden. Die Phylen bestimmten ihre Repräsentanten für die politischen Gremien: sie stellten je einen Strategen und entsandten je 50, den Demen proportional zu ihrer Bevölkerungszahl entnommene Räte.

Die wichtigen Foren des öffentlichen Lebens waren: Militärdienst, Gesetzgebung, die Besetzung der öffentlichen Ämter, die Rechtsprechung und das Theater. In politischem Sinne bildeten die Vollbürger die Öffentlichkeit (3.1.1.8.).

* Die Amtsgeschäfte führten die „Archonten" im Auftrag des Rates der 500, oder der Volksversammlung. Sie wurden, um eine Akkumulation von Macht zu vermeiden, für eine beschränkte Zeit, meistens ein Jahr, gewählt, oder durch das Los bestimmt. Nur die „Strategen", Träger des militärischen „know-how" konnten von der Volksversammlung wieder gewählt werden. Der jährliche Wechsel der Räte und der Archonten brachte einen akuten Bedarf an regierungsfähigen und des Redens kundigen Männer mit sich. Perikles hat durch die Einführung von Diäten und Tagegeldern die Demokratie fortentwickelt und radikalisiert.

* Die Rechtsprechung war eine Angelegenheit der Bürgerschaft und keine Aufgabe für spezialisierte Fachkräfte. Die Gesetze wurden von den Bürgern für die Bürger erlassen, nur sie bildeten das Gericht und nur sie durften vor dem Gericht auftreten. Die Aufgabe der Gerichte war es nicht eine von den Prozessbeteiligten unabhängige Wahrheit zu finden, sondern in einem Schiedsspruch die „Wahrheit" einer der streitenden Parteien mit einer Stimmenmehrheit zu akzeptieren oder zurückzuweisen. Jeder der Richter hatte das Gehörte selber ohne eine korporative Beratung zu beurteilen und hatte seine Stimme entsprechend in einer geheimen Abstimmung abzugeben. Da es nicht um die Feststellung juristischer Tatbestände ging, kam vor Gericht nicht nur der Anklagepunkt, sondern die ganze Persönlichkeit des Angeklagten zur Sprache, ja die gesamte Familie, Vorfahren und Kinder wurden aufgeführt. Interessante Einblicke in die Gerichtspraxis geben uns die Reden des Lysis[13]. Es gab auch keine professionellen Rechtsberater oder eine fachlich qualifizierte Auslegung der Gesetze. Entscheidend war die „Stärke der Argumente", der Eindruck auf die Richter. Dieser ließ sich durch den Einsatz der Mittel der Rhetorik steigern (3.2.1.). So kam es mehr darauf an *durch Vieldeutigkeit der Worte dem Gegner ein Bein unterschlagen und ihn umwerfen[14].*"

Das Ziel der Urteilsfindung war die Abschreckung und die Vergeltung. Die Strafen sind für uns ungewöhnlich hart: Tod, Verbannung, Entzug der Bürgerrechte, Konfiskation des Vermögens. Die Richter konnten sich je nach Fall entweder für oder gegen eine gesetzlich fixierte Strafe aussprechen oder in einem zweistufigen Verfahren erst die Schuld feststellen und dann zwischen den vom Kläger und dem Beklagten vorgeschlagenen Strafen wählen. Zu diesem letzten Typ gehörte der Prozess des „Sokrates" (3.6.1.2.).

Diese Rechtspraxis wurde in der Tragödie als göttliche Satzung thematisiert (3.4.1.). Sie war eine der Grundlagen für die Wirkung der Sophisten (3.2.1.) und Bildet auch den Hintergrund für deren Kritik in der „Alten Komödie" (3.5.2.) und bei Platon (3.5.2.2., 3.6.2.1.1. und 3.6.2.2.5.).

* Eine wichtige Rolle spielten im öffentlichen Leben die Hetärien. Diese waren ursprünglich gentilizistische Verbände[15]. Doch im 5. Jahrhundert wandelten sich diese Cliquen in „politische Klubs", Bünde oder Kameradschaften. In den Hetärien konnten politische Projekte oder der „politische Kurs" allgemein abgesprochen werden und ihre Mitglieder unterstützten sich gegenseitig. Die Mehrzahl dieser Verbände verfolgte oligarchische Ziele, die der formalen Demokratie zuwiderliefen und diese unterhöhlten. Ihr Aktionsfeld, auf dem sie einander beistanden, waren die Gerichte und die politischen Organe[16].

* Die formale Demokratie war ausgehöhlt und oligarchisch manipuliert. De facto lag die politische Macht bis zum Tode des Perikles in den Händen aristokratischer Familien: die bedeutenden Persönlichkeiten des politischen Lebens, Miltiades (ca. 550-490), Kimon (Sohn des Miltiades, etwa 510-450), Aristeides (+467), Themistokles (vor 524- ca. 450) und Perikles (495/490-429), gehörten aristokratischen Familien an. Nehmen wir als Beispiel für die Verflechtung der Interessen das Geschlecht der Buzygai. Der Demokrat Perikles selbst, aber auch andere einflussreiche Politiker, wie der Redner Demostratos und sein Bruder Nikias (vor 469-413), der vorsichtige und fromme Politiker, reicher Silberbergwerksbesitzer aus Laurion, gehörten den Buzygai an. Diesem vornehmen Priestergeschlecht oblag auch das erbliche Priestertum des Zeus Teleios und des Zeus am Palladion. Sie führten ihren Stammbaum auf den attischen Heros Buzyges zurück. Ihm schrieb man die Einführung des Ackerbaus und die Rechtsordnung der agrarischen Verhältnisse zu. Die heilige Pflügung eines der Burggöttin geweihten Ackerstreifens unterhalb der Burg wurde alljährlich festlich begangen. Schon hier sehen wir die Verfilzung der Komplexe Politik, Landwirtschaft, Wirtschaft, Militär und Religion. Sie bildeten politisch bis zum Tode des Perikles, in der Terminologie der Spieltheorie formuliert, eine „Siegreiche Koalition".
Mit dem Tod des Perikles und der „Pestepidemie"[17] hat sich die Szenerie verändert: *Die späteren waren nur bemüht jeder der erste zu werden, gingen sogar so weit, die Führung der Geschäfte den Launen des Volkes auszuliefern*[18]. Mit dem „Perikleischen Zeitalter" kontrastiert das Emporkommen der banausischen Handwerker auf der politischen Bühne. Dieser Kontrast hat die politischen Auseinandersetzungen auch um die τέχναί im letzten Drittel des 5. Jahrhunderts v.u.Z. geprägt. Perikles´ politischer Gegner war unter anderen Kleon der Gerber (+422 v.u.Z.; 3.1.1.8.2., 3.5.2.2., 3.5.3. und 3.6.1.3.1.), er hat die Anklageschrift gegen Perikles mit unterschrieben[19],[20]. Im gesellschaftlichen Diskurs war der Streit der Politiker auch ein Thema für die Dichter der Alten Komödie (3.5.1.).

* Im gesellschaftlichen Diskurs setzte zwischen 413 und 411 v.u.Z. eine intensive Verfassungsdebatte ein. Eröffnet (414 v.u.Z.) wurde der Diskurs durch eine Komödie von Aristophanes: Die Alternative zu Athen und Sparta, ist der ideale Staat, „Wolkenkukucksburg" (3.5.2.2.) zwischen der Welt der Götter und der irdischen Realität[21].
In der weiteren Debatte wurden die Verfassungen der Poleis, insbesondere Spartas, zum Vergleich herangezogen und Vorstellungen von der idealen Staatsordnung artikuliert (3.1.1.6.). Nicht nur die Sophisten (3.2.1.) haben sich an dieser Diskussion beteiligt. Einen Reflex dieses Diskurses finden wir in den „Teilnehmerinnen einer Vollversammlung" des Aristophanes (3.5.1.) und einen philosophischen Nachklang bei Platon (3.6.2.2.7.), Aristoteles (3.6.3.) und Xenophon (3.6.6.).

1.1.1.2 Wirtschaftliche Faktoren

* Die wichtigste der wirtschaftlichen Faktoren in der Entwicklung Athens war die Entwicklung der Geldwirtschaft.

Die ersten Münzen wurden im Reich der Lyder zwischen 650 und 600 v. Chr. als Zahlungsmittel herausgegeben (*siehe auch:* Krösus). Dabei handelte es sich um unförmige Brocken aus Elektron (eine natürlich vorkommende Gold-Silber-Legierung), zuerst bildlos. Bildliche Darstellungen auf Münzen kamen um 600 v. Chr. auf. Die ersten Silbermünzen wurden um 550 v. Chr. in Kleinasien und auf der griechischen Insel Ägina geprägt. Silber hat das Elektron abgelöst und wurde der Rohstoff der Münzproduktion. Die ersten Bankiers sind in der zweiten Hälfte des 5. Jahrhunderts v.u.Z. fassbar[22].

Bis etwa 400 v. Chr. setzte sich die Münze in ganz Griechenland gegenüber dem Tauschhandel durch. Das athenische Silbergeld wurde zu einer weit verbreiteten Währung der griechischen Welt[23]. Nur Sparta hat diese Neuerung nicht angenommen (3.1.1.6.).

Eigenes Silbervorkommen war eine der Faktoren, die Athens Aufstieg zu einem monetären --- und einem Kulturzentrum ermöglicht haben.

* Das Gebiet von Laurion wurde im 5. Jahrhundert v.u.Z. ein Zentrum der attischen „Montanindustrie". Hier wurden nicht nur silberhaltige Erze abgebaut und verarbeitet, sondern auch die mineralischen Farbstoffe für die Töpferei gewonnen. Die Gesamtlänge der Schächte und unterirdischen Gänge wird auf 140 km geschätzt. Führende Familien Athens, etwa des Perikles, des Kallikles oder des Nikias, waren an den Minen und Verarbeitungsbetrieben beteiligt. Etwa 11.000 Arbeiter waren hier beschäftigt[24]. Die Literatur schweigt weitgehend über diesen Industriekomplex, doch der Peripatetiker Theophrast (4.2.2.) berichtet auch über Entdeckungen[25] und Experimente zur Erzaufbereitung (Mahlen und Waschen)[26].

Die Ausbeutung der Silberminen von Laurion machte die an den Minen beteiligten Familien reich und hat es ermöglicht nicht nur die Importe der Stadt an Lebensnotwendigem und Luxuria zu bezahlen, sondern auch ein Bauprogramm zu finanzieren und einen facettenreichen Kulturbetrieb zu unterhalten.

Der Zusammenhang zwischen Bergbau und kultureller Aufschwung in Athen (3.1.1.6.) konte mythologisch formuliert werden: Bei Aischylos war es Prometheus der den Menschen das Feuer und die Künste brachte (2.3.1.6. und 3.4.1.). In einem homerischen Hymnus (2.3.1.3.), wie auch in einem der Mythen Platons (3.6.2.1.5.), ist der göttliche Schmied Hephaistos zusammen mit Athene, ein Kulturbringer: beide erhielten Attika, sie teilten *die Liebe und Weisheit zur Kunst im athenischen Land*[27] (3.6.2.2.3.).

* Um 480 v.u.Z. gab es etwa 115 verschiedene Münzsysteme, die untereinander Netzwerke bildeten[28]. Selbst der Delisch-Attische Seebund war monetaristisch nicht einheitlich[29]. Es gab zwar Bestrebungen ein Standard einzurichten, doch ohne Erfolg. Im Diskurs um das Nebeneinander verschiedener Geldsysteme hat z.B. Platon (3.6.2.) eine restriktive Position vertreten: Für den täglichen Umsatz ist die Landeswährung unumgänglich, aber für Heereszüge, Reisen in fremde Länder oder Gesandtschaften *muss der Staat notwendig hellenisches Geld besitzen*[30]. Xenophon (3.6.6.) dagegen betonte den Vorteil einer einheitlichen Währung (der attischen) für den Handel[31]. Bi-Monetarismus war bis in die hellenistische Zeit verbreitet, so z.B. in Mazedonien[32]. Erst Kaiser Augustus hat eine einheitliche Währung, Gewichts- und Maßsystem im Römischen Reich etabliert (4.1.2.).

Auch die verschiedenen Aspekte von Markt, Geld, Reichtum und Luxus waren Gegenstand eines gesellschaftlichen Diskurses: thematisiert von den Sophisten (3.2.), in der Komödie (3.5.2.) und auch von „den Philosophen" (3.6.).
Als Athen im 4. Jahrhundert v.u.Z. mit wirtschaftlichen Problemen zu kämpfen hatte, war Phantasie gefragt und es wurde u.a. vorgeschlagen, zur Steigerung der Einnahmen der Stadt Blei aus Laurion, ein Nebenprodukt der Silbergewinnung, (mengenmäßig das „Hauptprodukt", doch weniger gefragt[33], also wirtschaftlich ein Abfall) durch staatliche Monopolkäufe künstlich zu verteuern[34].

Dieser Diskurs wirft ein Licht auch auf die drei Zweige der artes, die wir in diesem Kapitel betrachten wollen.

Ausblick: auch in Rom wurden die Fragen um Geld, Reichtum und Luxus insbesondere von Philosophen und Dichtern öffentlich diskutiert. (4.1.2., 4.2.4., 4.2.5.1.1. 4.3.3.)

* Athen und die Hafenstadt Piräus waren im 5. Jahrhundert auch Städte der τέχναί und das wirtschaftliche Zentrum im östlichen Mittelmeer. Im Hafen von Piräus wurden Rohstoffe angeliefert, die in Athen zu Fertigwaren verarbeitet wurden: Eisen-, Kupfer- und Zinnerz, Häute und Felle, Papyrus, Gewürze, Luxusartikel und auch Sklaven[35].

Die Metallbearbeitung war In Athen um den Tempel des Hephaistos angesiedelt, das Zentrum der Keramikproduktion war vor den Toren[36]. Attische Töpferwaren wurden in der damaligen Welt gefragt, geschätzt und nachgeahmt.

Der technologische Fortschritt wurde im Wesentlichen durch militärische Anforderungen stimuliert insbesondere im Schiffsbau (3.3.2.). Athen war führend im Schiffsbau, diese war Grundlage für die Vorherrschaft in der Ägäis und wickelte den Handel ab.

Die Nähe zum Meer und der Seehandel waren bereits bei Hesiod (2.3.2.2.) Ansatzpunkte kritischer Anmerkungen. Platon (3.6.2.), Isokrates (3.2.4.) und Aristoteles (3.6.3.) haben befürchtet, die Kontakte mit Fremden würden die Sitten der Polis-Gemeinschaft untergraben[37].

* Die wirtschaftliche Blüte und die Arbeitsteilung haben eine Spezialisierung der Berufe und der Ausbildung (Architekt, Arzt, Bildhauer, usw.) gefördert. Dies spiegelt sich auch in der erweiterten Anwendung des τέχνη - Begriffes auf fast alle Beschäftigungen wieder, die Planung und spezifische Kenntnisse, sprich Techniken verlangten.

Aristoteles erwähnt berufliche Interessensverbände, die zur Wahrung partieller Interessen im Staat gebildet werden, so wie Fahrgenossen: *Fahrgenossen suchen den Gewinn aus der Seefahrt in Geld oder dergleichen*[38].

* Handelswege waren auch Wege der Kommunikation. Die Handelskontakte weckten das Interesse für die Außenwelt, und förderten die Auseinandersetzung mit ihr: Exotische Waren und Luxuskonsum dienten vornehmlich der Selbstdarstellung daheim: in der Kleidung und Lebensart kommen in der 2. Hälfte des 5. Jahrhunderts „Perserien" auf. Aber nicht nur Kaufleute, auch Söldner, Geographen und Historiker sind in aller Welt herumgekommen und berichteten über ihre Kenntnisse und Erfahrungen.

Auch wenn diese Berichte nicht immer der Wahrheit verpflichtet waren, manchen geschäftemacherischen Bluff, Seemannsgarn oder gar bewusste Täuschung enthielten, für das Denken wirkten sie allemal anregend.

Herodot (4.3.1.) ist solchen Berichten nachgegangen, gab aber selber einiges ungeprüft weiter. Wir können getrost annehmen, dass gewitzte Kaufleute als Informanten ihre Kunden über die Herkunft ihrer Waren nicht nur im Dunkeln gelassen haben, sondern Mühsal und Gefahren der Beschaffung eher übertrieben haben um einen hohen Preis zu rechtfertigen[39] . Denken wir nur an die Erzählung von den Hesperiden, Amazonen, goldschürfenden Ameisen. So ein Informationsverhalten ist uns auch nicht ganz fremd (9.1.5.), nur ist heute die Transparenz – und die Konkurrenz größer. Kritisches Bewusstsein setzt eigene Kenntnisse oder eine unabhängige Prüfungsinstanz voraus.

Auch über Reisen von Philosophen wird berichtet: Pythagoras soll in Ägypten (2.2.), bei den Chaldäern (2.1.2.3. und 2.1.2.4.) und den Magiern gewesen sein, Demokrit soll ebenfalls in Ägypten, auch bei den Chaldäern, den Gymnosophisten (gemeint sind die „nackten Philosophen", indische Yogis) und auch in Äthiopien gewesen sein. Demokrit soll zu Hause schon Unterricht von einem Chaldäer erhalten haben, den Xerxes auf seinem Feldzug zurückgelassen hat, --- so berichtet uns Diogenes Laertios. Ob es stimmt oder nur eine Legende ist, mag dahingestellt sein. Vielleicht wollen die Berichte nur sagen, dass der Horizont dieser Philosophen über das allgemein Griechische, und ganz speziell Attische, hinausging, und diese in ihrer Lehre den Griechen sonst fremde Vorstellungen kosmopolitisch verarbeitet haben.

* Von den Sophisten an machte die Auseinandersetzung mit den verschiedenen τέχναί einen beachtlichen Teil des gesellschaftlichen Diskurses aus[40]. Erste Versuche, eine „Theorie" der τέχναί ins Gefüge menschlichen Wissens einzuordnen finden wir bei Platon (3.6.2.) und Aristoteles (3.6.3.). Aristoteles und seine Schule ordnete die Ansätze zu einer theoretischen Mechanik dem physikalischen Teil der Mathematik zu[41]. Die Einordnung blieb bis in die Neuzeit leitend (4.1.1.2., 4.1.1.8. und 9.1.2.2.).

1.1.1.3 Die militärische Lage

* Kriege und Konflikte haben in Athen das öffentliche Bewusstsein im 5. Jahrhundert v.u.Z. nachhaltig geprägt. Kampf war eine wichtige Komponente im Leben der männlichen Bürger. Die beispielhaften Heldentaten aus der Mythologie, den Epen und der eigenen Geschichte bildeten die Grundlagen der Moralvorstellungen und der Erziehung. Es gab keine Trennungslinie zwischen Politikern und militärische Führung. Die meisten Politiker hatten auch leitende militärische Aufgaben oder gehörten zum Strategenkollegium. Zugespitzt formuliert könnte man Athen als einen Militärstaat (mit einer starken Flotte) bezeichnen.

* Die erste Hälfte des 5. Jahrhunderts v.u.Z. war von den Auseinandersetzungen mit Persien geprägt. Nach den Schlachten von Marathon, Salamis, Plataiai und Mykale ging die kriegerische Auseinandersetzung mit Persien außerhalb „Griechenlands" in Kleinasien, Ägypten und Zypern weiter. Erst der „Kalliasfriede" (449 v.u.Z) brachte ein Ende der Feindseligkeiten.

Zur Abwehr der latenten, oder zumindest so empfundenen, persischen Bedrohung und zur Sicherung der eigenen Hegemonie wurde 478/7 der erste Delisch-Attische Seebund gegründet. Diesem stand Athen zunächst als Primus inter pares vor. Athen entwickelte sich aber immer mehr zur Hegemonialmacht des Bundes und zu einem

Tributnehmer. Der Bund war Garant der Sicherheit der Seefahrt in der Ägäis und für Athen lebenswichtig um sich mit Getreide aus dem Pontos-Gebiet, Ägypten oder Sizilien und mit Gütern aller Art zu versorgen.

Athen war im Grunde arm, nicht nur landwirtschaftlich nicht autark, es fehlten auch andere wichtige natürliche Ressourcen, wie Kupfer, Zinn und Eisenvorkommen. Athen hatte die kulturelle und technologische Blüte und die Konzentration von politischer Macht nicht seinem Reichtum an Ressourcen zu verdanken (3.1.1.2.).

* In der zweiten Hälfte des 5. Jahrhunderts lag Athen durch seine Hegemonialbestrebungen mit allen Nachbarstädten (Staaten), Theben, Megara, Korinth, Ägina, Argos, der Chalkis und Samos ständig in Streit. Das letzte Drittel des 5. Jahrhunderts ist von dem Konflikt mit Sparta und vom einem „Weltkrieg", dem Peloponnesischen Krieg (431 – 404 v.u.Z.) geprägt. Diese Konflikte führten auch zu inneren Torsionen, wirkten polarisierend auf das Leben der Stadt (3.3.2.). Es gab gemäßigte Politiker aber auch Scharfmacher, es gab eine pro-spartanische Fraktion in der Stadt, der vornehmlich die „Intellektuellen", aber nicht nur, etwa Antiphon und Kritias zeitweilig auch Alkibiades angehörten. Die Konflikte führten letztlich zum Umsturz durch die Oligarchen (411) und die Tyrannis der Dreißig (404). 403 wurde die Demokratie wieder eingeführt. Politisch brachte der Krieg eine Zäsur der politischen Landschaft. Sowohl Athen, als auch Sparta gingen mit ihren Verbündeten geschwächt aus ihm hervor.

Selbst nach den militärischen Niederlagen im Peloponnesischen Krieg blieb Athen eingebunden im Netz der Handelskontakte[42]. Aber die Konkurrenten Syrakus, Sparta, Boötien und Makedonien und die Piraterie erschwerten die Versorgung der Stadt und Athen wurde ein Spielball äußerer Mächte[43].

Doch für unsere Untersuchung hatte der Krieg keine erkennbare Veränderung. Darum behandeln wir in diesem Kapitel das 5. und das 4. Jahrhundert v.u.Z. zusammen.

* Wir sollten auch die Berufssoldaten nicht vergessen, die als Söldner in fremden Diensten, in Syrakus, bei den Persern (2.1.) oder den Ägyptern (2.2.) in Diensten standen. Sie brachten nach ihrer Heimkehr ihre in der Fremde gewonnenen Einstellungen, Kenntnisse und Erfahrungen mit nach Hause (als ein markantes Beispiel sei Xenophon genannt; 3.6.6.). Aber auch Athen hat für die Flotte Söldner aus der Fremde angeworben, die sicher nicht stumm auf ihren Ruderbänken saßen.

* Die Lasten der militärischen Rüstung und Abwehrbereitschaft mussten von den Vollbürgern getragen werden. Diese waren zunächst die Kosten der militärischen Interventionen und Expeditionen etwa nach Zypern und Ägypten, die Kosten für die militärische Flotte, die durch Liturgien aufgebracht wurden, die Kosten für die Bewaffnung und dann die Zeit, die für Training und Übungen aufzubringen waren.

1.1.1.4 Die Religion

* Das Stadtbild Athens war von Sakralbauten geprägt: Das Parthenon, Tempel der Nike und die Propyläen zum heiligen Bezirk auf der Akropolis waren weithin sichtbar. Das perikleische Bauprogramm[44] hatte aber, wie schon das der Peisistratos, über den sakralen Bezug hinaus auch eine demonstrativ imperiale Komponente[45]. Die Errichtung von Kultstätten und die Pflege des Kultes verschlangen einen großen Teil der öffentlichen Ausgaben[46].

Ausblick: Bauprogramme als Demonstration der Macht durch öffentliche *Luxuria* war Bestandteil der Politik der Herrscher in Babylon (2.1.2.4.), der Tyrannen, des Perikles und später der Diadochen, der römischen Kaiser (4.1.2.2.1.) und ihrer Nachfolger bis zu unseren Tagen.

* Die griechische Religion (2.3.1.) war nicht in Glaubenssätzen kodifiziert. Frömmigkeit bestand in der Pflege religiöser Bräuche und Riten.

.... Im häuslichen Leben waren nicht nur die herausragende Ereignisse, wie Geburt, Hochzeit und Tod von kultischen Handlungen begleitet, auch im täglichen Leben gab es Spendenopfer am Hausaltar, für die man Spendenschalen aus Ton oder Metall verwendete.

.... Die griechische Gesellschaft war auch eine Kultgemeinschaft, das öffentliche Leben von den Festen geprägt, und die Feste haben alle mehr oder weniger ausgeprägte religiöse Züge. Die Mehrzahl der Feste war mit Themen aus der Landwirtschaft, mit Demeter und Dionysos, oder mit der Schutzgöttin der Stadt verbunden. In Athen waren es etwa 30 Kultfeste, die im Jahreslauf begangen wurden, besonders wichtig sind[47]:

.... Die Synoikia, Erinnerung an den Synoikismos Athens durch Theseus, war ein Fest der Athene. Es hatte einen politischen Charakter und wurde auf der Akropolis abgehalten

.... Die Panathenäen, von Peisistratos im Jahre 566/65 v.u.Z. mit einem Rhapsodenagon eingerichtet. Die Rhapsoden sollten dabei Ilias und Odyssee im Zusammenhang doch einander ablösend vortragen[48]. Die Panathenäen war das Fest der Stadtherrin, alle vier Jahre mit den großen Prozessionen gefeiert. Perikles ließ zu dem Fest einen musikalischen Wettkampf veranstalten[49]. Dieses Fest wurde auch ein Treffpunkt für Künstler und Intellektuelle. So berichtet Platon, dass Parmenides und Zenon von Elea zu dem Fest nach Athen gekommen seien und vorgetragen hätten.

.... Die Prozession nach Eleusis und folgender Mysterienfeier. Die Mysterien von Eleusis waren der Göttin Demeter und Persephone gewidmet. Sie genossen im ganzen Altertum größtes Ansehen und haben die Struktur anderer Mysterienkulte beeinflusst.

.... Die Thesmophoria war ein Frauenfest zu Ehren von Demeter und Chore. Die Riten waren geheim.

.... Die Chalkeia waren ein volkstümliches Fest der Athena – Ergane, Schutzpatronin der Handwerker[50]. Das Fest wurde besonders von den Metallarbeitern gefeiert, doch ihr Schutzgott Hephaistos scheint kultisch eine untergeordnete Rolle gespielt zu haben (2.3.1.1. und 2.3.1.3.). Diesen beiden, Athena und Hephaistos, war westlich der Agora, in einem Bereich, wo viele Werkstätte der Schmiede nachgewiesen sind, ein gemeinsamer Tempel geweiht[51].

.... Die Lenaia, ein Fest des Dionysos mit Prozession und Festspielen, hatte ursprünglich orgiastische Züge. Ab 442 v.u.Z. wurden zu diesem Fest die Komödien aufgeführt (3.5.).

.... Die Anthesteria, ebenfalls ein Fest des Dionysos, war ein Fest des Weines. Doch es vereinigte eine Reihe von Frühlingsriten und war damit ein wichtiges Frühlingsfest.

.... Die Städtischen Dionysia, mit Prozessionen und Festspielen. Dem Gott wurden bei seinem Kultbild beim Theater am Südhang der Akropolis Opfer dargebracht, doch die religiöse Seite des Festes wurde durch die dramatischen Darbietungen in den Schatten gestellt.

.... Die Thargelia bestand aus zwei Riten: dem herum- und herausführen des Pharmakos und einer Prozession mit Erstlingen. Es war das Hauptfest für Apollo, Reinigungs- und Bittfest für die bevorstehende Ernte. Die Reinigungsrituale bestanden im Austreiben des Pharmakos: zwei Männer besonderer Widerwärtigkeit wurden ausgewählt, sie wurden mit Feigen behangen und als „khatarsia" hinausgeführt. In der Reinigung wurde die von einer Angstsituation gereizte Aggressivität auf den anstößigen Außenseiter konzentriert; alle fühlten sich durch die gemeinsame Entladung erleichtert, und konnten gewiss sein auf der rechten, der „reinen" Seite zu stehen[52].
.... Die Plynteria war der Reinigung des Tempels und des Xonaon gewidmet. Es war das Fest der Waschung des hölzernen Kultbildes der Athena Polias mit Prozession zum Meere bei Phaleron.

Die Feste konnten aus einem oder mehreren Opfern bestehen, darüber hinaus aus Ritualtänzen und Prozessionen oder aus Wettspielen sportlichen oder musischen Charakters. Die Prozessionen hatten eine bestimmte, althergebrachte Ordnung, sie führten auf vorgeschriebenem Wege heilige Gegenstände zum Tempel des gefeierten Gottes. Bei den Festen wachte der zuständige Priester über die korrekte Einhaltung der herkömmlichen Formen der Begehung.

* Mantik und Orakel waren wichtige Faktoren auch im täglichen Leben. Vor Entscheidungen oder bei besonderen Ereignissen konnte man den Willen der Götter durch die Deutung von Zechen, Weissagungen oder Orakel erkunden. Diese hatten ihre eigenen Techniken. Die Priester, Seher und Orakelausleger waren τεχνίτης, sie hatten Kenntnis der Kultstätten, -zeiten und –formen, sie hatten aber keine übergeordnete göttliche Autorität. Ihre Hieroi Logoi bildeten auch kein geschlossenes System. Die Priester hatten ihre Kompetenz in der richtigen, d.h. traditionsgemäßen Ausübung des Kultes. Sie waren Kultbeamte. Ein geschlossenes Priestertum hatte es im alten Griechenland genau so wenig gegeben, wie ein geschlossenes Lehrgebäude.
Die Mantik bot für jegliche Aufklärung eine Angriffsfläche, sie wurde oft kritisiert, abgelehnt oder auch bekämpft. So z.B. von Protagoras (3.2.1., 3.6.1.3.1.).

* Die Fremden, die sich in Athen niedergelassen hatten, brachten ihre Götter und Kulte mit. Diese haben das religiöse Leben der Stadt nicht nur additiv bereichert, indem sie neue Götter (so die thrakische Göttin Bendis, den phrygischen Gott Sabazios, die ägyptischen Götter Isis und Serapis, Kybele und Adonis aus der orientalischen Welt) neben die alten (Zeus, Athena, Apollo, Demeter, Dionysios) stellten, sondern deren Kenntnis hat auch modifizierend auf die Interpretation der herkömmlichen Mythologie gewirkt. Mythologische Stoffe waren Träger von Botschaften in einem gesellschaftlichen Diskurs (3.2.1., 3.4. und 3.6.1.3.1.).

* Die Theateraufführungen, Tragödien, wie Komödien, waren seit Peisistratos religiöse Feier und Manifestation des staatlichen Selbstbewusstseins zugleich. Sie waren, wenn auch nicht direkt Kultspiele, doch auch keine rein künstlerische, ästhetische oder nur unterhaltende Veranstaltungen[53] sondern standen in Verbindung mit dem Kult des Dionysios und die Aufführungen und die aufgeführten Stücke waren Weihegaben (3.5.). Auch der Name der Tragödie, Gesang der Böcke, weist auf deren kultischen Ursprung hin. Seit Ende des 6. Jahrhunderts v.u.Z. wurden die Tragödien (3.4.) zu den Städtischen Dionysien aufgeführt, ab dem Jahre 486 v.u.Z. auch Komödien aufgeführt, die den Tragödien voran gingen. Ab 442 v.u.Z. wurden die Komödien zu den Lenaia aufgeführt. Somit waren alle Theateraufführungen Teil eines

Festspiels zu Ehren des Dionysos. Sie waren „Uraufführungen" (Im 5. Jahrhundert v.u.Z. gab es Wiederaufführungen in den Demen Attikas, in Athen selbst wurden Wiederaufführungen erst im Jahre 386 v.u.Z. durch einen Volksbeschluss erlaubt. Der Beschluss markiert die Entwicklung zum „Repertoire-Theater" hin.).

Der Spielplatz war ein Teil des heiligen Bezirks, ein geschnitztes Kultbild wurde in der Orchestra, dem Chortanzplatz, aufgestellt und sein Priester hatte Ehrensitz im Theater. Der Chor trug, als Diener Gottes, den Kranz in den Haaren. Die Schauspieler trugen Masken als Kennzeichen für ihre Verwandlung ins Dämonische.

Die Aufführungen waren aber zugleich Agone, Wettbewerbe[54]: Preisrichter sprachen ihr Urteil über die Aufführungen, sie hatten dabei sicher die Reaktion des Publikums berücksichtigt. Sieger wurde dem Namen nach der Chorege (3.1.1.8.1.) mit dem von ihm bestellten Bürgerchor, der das Stück hatte einstudieren lassen. Der Dichter erhielt einen Ehrensold, die Stücke wurden handschriftlich vervielfältigt.

Das dramatische Theater, Tragödie und Komödie, sind für unsere Untersuchung ein Teil, zugleich auch sensible seismographische Indikatoren für die Auseinandersetzungen im kulturellen Leben der Stadt (3.4. und 3.5.).

Bereits Sophokles (3.4.2.) hatte einen Kultverein von Schauspielern gegründet. Doch erst im 4. Jahrhundert v.u.Z. hatten sich Schauspieltruppen zu „Künstlerverbänden" zusammengeschlossen. Diese Verbände waren wohl auch Träger des „Repertoire-Theaters". Diese Entwicklung setzte das Vorhandensein von Manuskripten oder Ausgaben voraus. Die Künstlerverbände vereinten alle bei den großen Festen notwendige Künstler: Dichter, Schauspieler, Sänger, Instrumentalisten und Rhapsoden. Sie stellten auch das notwendige Repertoire: Bühnenspiel, Hymnen, Solokonzerte, Rezitationen. Die Künstlerverbände sind auch im Westen: Syrakus, Rhegio, Locroi, Neapel und Tarent bezeugt. Von Magna Graecia aus vermittelten sie im 3. Jahrhundert v.u.Z. die griechische Kultlyrik, Bühnendichtung und den griechischen Epos an Rom[55].

* Mit Dionysos, dem Gott des Weines, verbunden war auch das Symposion (3.1.1.6., 3.1.1.7., 3.1.1.8.3., 3.2., 3.2.2., 3.5.1. 3.5.3. und 3.6.1.1.), gemeinsames, geselliges Trinken. Für die Griechen der Antike bedeutete dies aber die gemeinsame gottverbundene und entsprechend ritualisierte Geselligkeit. Rituelle Handlungen, Hausaltar, rituelle Reinigung, Bekränzen, das Singen bestimmter Lieder betonten die Gottverbundenheit[56]. Es gab auch *gemeinsame Symposien der Philosophen ... auch Regeln für Symposien zum Beispiel des Xenokrates in der Akademie und ebenso des Aristoteles ... damit man gemäß dem Sinn des Symposions es vernünftig und wohlerzogen feiere*[57]

Das Symposion bildet bei Platon (3.6.2.) und Xenophon (3.6.6.) den Rahmen für philosophische Diskurse[58]; das Symposion wurde zum Gelehrtenmahl (4.1.2.5.).

Symposien boten auch Stoff für den gesellschaftlichen Diskurs: Athenaios von Naukratis (4.1.2.5.) berichtet über „Bankettbriefe", die ein gewisser Hyppolochos von Makedonien und der „Klatschjournalist" und Komödiendichter Lynkeus von Samos (etwa 340 – 270) gewechselt haben[59].

* Bedeutende Heiligtümer, wie Olympia, Delphi, Nemea aber auch Athen, hatten ihre Stadien im jeweiligen heiligen Bezirk. Auch die sportlichen Wettbewerbe waren mit dem Kult verbunden, die Sieger wurden vielfach mit Hymnen geehrt, die auch die Götter anriefen. Erhalten sind die Oden des Pindar (522/518 - nach 446) auf Sieger der olympischen, pythischen, nemeischen und isthmischen Spiele. Die Spiele waren auch ein Treffpunkt der Intelligenz der ganzen griechischen Welt, so hat Herodot aus

seinen Werken in Olympia vorgetragen, die Redner Gorgias und Isokrates haben dort Reden gehalten.

* Im Jahre 415 v.u.Z. wurden die pfeilerartigen Hermesbüsten an den Straßen von Athen verstümmelt. Im gleichen Jahr wurden auch Parodien der Eleusischen Mysterien bekannt. Beide Vorfälle haben nicht nur Empörung sondern auch eine Reihe von Prozessen ausgelöst. In Verbindung mit dem Hermen frevel berichtete Thukydides über die negative Stimmung gegen Naturphilosophen und Sophisten (3.3.2. und 3.6.1.3.1.).

Obwohl die griechische Religion (2.3.1.) nicht in Glaubenssätzen kodifiziert war, hat die Kritik der Naturphilosophen und der Sophisten an der Mythologie, am anthropomorphen Polytheismus und die physikalischen Kosmologien (2.3.4.1.) durchaus den Widerstand konservativer Kreise provoziert. Das Instrument der Reaktion war die Anklage wegen Asebie: Ungläubigkeit, Gottlosigkeit, Gotteslästerung oder Frevel wider die Religion (3.2., 3.5.2., 3.6.1.3.1., 3.6.2.2.2., 3.6.2.2.6., 3.6.3. und 3.7.) [60],[61]. Nicht nur die Naturphilosophen, auch die Künste bzw. Künstler konnten von einer Asebieklage betroffen sein, wenn Götterdarstellungen nicht den üblichen Vorstellungen gefolgt sind (3.1.1.8.3.).

Ausblick: In Rom gab es das Amt des Zensors. Es war für ein weites Spektrum Aufgaben zuständig: Durchsetzung der Luxusgesetze, Kontrolle der Lebensführung, die Ahndung „unrömischen" Verhaltens. Der Zensor konnte aber auch gegen Philosophen, Dichter und Rhetorikschulen vorgehen (4.1.2., 4.1.2.5., und 4.2.). Auch in Byzanz (5.1.5.), im Mittelalter (8.2.4.) und an der Schwelle zu Neuzeit (10.2.) wurde versucht den öffentlichen Diskurs und die „Medien" zu kontrollieren.

1.1.1.5 Die Medien der Kommunikation

* Die wichtigsten Medien des gesellschaftlichen Diskurses waren Wortmedien: das Gespräch, die Rede vor der Volksversammlung oder vor Gericht, der Vortrag (5.2.1.) und das Theater (5.4. und 5.5.). Die Schriftlichkeit wurde Thema eines anhaltenden gesellschaftlichen Diskurses:

* Die ersten Inschriften mit deinem griechischen Alphabet werden um 730 v.u.Z. datiert[62]. Bis ins 5. Jahrhundert v.u.Z. waren auch in Athen verschiedene Schriftsysteme in Gebrauch (2.3.2.). Die Normierung der Schrift erfolgte in Athen erst 403/2 v.u.Z.: Ein gemäßigter Demokrat, Archinos (2. Hälfte des 5. Jahrhunderts v.u.Z.), schlug vor, das ionische Alphabet für die Zwecke der Amtssprache und für den Schulunterricht zu verwenden. Dieses wurde die offizielle Schrift von Athen[63].

In den „Alten Reichen" Mesopotamiens (2.1.2.) und Ägyptens (2.2.) war die Schriftlichkeit auf die Lebensbereiche Tempel und Palast beschränkt. Die griechischen Poleis waren frei von dieser bürokratischen Restriktion[64]. Doch das „klassische" Alphabet hat sich für die Öffentlichkeit erst im Laufe des Jahrhunderts zu einem Medium eines öffentlichen Diskurses entwickelt[65]. Diese Befreiung hat auch zu Folge, dass der Charakter der Magazine für Schriftliches geändert hat: sie waren nicht mehr Archive für die Aufzeichnungen wichtiger Verwaltungsangelegenheiten, sie wurden zu Bibliotheken, wie wir sie auch kennen.

* Die Schrift trat zunächst neben die mündliche Kommunikation. Die Ilias und die Odyssee wurden, wohl zur Textsicherung, um 550 v.u.Z. schriftlich festgehalten[66]. Festgehalten wurden auch die Tragödien und Komödien, die in den Wettbewerben gewonnen haben. Doch es gab auch naturkundliche und medizinische Schriften: Heraklit von Ephesos (2.3.4.1.) hat sein Buch von der Natur im Artemistempel hinterlegt[67]. Die große Masse der hippokratischen Schriften (2.3.4.3.) wird in die 2. Hälfte des 5. und in das 4. Jahrhundert (v.u.Z.) datiert[68]. Xenophon erwähnt in seinen Erinnerungen *viele Schriften von Ärzten*[69]. Platon erzählt vom Sokrates, er habe zu den Büchern gegriffen und sie gelesen, *so schnell er konnte um aufs schnellste das Beste zu erlernen und das Schlechtere*[70].

Das Redeschreiben wurde im 5. Jahrhundert v.u.Z. eine wichtige Dienstleistung (3.2.3.).

Spätestens in der 2. Hälfte des 5. Jahrhunderts v.u.Z. ist der Buchhandel fassbar: In Athen wurden Traktate von Naturphilosophen und Sophisten angeboten. Der erste, der ein Buch in Prosa herausgab, war der Naturphilosoph Anaxagoras (2.3.4.1.)[71]. Das Buch war – nach Auskunft Platons - *für höchstens eine Drachme in der Orchestra zu kaufen*[72]. Dies entspricht dem Tageslohn eines Architekten, wie auch eines Arbeiters, bei Bau des Erechteions[73]. Platon ließ drei Bücher des Pythagoreers Philolaos *für hundert Minen* für sich kaufen[74]. Aristoteles habe die Geschichtsbücher des Simonides für drei Talente gekauft[75].

Die aufkommende Schriftlichkeit als Grundlage der Kommunikation in der Form von Büchern und Berichten erweiterte die Wirkung über den Kreis der Teilnehmer am Gespräch im engeren Kreis, oder an einem öffentlichen Vortrag und über den aktuellen Zeitpunkt hinaus, machte die Gedanken und Argumente immer und überall verfügbar. Der Vater des Zenon von Kition (334-262, Begründer der Stoa 4.2.5., ein Händler, 1.1.) soll seinem Sohn viele Sokratische Schriften mitgebracht haben[76]. Thukydides schrieb die „Geschichte des Peloponnesischen Krieges" *zum dauernden Besitz, nicht als Prunkstück fürs einmalige Hören*[77].

Die Vasenmalerei und die Komödie haben die Schriftlichkeit: Lesen, Schreiben, Buchrollen und Schulunterricht thematisiert (3.1.1.8.3.).

Ein weiteres Medium im gesellschaftlichen Diskurs war das Bild. Auch dieses Medium kann für unsere Untersuchung wichtige Informationen beitragen (3.1.1.8.3., 3.5.2.3., 5.3.2.3., 4.1.2.2.6., 5.3.2.3., 6.2.5.1.3., 10.3.1.1. und 10.3.1.2.).

* Nach Aischylos (3.4.1.) waren Zahl und Schrift Gaben des Prometheus (2.3.1.6.): *Die Zahl, des Geistes kühnsten Griff, fand ich für sie, / Dazu geschrieb'ner Zeichen Fügung, aller Ding'./ Gedächtnis, mächtig Werkzeug jeder Musenkunst*[78]. Auch Platon erzählte ein Mythos mit dem gleichen Motto von der göttlichen Gabe der Buchstaben: *Diese Kunst, o König, wird die Ägypter weiser machen und gedächtnisreicher, denn als ein Mittel für Erinnerung und Weisheit ist sie erfunden*[79].

Wie weit die „Gabe des Prometheus" in der attischen Gesellschaft ein Allgemeingut war muss hier offenbleiben. Der Ostrakismos, die schriftliche Abstimmung bei einem demokratischen Scherbengericht, setzt allgemeine, wenn auch rudimentäre, Lese- und Schreibfähigkeit der Beteiligten voraus[80], doch man konnte sich wohl auch helfen lassen. Ob Aristophanes mit der Behauptung - *Jeder treibt Lektüre und lernt aus Büchern Witz, Geschmack und Ton* [81] - auch recht hatte - mag dahingestellt sein, es war eher eine komisch wirkende Vision: Ein Schiffreisender der Bücher mit sich führt und so für sich liest[82] oder gar einer „Informationsgesellschaft". Euripides beschreibt in einem Fragment wie ein der Schrift unkundiger die Buchstabenfolge ΘΉΣΕΥΣ („THESEUS") wahrnimmt[83]. Doch es gab Logographen, die ihre Dienste anboten (3.2.3.).

* Jedes handgeschriebene Buch war ein Unikat, doch es konnte durch Abschreiben beliebig oft reproduziert werden - die Voraussetzung einer Buch- und Lesekultur.

Die „Buchkultur" hat ihre Wurzeln im 6.Jahrhundert v.u.Z.: In Griechenland wurden die ältesten „Bibliotheken", die literarisch überliefert sind[84], von den Tyrannen Peisistratos (in Athen), Polykrates (in Samos) und Thrasybulos eingerichtet[85]. Zum damaligen Zeitpunkt verstand man unter einer „Bibliothek" eine Sammlung von Büchern Homers. Doch gegenüber den „Alten Reichen" war die Schriftlichkeit nicht bürokratisch zentralisiert und entstand etwas Neues[86], die „Privatbibliothek" und damit zugleich der „Buchhandel":

Bereits Eupolis, ein Vertreter der „Alten Komödie" (3.5.1.), erwähnt Buchhändler in Athen und Orte, wo man Bücher kaufen kann[87]. Wir können spätestens ab der Mitte des 5. Jahrhunderts von einem professionellen Handelszweig der Buchhändler ausgehen[88]. Die organisatorische Form des Buchhandels ist unbekannt[89], doch das Geschriebene wurde zu einer Ware, die angeboten und nachgefragt werden konnte. Aristophanes hat im Jahre 405 v.u.Z. Euripides vorgeworfen, er hätte seine Tragödien *aus Büchern abgeseiht*[90].

Es gibt Berichte über private und städtische Büchersammlungen:
.... *Die Sophisten Antiphon, Protagoras*[91]. Auch Euripides hat über eine Sammlung von Büchern verfügt[92].
.... Die Dramatiker Euripides und Aristophanes[93], ließen eine offizielle Niederschrift ihrer Stücke anfertigen, die für die Aufführungen verpflichtend waren[94]. Ebenso der Redner und Politiker Lykurgos (ca. 390 - etwa 324; ein Schüler Platons und des Isokrates). Diese Abschriften wurden im Archiv der Stadt aufbewahrt[95] (4.1.1.6.).
.... Xenophon erwähnt auch einen gewissen Euthydemos, der *viele Schriften der berühmtesten Dichter und Sophisten gesammelt hatte, dass er deshalb glaubte an Weisheit den Altersgenossen überlegen zu sein*[96]. Er soll ja auch *alle Gedichte Homers besitzen*[97]
.... aber wie bereits eingangs erwähnt, auch die Philosophen Platon (3.6.2.2.2.) und Aristoteles[98] kauften Bücher und hatten Büchersammlungen[99],[100].
Die erwähnten Sammler hatten wohl ein Berufliches Interesse an ihren Büchern[101]. Die Sammlungen hatten die reale Form von Papyrusrollen. Über keine der frühen griechischen Bibliotheken ist Näheres bekannt.
Platons Bibliothek umfasste wohl nicht nur philosophische Schriften, sondern auch Werke der Geschichtsschreibung und Theaterstücke. Eine bedeutende Büchersammlung besaß auch Aristoteles und auch Epikur besaß eine Bibliothek. Aristoteles und Epikur sollen die ersten gewesen sein, die ihre Sammlungen den jeweiligen Nachfolgern hinterließen. Diese wuchsen durch Zukäufe und Schenkungen oder Nachlässe zu den ersten Bibliotheken. Diese wurden allerdings nur von Schülern und Lehrern der Schule sowie Philosophen anderer Schulen benutzt.

Um sicher zu stellen, dass die Theateraufführungen der „Klassiker" authentisch war gab es in Athen im 4. Jahrhundert eine öffentliche Sammlung von „Standardausgaben" der Tragiker (1.4. und 1.5.). Die Skripten konnten nicht ausgeliehen sondern nur abgeschrieben werden[102].

* Ausblick: Das Bildungsprogramm der Sophisten (3.2.1.) wirkte wohl auch stimulierend auf die Verbreitung der Schriftlichkeit. Der öffentliche Diskurs um diese „Gabe des Prometheus" hielt noch im 4. Jahrhundert v.u.Z. an (3.2.3. und 3.6.2.2.2.).

An den Höfen der hellenistischen Könige entstanden Großbibliotheken von überörtlicher Bedeutung. Die Ptolemäer bauten ihre Büchersammlung zu einer „Zentralbibliothek" aus (4.1.1.), die Attaliden haben in Pergamon eine Bibliothek eingerichtet (4.1.). Im kaiserzeitlichen Rom gab es sowohl öffentliche als auch Privatbibliotheken (4.1.2.5.). Christen (5.2.4. und 7.5.2.2.) und Muslime (6.2.4.2.10.) legten Büchersammlungen an. Auch wenn vieles vom antiken Schrifttum verloren gegangen ist, das Erhaltene gibt uns einen Einblick in die Vielfalt der schriftlichen Mitteilungen: die ehrwürdigen Epen, Lyrik, Tragödien, Komödien, Berichte, Musterreden und Abhandlungen aller Art: über Geologie, Geschichte, Ethnographie, Medizin, Mathematik, Astronomie, Kosmologie. In den Bibliotheken wurden neben dem gesammelten Wissen auch die Einstellungen und Vorurteile zu den artes bewahrt und weitergegeben.

Diese Gabe des Prometheus war „die erste mediale Revolution". Die zweite war der Buchdruck (7.5.2.1.), die dritte die elektronische Informationstechnologie[103]).

1.1.1.6 Das intellektuelle Leben

Die Konzentration von Macht und Reichtum war im 6. Jahrhundert für das intellektuelle Leben der Stadt noch ohne Bedeutung. Im 5. Jahrhundert v.u.Z. wurde Athen ein Anziehungspunkt nicht nur für Handwerker, sondern auch für Künstler, Intellektuelle, Wissenschaftler und Philosophen für die gesamte griechische – und nicht nur die ionische Welt des Bündnisses[104]. So kamen Protagoras und Demokrit aus Abdera, Anaxagoras aus dem ionischen Klazomenai, Thrasymachos von Chalcedon in Bithynien, Prodikos von Chios, Hippias und Phaidon von Elis, Georgias aus Leontinoi auf Sizilien, Hippon aus Rhegio in Kalabrien (3.2.1.), der Bildhauer Polyklet aus Argos (oder Sikyon), die Maler Duris von Samos, Zeuxis von Heraklea nach Athen, um nur einige zu nennen. Auch die Söldner aus der eigenen Bürgerschaft, die in fremden Diensten waren, haben Kenntnisse fremder Kulturen mit zurückgebracht. (Xenophon, s. 3.6.6.).
Athen wurde eine Stätte der Begegnung, ein Umschlagplatz der Kenntnisse und der Ansichten wo die neuen Ideen öffentlich diskutiert wurden. In Athen entstand das erste Mal eine Öffentlichkeit, wenn auch auf den Polis beschränkt. Diese Öffentlichkeit hatte eine breitere politische Basis als die politische: an ihr waren nicht nur die Vollbürger, sondern auch die Metöken beteiligt. Der gesellschaftliche Diskurs zu den Fragen der τέχναί wurde von dieser breiten Öffentlichkeit getragen.
Damit hat Athen im 5. Jahrhundert die früheren Zentren des intellektuellen Lebens an der ionischen Küste und in Magna Graecia, wie Smyrna, Ephesos, Milet, Syrakus, Akragas, Kroton oder Elea, aber auch Sparta und Korinth an Bedeutung überholt.
Die von den „Zugezogenen" in Athen induzierte „Aufklärung" wurde in den Jahren des Peloponnesischen Krieges heftig kritisiert. (3.2. und 3.5.2.)

* Von dem quirligen und vielschichtigen intellektuellen Leben geben uns die Berichte über die Sophisten (3.2.), die Geschichtsschreibung (3.3.), die Tragödie, (3.4) und die Komödie (3.5.), die Auseinandersetzungen um „Sokrates" (3.5.2.2. und 3.6.1.)

und die „Sokratischen Dialoge" Platons (3.6.2.) und Xenophons (3.6.6.) einen lebendigen Eindruck. Wir finden die Teilnehmer an diesen Auseinandersetzungen im Umkreis der Reichen und Mächtigen; hier seien nur Perikles und Alkibiades genannt, der „Wohltäter" (3.1.1.8.1.), aber auch der Handwerker. Aber nicht nur die Symposien in den Häusern der Reichen boten eine Bühne, die Verhandlungen in der Volksversammlung, das Theater, auch die Agora, ja selbst die Werkstätten der τέχνιτης waren Stätten von aktuellen Diskussionen und Auseinandersetzungen (3.1.1.7. und 3.6.1.2.)

Auch der Naturphilosoph Anaxagoras (2.3.4.1.), die Historiker Herodot und Thukydides (3.3.) haben sich mit ihren Schriften in Prosa an eine gebildete und lesekundige Öffentlichkeit gewandt. Ihnen folgten auch Platon (3.6.2.5.) und die Philosophen.

Nicht nur das Stadtbild (3.1.1.4.) und das politische Leben, auch das intellektuelle Leben wurde in der Mitte des 5. Jahrhunderts v.u.Z. von Perikles und den Leuten um ihn geprägt. In seinem Umkreis finden wir den Dichter und Strategen Sophokles (3.4.2.), den Naturphilosophen Anaxagoras (3.6.1.3.1.), den Sophisten Protagoras (3.2.), den Strategen und späteren Historiker Thukydides (3.3.2.), den Künstler Phidias und andere Architekten[105]. Nach Plato war eher seine Frau Aspasia aus Milet (3.6.3.1.) dominierend: eine *nicht schlechte Lehrerin der Redekunst*[106].

Perikles hatte auch eine Opposition, die ihn mit einer Geldbuße belegte, doch er wurde kurz vor seinem Tode als Stratege wiedergewählt[107]. Die nachfolgenden Politiker haben durch ihre persönlichen Ränke und Zerwürfnisse das politische Leben der Stadt in Verwirrung gebracht[108].

* Der öffentliche Diskurs erfasste nicht nur aktuelle „politische" Fragen, sondern auch alle Zweige der τέχναί. Diesen Diskurs werden wir in den Abschnitten 2 – 6 dieses Kapitels im Hinblick auf die Einstellungen zu den τέχναί untersuchen.

N.B: Sparta hatte im 5. Jahrhundert v.u.Z. weder eine wirtschaftliche Blüte noch ein vergleichbares intellektuelles Leben; hier waren weder die Naturphilosophen, noch die Sophisten oder Philosophen willkommen, es gab auch keine Theateraufführungen, weder Komödie noch Tragödie. Nur noch die alten Lieder des Alkman und Tirtaios wurden weiter gesungen[109]. Doch das Modell „Sparta" war in Athen als der „bessere Weg" Gegenstand eines gesellschaftlichen Diskurses. Daran haben sich in Athen nicht nur Politiker, sondern auch Sophisten, und Philosophen beteiligt. Auch Aristophanes (3.5.2.) brachte spartanische Geschlechterrollen als „alternative Lebensform" auf die Bühne[110].

1.1.1.7 Bildung

* Bildung und Bildungsinhalte sind von gesellschaftlichen Strukturen abhängig, in die der Nachwuchs integriert werden soll. Das Bildungsziel „Arete" war für eine Adelsgesellschaft eine andere als für eine Kriegerkaste; für den Bauern eine andere als für den Polis-Bürger[111]. Herodot erwähnt das Gymnasion als Stätte für Bildung und Erziehung bereits für die vorgeschichtliche Zeit[112],[113]. Der Schwerpunkt lag wohl auf den „olympischen" Disziplinen.

Für unsere Untersuchung ist der gesellschaftliche Diskurs um Bildung und Erziehung in Athen im 5. und 4. Jahrhundert v.u.Z. interessant. (markante Beiträge s.a. 3.2.2.; 3.2.4.; 3.6.2.5. Und 3.6.3.9.).

* In Athen spiegeln Auseinandersetzungen um Bildung und Erziehung die gesellschaftlichen Veränderungen und Friktionen (3.1.1.1. und 3.1.1.2.) wieder.

.... In der „homerischen Zeit" bot das Vorbild der Heroen das Muster des Verhaltens. Das Ziel von Bildung und Erziehung war eine aristokratische Lebensführung und darin immer der Beste zu sein[114]. In Athen bildeten Mythos und Dichtung bis ins 5. Jahrhundert v.u.Z. die Grundlagen zur Bildung der Epheben[115] (Knabe im Alter von 15 – 18 Jahren).

.... Näher an den gesellschaftlichen Bedürfnissen der bäuerlichen Gesellschaft war Hesiod (2.3.2.2.). Er gab in seinem Epos „Werke und Tage" Ratschläge für das ländliche Leben, die bäuerlichen Arbeiten und ein Verständnis von Recht und Lebensordnung: Die Hauptquelle der Kultur ist die Arbeit[116]. Die Arbeiten waren im Jahreszyklus in eine kosmische Ordnung eingebunden und Zeus gab den Menschen die Rechtsordnung der Dike („Gerechtigkeit") um den Übermut der Menschen zu besiegen[117], für ein besseres Geschlecht in der Zukunft[118]: Vor das Gedeihen haben die ewigen Götter Schweiß gesetzt[119]. Doch die τέχναί erschienen in dieser Ordnung nicht.

.... In der Poliszeit war die *Kalokagathie* das allgemeine Bildungsziel, d.i. die harmonische Bildung von Körper, durch gymnastische Ertüchtigung, durch Kampf und Sport, und die Bildung von Geist, durch Lesen, Schreiben, Dichtung, Tanz und Musik, sowie die sittliche Vortrefflichkeit (arete); ein ausgesprochen aristokratisches Bildungsziel. Richtschnur der Bildung war Homer (2.3.2.1.), weniger in der Belehrung, als in der Seelenführung[120]. Bereits Xenophanes (2.3.4.) berichtet: *Von Anfang an haben ... alle nach Homer gelernt*[121]. Noch im 4. Jahrhundert berichtet ein Teilnehmer (Nikeratos) im Symposium des Xenophon, sein Vater (der Feldherr Nikeas) ließ ihn die komplette Ilias und Odyssee auswendig lernen, nicht nur als Bildungsgut, alle Kenntnisse könne man Homer entnehmen, sondern um zu einem „guten Menschen" zu werden[122]. Auch Platon kannte noch die Meinung *„Homeros habe Hellas gebildet"* [123] – sie wurde nur noch von Lobrednern des Dichters vertreten[124]. Es war ein, angesichts der Umwälzungen des 5. und 4. Jahrhunderts (3.1.1.), antiquiertes und auch defizitäres Bildungsideal[125] aus der grauen Vorzeit, damals moderne Anforderungen hat die Bildung an Homer nicht mehr erfüllt, das Manko war auch im 4. Jahrhundert Gegenstand des gesellschaftlichen Diskurses[126] (3.2.).

.... Die „Sophisten" haben einen öffentlichen Diskurs über die Bildung initiiert, ja sie waren Reformer des attisch-urbanen Bildungswesens[127]: Erst sie (3.2.2.) stellten das herkömmliche Bildungsideal in Frage, indem sie den fähigen Einzelnen zu Norm erhoben: Um am öffentlichen Leben der Gemeinschaft teilzunehmen, sollten über die elementaren Unterweisungen hinaus auch komplexe Fähigkeiten erworben werden. Sie, darunter Protagoras, Hippias, Gorgias, auch Xenophon[128], haben „Unterricht" auf höherem Niveau geboten und ihre diversen Angebote (3.2.2.) stießen auf eine Nachfrage: Die „Sophisten" erteilten Privatunterricht und/oder hielten öffentliche Vorträge gegen Bezahlung, - eine Neuerung die vielfach kritisiert wurde.

Auch „Sokrates"[129] sah die Aufgabe der Bildung (3.2.2. und 3.6.1.1.) ganz praktisch, wie die Sophisten: *Wissen zu erwerben, um damit seinem Gegner überlegen zu werden*[130]. „Sokrates" versuchte darüber hinaus rhetorisches Scheinwissen durch Hinterfragen zu entlarven und mit seiner Methode kritisches Denken zu fördern. Ihm wurde im Prozess vorgeworfen, er verderbe die Jugend; - er soll bereits vor seinem Prozess von einem der Dreißig, Kallikles, Lehrverbot erhalten haben (3.6.1.3.2.).

Der von den Sophisten angestoßene öffentliche Diskurs um das Bildungswesen wurde insbesondere von Isokrates (3.2.4.), Platon (3.6.2.5.), Aristoteles (3.6.3.9.) und Xenophon (3.6.6.) weitergeführt.

* Inschriften auf Keramiken begegnen uns im 6. Jahrhundert v.u.Z.: Athleten, Teilnehmer an Symposien[131]. Signaturen auf attischen Vasen tauchen ebenfalls im 6. Jahrhundert v.u.Z. auf. Lesen und Schreiben gehören auch zum Themenrepertoire der Vasenmaler[132]. Es gibt auch merkantile Inschriften[133]. Die Schriftlichkeit war in der 1. Hälfte des 5. Jahrhunderts v.u.Z. wohl noch rudimentär: Es wurde geschätzt, dass nur etwa 10% der erwachsenen Männer lesen und schreiben konnte[134]. Erst ab Mitte des 4. Jahrhunderts hat sich im öffentlichen Diskurs die Schriftlichkeit neben der Mündlichkeit allmählich durchgesetzt, doch noch keine massenhafte Verbreitung gefunden[135]. Doch unabhängig von der Verbreitung, die neue Kulturtechnik hat einen öffentlichen Diskurs ausgelöst (3.6.2.2.2.).

* Erst um 390 v.u.Z. entstanden regelrechte Schulen, für deren Besuch die Schüler aufkommen mussten. Es war ein Bildungsprogramm für die Wohlhabenden und ihre Kinder. So z.B. die Schule des Isokrates (3.2.4.).
Bei Platon war das Gymnasion nicht nur ein Ort für Leibesübungen sondern auch der Vermittlung der musischen und der rhetorischen und dialektischen Künste[136] (3.6.2.5.; Seine Überlegungen zur „biologischen Kinderzucht" können wir hier übergehen.)
Die Schulen der Philosophen (: der Nachfolger Platons, die Akademie; der des Aristoteles, das Lyzeum) waren eher „Forschungseinrichtungen" und „Hochschulen" zugleich, als Einrichtungen für die allgemeine Bildung und Erziehung. Xenokrates (4.2.1.1.) soll einen Bewerber für das Studium zurückgewiesen haben, weil dieser weder in Geometrie noch in Astronomie unterrichtet worden sei[137]. In sophistischer Tradition, doch in Abgrenzung zu den früheren Sophisten, hat Isokrates seine „Schule" eingerichtet.

* Kenntnisse der τέχναί gehörten nicht zur „Bildung", d.h. auch: die Berufsbildung war keine öffentliche Aufgabe. Naturkundliche und technische „Fächer" wurden nicht im Bildungsprogramm berücksichtigt (3.2.4., 3.6.2.1.3., 3.6.2.5., 3.6.3.9. und 3.6.6.), obwohl bedeutende Vertreter in der Stadt gearbeitet haben (3.1.1.6.). Die zur Ausübung einer beruflichen Tätigkeit notwendigen Kenntnisse wurden entweder in der Familie vom Vater auf den Sohn weitergegeben oder in einer befreundeten Werkstatt erworben[138].

* Nach den Quellen waren die Handwerker weder von der höheren Bildung grundsätzlich ausgeschlossen, noch waren sie an einer solchen grundsätzlich desinteressiert.
An höherer Bildung interessierte Handwerker bzw. deren Söhne finden wir im Umkreis des „Sokrates". Diogenes Laertios berichtet über einen Schuster namens Simon. „Sokrates" besuchte ihn in seiner Werkstatt und teilte ihm gesprächsweise mancherlei mit, was dieser aufzeichnete. Diese Dialoge nennt man „Schusterdialoge"[139] (3.6.1.). Auch der Bericht über den Konflikt des „Sokrates" mit dem Gerber Anytos, einem seiner späteren Ankläger (3.6.1.3.) über die Erziehung seines Sohnes zeigt, dass eine höhere Bildung für diesen wohl in Frage kam[140]. Einer der treuesten Schüler des „Sokrates" war Aischines (3.6.1.4.), der Sohn eines Wurstmachers. Aischines scheint einige Dialoge und Gerichtsreden geschrieben zu haben.

Ausblick: Ein Kanon der Bildungsinhalte hat sich erst im Hellenismus herausgebildet (4.1.1.9. und 4.1.2.4.).

1.1.1.8 Künstler und Handwerker

* Soziologisch bestand Athen im 5. Jahrhundert v.u.Z. aus Vollbürgern, „Gastarbeitern", Mitbewohnern mit „Migrationshintergrund", d.h. Metöken (Fremde) und Sklaven.

Nur die Vollbürger hatten am politischen Leben Anteil. Die Bürgerschaft war in der Regel an die Abstammung gebunden: zumindest ein Elternteil, ab 451/450 beide, mussten attische Bürger sein. Das Bürgerrecht konnte durch die Vollversammlung an Einzelne oder Gruppen von Fremden verliehen werden. Meist war das als Anerkennung und Dankbezeugung gemeint. Bodenbesitz war an Bürgerrecht gebunden und umgekehrt. Klein- und Großgrundbesitzer stellten den Großteil der Bürgerschaft. Politische Rechte, Stimmrecht vor der Versammlung hatten nur die Bürger, sie waren wählbar, zahlten gegebenenfalls Steuern und trugen die militärischen Lasten. Die Bürger durften sich vor Gericht selbst verteidigen. Sie haben auch die religiösen Ämter bekleidet.

Die „Gastarbeiter", Metöken, wörtlich Mitbewohner (zumeist Leute mit „Migrationshintergrund"), freie Nichtbürger, besaßen kein Bürgerrecht, d.h. keine politischen Rechte, kein Wahlrecht, nicht die Möglichkeit Grundbesitz zu erwerben, und vor Gericht mussten sie sich durch einen attischen Bürger vertreten lassen. Zunächst waren sie auch nicht der Wehrpflicht unterworfen, konnten ihren Beruf ungehindert ausüben. Sie zahlten nur eine geringe Kopfsteuer, das Metoikion. Ihr Anteil an der Bevölkerung wird auf ca. 1/3 geschätzt. In ihren Händen lag ein Großteil des Handels und der Gewerbe, und sie konnten es zu großem Vermögen und Ansehen bringen.

Die niederen Arbeiten auf dem Feld, im Haushalt, zuweilen auch in der Werkstatt, aber zuweilen auch die Erziehung der Kinder, wurde von den Sklaven erledigt. Diese konnten Kriegsgefangene oder Kaufsklaven sein. Die Sklaven konnten im Auftrag ihres Besitzers auch eine Werkstatt leiten, und sie konnten sich freikaufen und konnten freigelassen werden.

* Die Handwerker, die uns besonders interessieren, gehörten allen drei Ständen an, zumeist waren sie Metöken. Sofern sie Vollbürger waren, ordnete man sie den Tagelöhnern oder den Kleinverdienern zu und waren von der Steuerpflicht befreit.
Sie hatten in der Verfassung des Solon (ca. 640 – ca. 560; 2.3) einen anerkannten Platz. So erscheinen in der attischen Vasenmalerei Mitte des 6. Jahrhunderts v.u.Z. erstmals Bilder, die Handwerker zeigen[141]. Die meisten Bilder zeigen Töpfer und Vasenmaler, dann folgen Metallhandwerker, Schreiner, Zimmerleute, Bildhauer und Schuhmacher[142]. Westlich der Agora, in einem Bereich, wo viele Schmiedewerkstätte nachgewiesen sind, steht der Tempel für die Götter der Handwerker: Athena und Hephaistos[143] (2.3.1.1. und 2.3.1.3.).

Perikles führte Diäten ein, um auch den Handwerkern unter den Bürgern die Teilnahme an den Abstimmungen in der Volksversammlung, am Geschworenengericht und die Übernahme von öffentlichen Aufgaben zu ermöglichen, doch erst in der Zeit des Peloponnesischen Krieges (431 – 404 v.u.Z.) sehen wir Handwerker auf der politischen Bühne agieren.

* Die Umwandlung der Stadt von einer überwiegend bäuerlichen Gesellschaft in eine prosperierende „Industrie-, Handels- und Kulturmetropole" brachte vielfältige soziale Konflikte mit sich, die sich im intellektuellen Leben der Stadt widerspiegeln: Arm - Reich; Bürger – Metöke, Sklave; Aristokrat – Handwerker; illiquider Grundbesitzer – liquider „Neureicher"; Kreditnehmer und Kreditgeber; Oligarch - Demokrat. Diese Gegensätze prallten ungepuffert aufeinander und wirkten auf die verfassungsmäßige Isonomie destabilisierend. Vielleicht wirkte die Anwesenheit der Fremden, Metöken und Sklaven auch zusätzlich noch polarisierend. Zusätzlich destabilisierend wirkte der Antagonismus der Stadtstaaten untereinander, ihre Hegemoniebestrebungen, insbesondere der Konflikt mit dem besonders rückständigen Sparta. Im Kampf der Parteiungen gegeneinander gab es verschiedene Instrumente:

* Politische Kontroversen konnten entweder vor der Volksversammlung oder vor einem Gericht ausgefochten werden. Beamte konnten in Prozessen zur Rechenschaft gezogen und durchleuchtet werden.
Ursprünglich zur Stabilisierung der Demokratie gegen oligarchische Übergriffe der „ewig Gestrigen" erfunden, konnten allzu einflussreiche Persönlichkeiten, in der Regel Politiker, durch Ostrakismus (Scherbengericht) verbannt werden. Aber dieses Instrument traf gerade die Baumeister der Demokratie, progressive Politiker: Kimon, Themistokles, die beiden Thukydides (es gab einen Politiker der oligarchischen Bewegung gleichen Namens mit dem bekannten Geschichtsschreiber, beide wurden ostrakiert). Zuweilen wurden nur Berater in die Verbannung geschickt, so etwa Anaxagoras, Berater von Perikles. Es gab Bestrebungen auch Perikles zu ostrakieren, aber er starb schon vorher bei der großen „Pestepidemie"[144].

* Die gesellschaftlichen Spannungen entluden sich schließlich im Sturz der Demokratie und zunächst in der Machtübernahme durch die Oligarchen. Dann kam es zur „Herrschaft der Dreißig" und schließlich zur Wiederherstellung der Demokratie. Nach der Wiederherstellung der Demokratie wurden Bewerber für die Ämter auf ihre Rolle während der Herrschaft der Oligarchie und der Dreißig durchleuchtet.

* Eine weitere wichtige Institution der Demokratie im Kampf der gesplitterten Parteiungen gegeneinander war das Sykophantentum. Der Sykophant war Ankläger in öffentlichen Prozessen und ein Spitzel im Dienste der Parteipolitik. Er erhielt bei erfolgreicher Klage die Hälfte der Strafsumme oder des eingezogenen Vermögens. Es war eine eigene Berufsgruppe, die von der Klageerhebung, oder der erpresserischen Drohung mit einer solchen lebte. Ihre Opfer waren natürlich die Besitzenden. Die Sykophanten geben eine beliebte Rolle in der Komödie ab.

* Ein weiteres Instrument in diesem Kampf der gesplitterten Parteiungen gegeneinander war die Sophistik. Die Sophisten hatten ihr Wissen und ihr Können angeboten um durch den „richtigen Gebrauch der Worte" in jeder Auseinandersetzung Vorteile zu erzielen (3.2.2. und 3.5.1.) und die Oligarchen (z.B. Perikles und Alkibiades) wussten dies zu nutzen.

* War die Tragödie (3.4.) eher ein gehobener moralischer Zeigefinger, so war die Komödie (3.5.) ein Instrument in der politischen Auseinandersetzung. Die Komödie ist zugleich auch ein Spiegel der intellektuellen Auseinandersetzungen, wenn auch sie nicht frei von Verzerrungen war. Auf einen massiven Angriff auf der Bühne konnte

z.B. der Ostrakismus oder ein Prozess, etwa wegen Asebie (3.5. und 3.6.1.3.1.), folgen.

* Insgesamt trafen die kulturellen Einflüsse von außen, die wirtschaftliche Entwicklung, insbesondere die „Montanindustrie" und die Geldwirtschaft, auf eine konservative, instabile militarisierte bäuerliche Gesellschaft der Vollbürger und auf die Verflechtung konservativer Werte und Kräfte, die das althergebrachte religiöse Denken stützen und erhalten wollten. Doch die literarischen Zeugnisse enthalten neben Abwehrreaktionen auch Komponenten die auf eine Integrationsfähigkeit gegenüber den neuen Ideen hindeuten (3.6.).

1.1.1.8.1 Die Wohltäter

Kultursponsoring ist keine moderne Erfindung von Städten oder Staaten in finanzieller Notlage. Das Wort „euergetes" bedeutet Wohltäter. Sie haben im kulturellen Leben Athens eine wichtige Rolle gespielt:

Im alten Griechenland besaßen Stadt und Staat keine Bürokratie zur Kontrolle der τέχναί, wie in Ägypten oder in Mesopotamien und finanzierte diese nicht vorwiegend aus dem „Staatschatz". Sicher, das öffentliche Bauwesen, Befestigungen, Straßen, Brunnen, öffentliche Zisternen, Kanalisation, die Errichtung öffentlicher und sakraler Bauten wurde auch vom Demos finanziert und unterhalten. Für das Bauprogramm des Perikles wurde weitgehend die Kasse des Delisch-Attischen Seebundes herangezogen. Aber andere kostspielige, für uns „öffentliche Ausgaben": wie technologische Innovationen, z.B. der Bau und Betrieb von Trieren (Trierarchie) oder die Finanzierung der öffentlichen Feste, wie die Panathenäen, Festgesandschaften oder Theateraufführungen (Choregie, Gymnasiarchie) wurden durch Liturgien, d.h. aus privaten Mitteln, aufgebracht. Die Stadt übertrug die direkte Verantwortung für die Durchführung und für die Kosten einzelnen reichen Bürgern, euergetes, den Wohltätern. Diese Liturgien wurden manchmal durch Darlehen finanziert, das durch Grundbesitz abgesichert war.
Im klassischen Polis war die Liturgie Verpflichtung und Ehre zugleich. Man konnte durch die Übernahme von Liturgien nicht nur die Sympathien der Bürger erwerben, sondern auch Prestige und Ehrungen[145]. Wohlhabende Leute rechneten damit und nutzten sie für den Erfolg im öffentlichen Leben. Die Berufung auf geleistete Liturgien war ein Topos, vor Gericht zur Verteidigung bei Anklage, oder vor der Volksversammlung bei der Bewerbung um öffentliche Ämter[146]. Choregen, die zu knauserig in der Bewirtung des Chores waren konnten in der Komödie angeprangert werden. Die „Wohltäter" waren Gastgeber für die Sophisten und Philosophen und gaben ihre Söhne, gegen Entgelt, zu diesen in Ausbildung (3.1.1.7.), was von der Komödie auch angeprangert wurde (3.5.2.2.).

Die reichen Athener, wie z.B. der Politiker Perikles oder Alkibiades, vergaben auch Aufträge und erwarben Kunstwerke und sie sammelten brillante Köpfe um sich.
Das Kulturleben war öffentlich, aber aus privaten Mitteln finanziert. Durch diese Kanalisierung der Mittel wurden Maler, Bildhauer, Schauspieler, Lehrer und Philosophen angezogen, wurde Athen zum Zentrum der künstlerischen und geistigen Entwicklung.

Die Rolle der „Wohltäter" werden wir auch in der weiteren Entwicklung zu beachten haben.

1.1.1.8.2 Die soziale Stellung der Handwerker

Homer hat in der Ilias und Odyssee an den Höfen der Könige und Stammesfürsten nur Künstler und Handwerker aus den höher entwickelten Kulturländern des Orients erwähnt: Sidonier, Phöniker, Kreter[147]. Auch Hephaistos, der kunstreiche Schmied, war ein Fremdling unter den Göttern[148]. Im 7. Und 6. Jahrhundert v.u.Z. waren die Höfe der Tyrannengeschlechter, Samos, Korinth, Sykion die Zentren der Kunst[149]. Auch die Neugestaltung der Akropolis in Athen ist mit einem Namen verbunden: Perikles[150].

Doch in der klassischen Zeit unterstanden die Werkstätten bei den Griechen, im Gegensatz zu Ägypten (2.1.) und Mesopotamien (2.2.), nicht einem Herrscher und seinem Beamtenstab. Zentrum vieler handwerklicher Aktivitäten war der private Haushalt. Athens Industrie bestand aus Hunderten winziger Organismen, Ergasterien, Werkstätten, die z.T. vom Eigentümer oder von einem Sklaven oder auch in Pacht betrieben wurden. Die Künstler und Handwerker haben entweder ihre Produkte oder ihre Arbeitskraft auf dem Markt angeboten. Für die Herstellung von Massengütern gab es auch Manufakturen mit arbeitsteiliger Organisation. Ortsansässige Handwerker und Händler bildeten das Gros der „kleinen Leute". Darstellungen aus dem Alltagsleben in der Vasenmalerei zeigen Handwerker bei der Arbeit: Töpfer, Metallgießer, Schuster, Fleischer[151].

Die Bauabrechnungen von der Endphase der Errichtung des Erechtheion auf der Akropolis aus dem Jahre 408/7 geben uns interessante Einblicke in die Welt der Arbeit: Beschäftigt waren Bürger, Metöken und Sklaven. Wir finden alle drei sozialen Gruppen in den spezialisierten Berufen, etwa als Steinmetz oder Zimmermann, ja selbst unter den Hilfsarbeitern finden wir auch Bürger. Abgerechnet wurde z.T. nach Tageslohn, nach Akkordlohn oder nach Stücklohn; in jeder dieser Kategorien ohne Unterschied des rechtlichen Status des Beschäftigten. Zwischen der Bezahlung eines Bürgers und eines Sklaven gab es keinen Unterschied, doch wir wissen nicht ob der Lohn des Sklaven von seinem Herrn voll oder teilweise einbehalten wurde[152].

Künstler und Handwerker konnten ein Vermögen erwerben und auch politische Ämter ausüben, sofern sie das Bürgerrecht besaßen, wie die „neuen Politiker", die nach Perikles` Tod die Bühne betraten: der Müller und Demagoge Eukrates, der Schafhändler Lysikles (Stratege 428/427), der Lampenfabrikant Hyperbolos (Stratege 425/424, 417 ostrakiert, +411), Kleon der Gerber[153] (Stratege 422, +422; 3.1.1.1.), Anytos, vom Beruf Schuhfabrikant (Stratege 409), einer der Ankläger des „Sokrates" (4.10.1.) oder der Demagoge Kleophon, der Lyra - Bauer. Sie alle wurden von der Alten Komödie bespöttelt, aber aus den Fragmenten wissen wir nur vom Hyperbolos, dass seine mangelnde Bildung karikiert wurde (3.5.1.). Diesen durch Reichtum emporgekommenen Demagogen stand auf der politischen Bühne am Ende des 5. Jahrhunderts eine durch Reichtum verdorbene und von den Sophisten geprägte Nachfolgegeneration der Oligarchen gegenüber (3.5.1.).

„Sokrates" (3.6.1.1), der Sohn eines Steinmetzen, hatte nicht nur mit Leuten seines Standes und nicht nur mit den jungen Schickimickis Umgang, sondern verkehrte offensichtlich auch in den Häusern der Großen und Einflussreichen seiner Zeit. Er war zwar eine nach dem Zeugnis der „Alten Komödie" sehr umstrittene Figur auf dem gesellschaftlichen Parkett Athens im 5. Jahrhundert v.u.Z., jedoch nicht wegen seiner Herkunft.

* Nach griechischem Sprachgebrauch ist σώφια die intellektuelle Seite der beruflichen Meisterschaft, angewandt auf einen, der sein τέχνη versteht, also sowohl den wirklich Wissenden als auch den tätig Geschickten meint im Gegensatz zum Stümper.

Σώφια ist Quelle des sozialen Ansehens der τεχνίτης, sie meint Spitzenleistung. Ein „Weiser" konnte z.B. ein guter Steuermann sein, der vorausschauend die Gefahren rechtzeitig erkennt und nicht erst reagiert wenn sie schon da sind.

Es gab auch die Sieben Weisen. Im Gilgamesch-Epos waren die Sieben Weisen engelartige Helfer des Gottes Ea (2.1.1.). In Griechenland waren es in den verschiedenen überlieferten Kombinationen 21 an der Zahl. Frühe Naturphilosophen, die auch als Physiker oder Physiologen bezeichnet wurden, aber auch hochverehrte Dichter und angesehene Gesetzgeber, wie Solon, wurden dazu gezählt (2.3.4.1.). Der erste dem die Bezeichnung „Weiser" zugeschrieben wurde war Nestor, der erfahrene Krieger, Ratgeber der Griechen im Krieg gegen Troja.

* Die Sammlung der hippokratischen Schriften enthält eine Schrift oder Rede mit dem Titel „Über die τέχνη". Sie ist eine Verteidigung einer mit rationalen Mitteln heilenden Kunst und stammt aus der ersten Hälfte des 4. Jahrhunderts v.u.Z. Der Autor beklagt sich: *Es gibt Leute, die eine Kunst daraus gemacht haben, von den Künsten schlecht zu reden*[154]. Die Klage ist allgemein. Wer diese Leute waren und welche Künste gemeint waren, erfahren wir in der Schrift nicht. Ob die Heilkunst insgesamt dazu gehörte, oder nur Missbräuche gemeint waren bleibt ebenfalls im Dunkeln.

Hesiod hat in seinem Epos „Werke und Tage" die Arbeit positiv bewertet (2.3.2.2.). Es ist nicht einfach eine Erklärung zu finden, warum die τεχνίτης im 5. Jahrhundert v.u.Z. als Banausoi, wörtlich Ofenhocker, in manchen Quellen in so geringem Ansehen standen. Aristoteles berichtet, dass nach der ständischen Verfassung in der nachsolonischen Zeit 2 der 10 höchsten Beamten durch Handwerker besetzt wurden, 3 durch Bauern und 5 durch Adelige[155]. Die Handwerker waren danach Träger des Staates und haben sich aktiv an der Stadtverwaltung beteiligt. Doch diese Bestimmung finden wir in der Verfassung des Kleisthenes nicht wieder. Die Bezeichnung „banausos" taucht das erste Mal Mitte des 5. Jahrhunderts bei Herodot (3.3.1.) und Sophokles (3.4.2.) auf.

Ob die griechische Bezeichnung für Handwerker, Banausoi, und ihre Geringschätzung, auf die „Ofenhocker" in der Aufbereitung der Silbererze von Laurion zurückgeht oder allgemein für jede Metallbearbeitung und auch die Töpfer gemeint hat, mag hier dahingestellt sein. In der Bergarbeiterstadt Thorikos gab es ein Theaterbau für die „Banausen"[156].

Möglicherweise spiegelt die Verachtung, die wir auch aus der „Alten Komödie" und der Philosophie kennen, die ständischen Vorurteile der konservativen Grundbesitzer oder vielleicht auch nur die einer „degenerierten Oberschicht". Oder eine Arroganz aus militärischer Sicht: Weil sie pazifistisch sich nicht die vorherrschende militaristische Einstellung einer patriotisch und militaristisch sich gebärdenden Oberschicht teilten oder auch nur sich an den Übungen in den Gymnasien nicht beteiligen konnten und vielleicht auch vor Einsatz drückten[157]. Der Gegensatz vom Kämpfer und Händler klang schon bei Homer an: *Auf die Ladung bedacht und erpicht auf die Rückfracht und den Gewinn, den zu erraffenden! Einem Kämpfer aber gleichst du nicht!*[158]

Möglicherweise spiegelt die Verachtung den Gegensatz der „alten Oligarchen", der aristokratischen Politikergeneration, zu den „neuen Politikern" aus dem Milieu der τεχνίτης („Alte Komödie", 3.5.1.).

Da viele der Handwerker keine Bürger waren, könnte eine latente Fremdenfeindlichkeit in dem Vorurteil mitschwingen. (Zumindest die Geringschätzung der Nichtgriechen, Barbaren, ist uns aus den literarischen Quellen nach den Perserkriegen bekannt.)

Für das „gute" und „richtige" Leben waren sie abschreckende Beispiele, weil die handwerkliche Arbeit den Körper ruiniere und der anstrengende Broterwerb dem Handwerker keine Zeit lasse sich athletisch in der Palästra zu trainieren oder sich an den Agonen zu beteiligen, also das Ideal der höheren Stände: die „Kalokagathie" (3.1.4.) und ein Leben in Muße zu verwirklichen[159]. (In Sparta waren die banausischen Arbeiten an die Heloten und Periöken delegiert. In Athen waren vielfach die Metöken und die Sklaven handwerklich tätig, aber nicht ausschließlich.) Auch nach Aristoteles schließen sich Bürgertum und Banausentum aus, im vollkommenen Staat sollen nur jene Bürger sein, die von der Arbeit für die Notdurft des Lebens befreit sind[160].

Ob diese Geringschätzung als Banausoi allgemein verbreitet war und für alle τεχνίτης galt oder nur in aristokratischen und sophistisch – literarischen Kreisen, und in diesen auch nur für die Emporkömmlinge oder auch für die breite Masse der τεχνίτης, wissen wir nicht. Wir wollen es untersuchen. Die Bezeichnung spiegelt vielfältige Friktionen in der attischen Gesellschaft wieder. Es lohnt sich die einzelnen Quellen, die Geschichtsschreibung (3.3.), die Tragödie (3.4.), die Komödie (3.5.), die Sophisten (3.2.) und die Philosophen (3.6.) differenziert auf das Selbstverständnis und die öffentliche Reputation der Künste im Allgemeinen und ihre einzelnen Zweige im Besonderen zu untersuchen.

* Die literarischen Quellen erschließen überwiegend die gesellschaftliche Mittel- und Oberschicht.

…. Die äsopischen Fabeln kennen Handwerker, die *ihr Handwerk ungeschickt ausüben*[161]. Doch gravierender ist, dass Hermes allen Handwerkern ein Lügenmittel eingeflößt hat, allen gleich viel, doch der Schuster bekam den großen Rest. *Deshalb lügen alle Handwerker, am meisten vor allen aber die Schuster*[162].

Eine besondere Gattung von Quellen führt uns in die Welt der kleinen Leute und der Handwerker: Die Fluchtafeln. Verwünschungen, Schadenzauber und Verfluchung hat es wohl immer gegeben, sie gehören in die Sphäre des Volksaberglaubens. Fluchtafeln treten zuerst im 5. Jahrhundert v.u.Z. auf, sie wurden aber vom 4. Jahrhundert an zahlreicher. Dies mag mit der Verbreitung der Schriftlichkeit zusammenhängen. Von den bisher ausgewerteten Täfelchen sind die meisten Prozessflüche, andere betreffen Konkurrentinnen und Konkurrenten in Geschlechtsbeziehungen. Doch einige betreffen Handwerker und Händler: ihre Arbeit, ihr Laden und ihren Lebensunterhalt. Die Flüche sollen ihre Glieder und ihren Geist binden und für den Fluchenden unschädlich machen. Möglicherweise spiegeln die Flüche nur die Rivalitäten innerhalb der Handwerkerschaft[163]. Die bekannten Fluchtafeln beziehen sich nicht erkennbar auf Fehlleistungen oder auf Pfusch und reflektieren auch nicht Einstellungen zu den τέχναí allgemein oder auch nur zu einer spezifischen τέχνη als solche[164].

1.1.1.8.3 Die soziale Stellung der Künstler

Wenn wir versuchen die soziale Stellung der τεχνίτης zwischen σώφός und banausos einzugrenzen, sollten wir auch nichtliterarische Quellen berücksichtigen. Solche Quellen sind Weihgaben in Heiligtümern, Inschriften, Signaturen, bildliche Darstellungen und Nachrichten über gesellschaftlichen Umgang wie Berufungen oder Ehrungen[165] (2.3.2.). Einige Beispiele: Handwerker und Künstler haben sich in ihren Weihgaben bereits im 6. Jahrhundert v.u.Z. geoutet[166],[167]. Eine Inschrift um 500 v.u.Z. bezeugt für einen Maler das Bewusstsein des eigenen Könnens im Vergleich zu einem Konkurrenten[168]. Viele der Grab- Weih- und Ehreninschriften tragen auch der Namen des Künstlers (oder der Künstler), der (oder die) sie angefertigt hat (oder haben)[169]. Manchmal nennt der Bildhauer auch seinen Lehrer oder anderer Künstler, mit denen er zusammengearbeitet hat[170]. Die Bildhauer Praxiteles (um 390 – um 320 v.u.Z.) und Lysipp (2. Hälfte 4. Jahrhundert v.u.Z.; s. Einleitung zu Kapitel 4) haben ihre Werke signiert[171].

* Weihgaben in Heiligtümern sind für beide Gruppen, Künstler und Handwerker, bezeugt, als Dank an die Götter – je nach Vermögen. Hier zeigt sich schon eine Differenzierung: es gab reiche und arme Künstler bzw. Handwerker. Unentgeltliches Arbeiten oder das Verschenken eigener Werke an die Gemeinde bezeugen auch eine wirtschaftliche Unabhängigkeit des betreffenden Künstlers. Ehreninschriften erhielten im Allgemeinen Feldherren, Redner, Athleten, Dichter, aber auch Ärzte und Philosophen[172],[173] (4.2.5.2.3.).

Angaben zu verwandtschaftlichen Beziehungen zeigen uns, dass τεχνίτης, wie Bildhauer, Maler, Töpfer Musiker derselben Gesellschaftsschicht angehörten.
Inschriften und Künstlersignaturen zeugen vom Selbstbewusstsein als Künstler. Ein schönes Zeugnis des selbstbewussten Stolzes auf die eigenen Leistungen sind die Inschriften der Maler-Rivalen Parrhasios (Blütezeit um 420 v.u.Z.) und Zeuxis. Parrhasios ist stolz den Gipfel und die Grenzen der Kunst erreicht zu haben[174], doch Zeuxis bezweifelt dies und fordert ihn zum Wettkampf auf: *„Wenn einer der Männer behauptet, er habe die Grenze unserer Kunst erreicht, dann soll er erst beweisen und dann siegen … doch meine ich, dass wir keineswegs den zweiten Platz einnehmen*[175].

Es gibt Werkstattbilder[176] und bildliche Darstellungen auf Keramik zeigen Keramiker beim Symposion, sie zeigen Szenen aus Theateraufführungen, mythologische Themen, wie diese zu ihrer Zeit diskutiert wurden. Neben der bemalten Töpferware gab es Statuetten aus Terrakotta, Mosaiken, Metallarbeiten, Skulpturen und Gemme mit einer Beziehung zum Theater[177]. Zumindest die Künstler nahmen am gesellschaftlichen Leben, wenn auch nicht alle am politischen, teil.

* Auswärtige Künstler konnten mit Prestigeprojekten beauftragt werden, wie Polyklet aus Argos (2. Hälfte 5. Jahrhundert v.u.Z.) mit der Statue der Athene für den Parthenon. Angesehene Künstler, wie der Maler Polygnot von Thasos, konnten als Zeichen der Anerkennung das Bürgerrecht der Stadt erhalten oder wie der Maler Nikias die Ehre eines öffentlichen Begräbnisses. In Delphi, wo Polygnot die Bilder der Halle der Knidier schuf, gewährte ihm die Amphiktyonie freie Unterkunft. Sicher, wer öffentliche Aufträge übernehmen, und damit zum Ruhm der Stadt beitragen konnte, der Architekt, der Bildhauer und der Maler, stand höher im Ansehen, als einer, der nur Massenware für den häuslichen Bedarf herstellte. So hatten die Hersteller von edler Ke-

ramik, wie Bakchios, ein Hersteller von panathenäischer Preisamphoren, sicher ein höheres Ansehen, als die Hersteller von Gebrauchskeramik, etwa von Öllampen.

* Es gab wohl Auftragswesen, einen Kunstmarkt und Sammler von Kunstwerken. Die Maler zeigten ihre Werke während der panhellenistischen Spiele. Bei den Propyläen war eine Pinakothek untergebracht, in der Tafelbilder auf Holz gezeigt wurden[178]. Es gibt Berichte über Malerwettbewerbe, die in Heiligtümern stattfanden, diese waren Foren für Präsentation und Kunstkritik[179]. Plinius berichtete über den überlieferten Wettkampf der Maler Zeuxis und Parrhasios, der einen intendierten Verismus in der Malerei voraussetzt. Er berichtet auch über einen Wettbewerb der Bildhauer im Tempel der Artemis zu Ephesos[180]. Als Alkibiades nach dem Hermenfrevel ostrakiert wurde, wurde sein Besitz konfisziert und versteigert. Fragmente der Versteigerunsgliste nennen darunter auch Gemälde, Pinakes, „kleine, große und bunte"[181]. Plato bezog sich in den Dialogen öfters auf bekannte Künstler. So erwähnte er Dädalus, Phidias, Polyklet, Zeuxis, Xanthypos, Paralos, als bekannte Persönlichkeiten, und ihre Werke. Er bezog sich auch auf den öffentlichen Diskurs von Kunstwerken. In einem Brief an den Tyrannen von Syrakus, Dionysos II, berichtet Platon von einer Statue des Apollo die *der junge und tüchtige Künstler* Leochares in seinem Auftrag angefertigt hat. Er hat diese Statue zusammen mit einem anderen *sehr zierlichen Werk*, die er gekauft hat, der Frau des Tyrannen zugedacht und ließ sie per Boten überbringen[182].

* Auch Künste konnten ins Blickfeld einer Asebieklage geraten, allerdings weniger der Handwerker, als der Auftraggeber. So wird über eine Asebieklage gegen die im 4. Jahrhundert v.u.Z. vielberühmte Hetäre Phryne berichtet, weil sie eine Statue der Göttin Aphrodite bei Praxiteles, wohl die Knidische Aphrodite, nach ihrem Ebenbild in Auftrag gegeben haben soll[183],[184] (3.6.1.3.1.). Das war Hybris, Anmaßung. Im Prozess soll sie ihre Brust entblößt haben und *die Richter haben von einer Todesstrafe abgesehen*[185],[186] Aphrodite konnte sich wohl geschmeichelt fühlen.

Diese Beispiele zeigen uns, dass im 5. Jh. das Bild der Künstler (in unserem Sinne) und der Handwerker in der Öffentlichkeit wohl differenzierter zu sehen ist, als der gemeinsame Oberbegriff τεχνίτης dies nahe legt, dass eher die Sichtweise des Aristophanes die gesellschaftliche Realität trifft, als die Sichtweise des Herodot oder Platon (3.3.1., 3.5.1. und 3.6.2.3.).

1.1.1.9 Anfänge einer Kunsttheorie

* Aus dem 5. Jahrhundert stammt die erste schriftliche Abhandlung über Statuen, der "Kanon" des Polyklet. Diese Schrift ist verloren gegangen, aber spätere Nachrichten besagen, dass eine wohl proportionierte Statue sich aus vielen Maßen, die in einem bestimmten Verhältnis zueinander stehen, zusammensetzen. Polyklet schuf zur Demonstration seiner Regel auch eine Musterstatue, die ebenfalls verloren gegangen ist[187]. Beide zusammen bezeugen einerseits, dass es im 5. Jahrhundert eigene theoretische Überlegungen zu Regeln der Kunst gab, sodann dass Theorie und Praxis τέχνη gemäß zusammengehörten[188]. Berichtet wird auch über andere Lehrschriften z.B. vom Pamphilios für Maler. Sie sind alle verloren gegangen. Nachrichten einer kunsttheoretischen Schrift sind vom Xenokrates, Enkelschüler des Malers Lysipp, (1. Hälfte 3. Jahrhundert v.u.Z.) überliefert[189]: Er hat die Kunsttheorie von metaphysischen und ethischen Bindungen gelöst und den Entwicklungsgedanken in den Mittelpunkt gestellt[190].

Am gesellschaftlichen Diskurs über die Künste haben sich auch die Philosophen beteiligt, allen Voran Sokrates. An diesen Diskurs hat Xenophon in seinen „Erinnerungen" angeknüpft, in dem er Sokrates mit dem Maler Parrhasios und einem Bildhauer
Kleiton Fragen der Kunsttheorie diskutieren lässt[191]. Auch Platon hat mit seinen
Überlegungen zu einer Kunsttheorie an diesen Diskurs angeknüpft (3.6.2.2.1.). In der
Kunsttheorie des Aristoteles scheinen Überlegungen wie im „Kanon" des Polyklet
anzuklingen (3.6.3.4.).

Im gesellschaftlichen Diskurs zur Genese der Kunst wurde im 5. Jahrhundert das mythologische Bild vom Dädalus (2.3.1.5.) zu einem archaischen Künstler modifiziert,
dem die ersten Fortschritte der Kunst zu verdanken sind[192].
…. In einem Fragment des Euripides ist Dädalus ein Künstler, dessen Bildnisse sich
bewegen und sprechen, *so begabt ist dieser Künstler*[193]
…. Plinius der Ältere schrieb Dädalus die Erfindung der Zimmermannskunst und ihre
Werkzeuge zu: Säge, Axt, Bleilot, Bohrer, Leim[194].

Ausblick: Plinius der Ältere bemerkt in seiner „Naturkunde" (4.1.2.1.6. und 4.1.2.2.6.)
zum gesellschaftlichen Diskurs bezüglich der griechischen Plastik: *das schriftliche
Material über diese Kunst ist schon so herangewachsen, dass eine ausführliche Be-
handlung zu viel Mühe machen würde*[195].

1.2   Die Sophisten

Bereits in der Odyssee wird der gute Redner hoch geehrt *als einer der Götter*[196].
Das Leben in Athen bot einem Redner vielfältige Möglichkeiten zu einem Auftritt in
öffentlichem oder privatem Rahmen: als Festredner bei den öffentlichen Festen, als
politische Redner vor dem Rat, vor der Volksversammlung, als Ankläger oder Vertei-
diger vor Gericht, bei den Symposien vor einem Freundeskreis, bei einer Beerdi-
gung. Diese Möglichkeiten zur Selbstdarstellung und die Theateraufführungen erfor-
derten eine Ausbildung der Stimme und der Sprechweise. Die forensische Beweisführung vor Gericht (3.1.1.1.) förderte insbesondere die Entwicklung argumentativer
Techniken[197]. In diesen konnten aber auch viele andere Kenntnisse nutzbringend
verwendet werden (3.2.4.) so förderte die Sophistik auch allgemein die Bildung
(3.2.2.). Die Sophisten wirkten als Teilnehmer und Katalysatoren im gesellschaftlichen Diskurs um die τέχναί allgemein.

Ob die Sophisten auch Bücher zu Fragen bestimmter τέχναί verfasst haben, mag hier
dahin gestellt sein (3.1.1.5.), über ihre Lehren und Ansichten sind wir nur aus zweiter
und dritter Hand unterrichtet. Aber es wird wohl auch Bücher zu Rhetorikunterricht
der Sophisten gegeben zu haben[198] (3.2.3.). Ins Umfeld der Sophisten verweisen
manche der Hippokratischen Schriften (2.3.4.3.), die Schriften Platons (3.6.2.) und
des Xenophon (3.6.6.).

1.2.1   Die τέχνη und σώφια der Sophisten

Die meisten Denker des 5. Jahrhunderts haben sich von dem Denkmuster der „Alten
Weisen", den Naturphilosophen aber auch von der herkömmlichen mythischen Welt-
erklärung abgehoben. Neuer τέχνη der klassischen Zeit ist die Redekunst, ihre
τέχνιτης, die diese τέχνη beherrschen, nennt man die Sophisten. Die Bezeichnung
finden wir zuerst bei Kratinos (s.u.), einem Dichter der Alten Komödie (3.5.1.). Er

meint mit der Bezeichnung nicht nur die Weisen, sondern auch die Dichter Homer und Hesiod[199]. Die „attischen Redner" in Rom (4.1.2.3.) haben diese Bezeichnung für sich in Anspruch genommen.

„Die Sophisten" bilden eine heterogene Gruppe unter den Vorsokratikern. Sie haben das intellektuelle Leben Athens im 5. Jahrhundert nachhaltig geprägt[200]. Die meisten und berühmtesten von ihnen, Protagoras von Abdera (ca. 485-415), Gorgias aus Leontinoi (ca. 480-380), Thrasymachos aus Chalcedon (2. Hälfte des 5. Jahrhunderts; 3.1.1.6.), Hippias aus Elis (gegen Ende des 5. Jahrhunderts), Polos von Akragas, Prodikos von Chios (2. Hälfte des 5. Jahrhunderts) kamen zum Teil als Delegierte ihrer Heimatstädte nach Athen oder als Wanderlehrer. Sie waren Metöken, Fremde, und hatten auch nicht ständig ihren Wohnsitz in Athen. Sie bereisten weite Regionen Griechenlands: Böotien Thessalien, Sizilien ja selbst Sparta. Doch das Zentrum ihres Wirkens war Athen.

Sie kannten verschiedene religiöse, ethische und politische Vorstellungen. Dies und die Kenntnis der ethnographischen Literatur, sowie die Einsichten in die praktische Politik ließen die traditionellen Werte und Vorstellungen der Athener willkürlich und relativ erscheinen. Sie haben einen öffentlichen Diskurs über die beste Verfassung eröffnet, an dem, neben den Rednern auch die „Tragiker" und die „Alte Komödie" und die Philosophen sich beteiligten.

Der bedeutendste Sophist attischer Herkunft war Antiphon (480-411)[201]. Er war der erste Logograph, Redenschreiber für den politischen Diskurs und für forensische Reden vor dem Gericht. Er hat sich auch aktiv am politischen Leben der Stadt beteiligt, war der Anführer des oligarchischen Umsturzes zur Beseitigung der Demokratie. Nach dem Sturz der Oligarchie wurde Antiphon hingerichtet und geächtet. Thukydides hat die Kraft seiner Rede bewundert[202], der Dichter Platon warf ihm vor er verkaufe Gerichtsreden für einen hohen Preis[203]. Auch in den Dialogen Platons und des Xenophon wird er erwähnt.

Antiphon war der erste, der wirtschaftliche Fragen unter dem Begriff der Gerechtigkeit behandelte.

Ausblick: Diesem Beispiel folgten Aristoteles (3.6.3.3.), die Scholastiker und die frühen Wirtschaftstheoretiker, Luis Molina (9.2.1.3.3.) und auch der Begründer der Nationalökonomie, Adam Smith (10.3.4.5.), waren Moralphilosophen.

* Unter der Bezeichnung „Die Sophisten" finden wir sehr unterschiedliche Denker mit sehr unterschiedlichen Anliegen[204]. Die Ansichten der Sophisten sind weder einheitlich, noch konsistent, wir finden relativistische, skeptische neben nihilistischen Ansichten. Doch sie hatten gemeinsame Interessensgebiete, und auch Gebiete des gemeinsamen Desinteresses:

…. Ihr Interesse galt nicht den kosmologischen und naturphilosophischen Spekulationen,

…. ihr Interesse galt vielmehr den pragmatischen Kenntnissen, bevorzugt der menschlichen Gesellschaft und ihrer Institutionen: Die „Human-Wissenschaften", psychologische und soziologische und Fragstellungen haben bei den Sophisten ihren Ursprung. Gorgias z.B. hielt seine Reden auf den großen pangriechischen Festen über kulturkritische und politische Themen[205].

…. Die wichtigste Entdeckung der Sophisten ist die Philologie: Sie diskutieren alle Aspekte der Sprache: Syntax, Semantik, vor allem aber ihre Wirkung auf die Zuhörer. Nicht die materiellen Machtfaktoren, sondern ein sich selbst kennender Logos (Rede) ist das neue Mittel der Machtausübung[206].

.... Gorgias selbst war von der Macht des Wortes überzeugt[207]. In seiner Lobrede auf Helena erzählte er die Geschichte um den Raub der Helena neu, und spricht sie von der Anklage der Untreue frei. Er befand sich damit in guter Gesellschaft: Auch Euripides gab den alten Mythen eine neue, anthropologische Interpretation, auch Protagoras und Prodikos und natürlich Platon gehen mit mythischen Erzählungen frei um oder erfinden ganz neue mythische Geschichten.

.... Prodikos von Chios (2. Hälfte 5. Jahrhundert v.u.Z.) wird eine Erzählung vom „Herakles am Scheideweg" zugeschrieben: Zwei Frauenpersonen symbolisieren die anstehenden Alternativen einer Wahl: Die eine würdig und edel, die andere reizvoll. Die anstehende Wahl ist zwischen einem vernunftgeleiteten, aber anstrengenden, oder einem lustvollen und genussbetonten Leben[208]. Es ist wohl das früheste Beispiel für Rangstreit-Dichtung,- der Gegensatz von Tugend und Laster ist ein wiederkehrendes Thema in der Literaturgeschichte[209]. Die Erzählung von den zwei Frauen wurde u.a. von Savonarola wieder aufgegriffen (10.3.1.3.).

* Die Sophisten haben mit ihrer Technik und ihren widersprüchlichen Lehren einen gesellschaftlichen Diskurs provoziert, der von etwa 420 bis 330 v.u.Z. anhielt:

.... Die philosophische Tradition, die Rhetorik bloß als Kunst der Überredung aufzufassen, geht in hohem Grade auf die „Alte Komödie" und auf Platon zurück[210], aber nicht ausschließlich. Gegen leeres Gerede gibt es ein altes Misstrauen: Bereits bei Hesiod warnten die Musen den Dichter. *„Leicht ist es uns viel Trug zu erzählen..."* (siehe 2.3.1. und 2.3.2.2.). Gegen diese einseitige Betonung der Sprache als einen gesellschaftlichen Machtfaktor haben sich auch der Stratege und Historiker Thukydides (3.3.2.), aber auch der Rhetoriklehrer Isokrates (3.2.4.) gewandt.

Was soll höher bewertet werden Überredung oder Sachverstand? Die Frage war insbesondere bei einem „Vorstellungsgespräch" vor der Stadtversammlung von Bedeutung. Platon nennt: die Wahl *von Ärzten, ... Schiffsbaumeister oder eine andere Art von Gewerbsleuten, ... bei der Erbauung von Mauern, ... bei Instandsetzen von Häfen und Werften, ... bei der Wahl des Heerführers ... darf nicht der Redner den Rat geben, ... sondern der Kunstverständigste muss gewählt werden*[211]. Auch Xenophon bemerkt sarkastisch: *ich habe jeglichen Anschein vermieden, ich hätte irgendwo diese Kunst gelernt. Erlaubt mir trotzdem als Arzt aufzutreten. Denn ich will mir Mühe geben zu lernen, indem ich an Euch Versuche mache*[212].

.... Sicher, Vorsicht ist geboten, aber, auch wenn Platon sein Material einseitig auswählt, sein Bericht über das Interesse der Sophisten an Sprache und Rhetorik muss nicht unbedingt falsch sein. Der *„richtige Gebrauch der Worte"* [213] in öffentlicher Rede, in der Volksversammlung und vor dem Gericht, aber auch in der Preisrede im Bereich der großen Feier, war offensichtlich ein Instrument des Erfolges im öffentlichen Leben, in der Politik[214], – aber auch der Haushaltsführung[215] und im gewöhnlichen Leben[216]. Die Redekunst wurde von den Sophisten programmatisch und propagandistisch allen anderen τέχναί vorangestellt, denn sie ist auf alle anderen Wissensgebiete anwendbar: auf Rechenkunde, auf Zahlenkunde, auf Astronomie[217]. Ja, Redekunst ist als Streitkunst, Eristik, nicht nur auf alle anderen Wissensgebiete anwendbar und sie ist jedem anderen Sachverständigen überlegen[218].

Seit den Sophisten wird σώφια gerade nicht auf den Meister seines Faches bezogen, sondern, in Umdeutung, eigentlich σώφός ist derjenige, der sich auf das Reden versteht[219]. In diesem Punkt stimmt Platon mit der „Alten Komödie" überein. Auch der Sophist Gorgias interpretierte die Kunst der Rhetorik als eine Täuschung, die eine große Wirkung hat. Diese Täuschung ist lustvoll, eine Illusion, begleitet von der „Lust der Worte". Er selber verglich die Wirkung der Rede mit der Wirkung von Drogen[220].

Es gibt auch Zeugnisse, die von Platon (3.6.2.1.1.) und der „Alten Komödie" (3.5.1.) unabhängig sind, z.B. Isokrates, einer der Schüler des Gorgias (3.2.4.). Auch er geißelte die Unverbindlichkeit und Geldgier der Sophisten (3.2.4.). Als einen nüchternen historischen Zeugen, der sich der Wirkung eben dieser Droge entzogen hatte, werden wir noch Thukydides, auch er war einst ein Schüler des Gorgias, kennen lernen (3.3.2.).

.... Erst im 4. Jahrhundert wurden Schulen für Rhetorik gegründet, sie haben Bildung und Erziehung bis in die Spätantike geprägt (3.2.4. und 4.1.2.4.).

.... Aristoteles hat Motive und Intentionen des eristischen Gesprächs untersucht[221] und hat in seinen Schriften zur Logik Regeln der Argumentation formuliert (3.6.3...5.).

* Doch über die Rhetorik hinaus haben die Sophisten auch ein sachliches Anliegen gehabt: Durch die Vermittlung von Kenntnissen soll ihren Adepten der Weg zu einem erfolgreichen Leben gebahnt werden. Sie wollten auch *belehren über die Natur aller Dinge, wie sie sind und wie sie entstanden*[222]. Ob die Sophisten auch sachliche „Handbücher" verfassten, ist umstritten. Für bestimmte τέχναί ist eine solche Literatur aus der Zeit und dem Umfeld der Sophistik kaum zu bestreiten. Dies gilt sicher für die Medizin und die Rhetorik, aber auch für die Kriegskunst und der Ökonomie[223].

* Von den Sophisten wurden die Götter nicht zu kosmologischen Spekulationen herangezogen: Protagoras, Gorgias, Thrasymachos lassen zu diesen eher eine skeptische Einstellung erkennen. Sie haben wohl einen gesellschaftlichen Diskurs über die Götter und die Mythologie angestoßen (2.3.1.).

Berühmt ist der skeptische Spruch des Protagoras: *„Von den Göttern wissen wir nichts, weder dass sie sind, noch dass sie nicht sind, noch was für Gestalt sie haben; denn vieles hindert ein Wissen hierüber: die Dunkelheit der Sache und die Kürze des menschlichen Lebens"*[224]. Protagoras wurde der Asebie angeklagt, aber über den Prozess selber wissen wir keine Einzelheiten (3.6.1.3.1.), nur so viel, dass Protagoras Athen verlassen musste[225]. Der rationalistische Skeptizismus gegenüber theologischen Spekulationen wurde auch später Anlass zu Kontroversen (6.1.6.1., 10.4.).

Doch dies hinderte Platon nicht den Protagoras in dem gleichnamigen Dialog einen Schöpfungsmythos erzählen zu lassen, nach dem die Götter das Geschlecht der Sterblichen aus Erde gebildet haben. Bei der Verteilung der Kräfte und Fähigkeiten blieb der Mensch unbegabt, nackt, unbeschuht, unbedeckt und unbewaffnet übrig. Aus Mitleid und zur Rettung stahl Prometheus (2.3.1.6.) das Feuer und die kunstreiche Weisheit des Hephaistos (2.3.1.3.) und die andere Kunst der Athene (2.3.1.1.) und gab es den Menschen, der von da an die Behaglichkeit des Lebens genoss[226].

Im Gegensatz zur „alten Naturphilosophie" fragten die Sophisten nicht nach dem Ursprung des Kosmos, nach einem Prinzip oder Urstoff, aus dem alles hervorgeht, oder nach Elementen, deren Kombination und Rekombination die natürlichen Vorgänge erklären könnte, auch nicht nach dem Logos, der diese Prozesse durchwaltet.

Das Sein und die Wahrheit sind relativ, denken wir nur an den berühmten homo – mensura Satz des Protagoras[227]. Argumente pro und kontra gibt es in jeder Sache, die Wahrheit ist nicht eine feststehende und bekannte Tatsache, entscheidend ist das Stärkere der Argumente. Nach der extremen Meinung von Gorgias könne die Wahrheit gar nicht erkannt werden, aber wenn doch, diese Erkenntnis doch nicht mitgeteilt werden[228]. Wahrscheinlichkeit, Schein und Meinung, nicht Wahrheit und Wissen, seien die fundamentalen Gegebenheiten des menschlichen Daseins.

Im gesellschaftlichen Diskurs markiert der homo-mensura-Satz eine Extremposition, im Gegensatz dazu markieren die Tragödiendichter Aischylos, Sophokles und Euripides (3.4.), eine „konservative" und mahnende Position: der Hybris führt zur Niederlage und Untergang.
Einen fernen Nachhall des Diskurses über die Mythologie finden wir in den Dialogen Platons (3.6.2.1.5.): Sokrates findet die Deutungsversuche (2.1.3.1.) zwar *ganz anmutig*, hat sich aber nicht daran beteiligt[229] (3.6.1.3.2.).

* Die Sophisten fragten auch nach der Gerechtigkeit, nach Gut und Böse, Recht und Unrecht[230].
Antiphon formulierte die Gleichheit der Menschen, Griechen und Barbaren, als natürlich[231]. Er stellte, durchaus im Sinne des Protagoras und des Hippias, der menschlichen Φύσις (Natur) als Hindernis die νόμοι (Brauch, Konvention, Gesetz) gegenüber, die Befehle und Verbote erlassen. Er formulierte den Gegensatz Natur und Gesetz, und artikulierte damit die Erosion der überkommenen moralischen Werte, vielleicht als Reflex auf die Zermürbung Athens durch die internen Machtkämpfe und den Peloponnesischen Krieg (siehe auch Thukydides, 3.3.2.). Auch Hippias scheint eine ähnliche Position vertreten zu haben[232]. Mit der Naturauffassung, im wesentlichen auf das Triebleben bezogen, als die eigentlich treibende und Norm gebende Instanz, korreliert eine Ethik, der als Maßstab des Verhaltens der diesseits orientierte Nutzen und das Eigeninteresse gilt (Antiphon)[233]. Kallikles (Ende 5. Jahrhundert) kennen wir nur aus Platons Dialog „Gorgias"[234]. Dort vertrat er die These vom Recht des Stärkeren. Antiphon und Kallikles waren beide Schüler des Gorgias.

Ausblick: Der Terminus „Natur" markiert einen Marktplatz der Meinungen, der Begriff selber ist unscharf, auf den wir hier nur kurz hinweisen können: Kallikles und die Kyniker markieren die Extreme. Nicht nur Philosophen haben sich in der Begründung ihrer Systeme in irgendeiner Form auf die „Natur" berufen. In der Kunst wurde in der 2. Hälfte des 5. Jahrhunderts ein Verismus geschätzt (3.1.1.8.3.). Euripides brachte die Welt der Triebe und der Leidenschaften auf die Bühne (3.4.3.). Platon berief sich in seiner Seelenlehre auf die „Natur" des Menschen (3.6.2.1.4.). Aristoteles widmete der Naturkunde eine Reihe von Schriften (3.6.3.1.). Die „Schulen" der Kyniker (4.2.4.), Stoiker (4.2.5.1.1. und 4.2.5.1.3.) und Epikureer (4.2.5.2.) haben sich auf die „Natur" berufen um ihre ethischen Systeme zu begründen. Der Gegensatz Natur versus Konvention war prägend bis hin zur Berufung auf ein „Naturrecht" in der Neuzeit (9.1.5.4.): Auch Montaigne stellte einen imaginären Naturzustand der kulturellen Verderbnis gegenüber (10.3.4.).

* Als Gegner der herkömmlichen religiösen und spekulativen Weltdeutung, die ihre eigene Weisheit der communis opinio gegenüberstellen, kann man die Sophisten durchaus als „Aufklärer" betrachten[235], die einen Diskurs und eine Gegenreaktion provoziert haben. Die von ihnen entdeckte neue τέχνη blieb nicht ohne Widerspruch: Sie wurde von der „Alten Komödie" karikiert, von „Sokrates", Platon, Aristoteles, Xenophon, und Thukydides einer kritischen Prüfung unterzogen (3.3.2. und 3.6.).

* Die Diskussion um die τέχναί, als ein Teil der kulturellen Leistungen, war eingebettet in eine allgemeinere und umfassendere Spekulation um die Entstehung der Kultur. Es gab zwei Typen von Entstehungslehren[236]:
…. Es gab eine Deszendenztheorie, wie sie bei Homer zu finden (2.3.2.1.) und in den hesiodischen „Drei Zeitaltern" ausgeführt ist[237]

.... Und es gab eine Aszendenztheorie, als deren erster Vertreter Xenophanes bekannt ist: *Nicht von Anfang an haben die Götter den Sterblichen alles enthüllt, sondern allmählich finden sie suchend das Bessere*[238]. In Rom und an der Schwelle zur Neuzeit finden wir einen gesellschaftlichen Diskurs um den Glauben an einen technischen bzw. wissenschaftlichen Fortschritt (4.1.2.1.6., 4.1.2.1.7., 4.1.2.7.2., 4.2.7.3.1., 4.2.7.3.3., 10.2.3.3., 10.3.1.1.7., 10.3.1.4., 10.3.2.2.1., 10.3.4., 10.3.4.4., 10.3.4.7., 10.4.1., 10.3.4.2., 10.3.4.3., 10.3.4.4., und 10.3.4.7.).

Die Einstellung der Sophisten zu den anderen τέχναί war nicht homogen, wir finden ein breites Spektrum an Einstellungen:
.... Nach Protagoras helfen die τέχναί den zunächst schutzlosen Menschen zum zivilisierten Leben und zur Kultur, aber sie sind dazu nicht hinreichend. Neben die zum Leben notwendigen τέχναί setzt er noch die δίκη (Recht, Gerechtigkeit sind notwendig für das geordnete Zusammenleben zur Erhaltung der Menschheit) und die πολιτική τέχνή. Erst durch diese wird die kulturelle Entwicklung der Menschen vollendet[239]. An dieser Kunst sollen aber alle teilhaben, nicht nur die Spezialisten, wie es bei den übrigen τέχναί der Fall ist[240].
.... Nach Polos, einem Schüler des Gorgias, ist das Leben der Menschen dank τέχνη nicht mehr der τυχή unterworfen[241] und ähnlich meint auch Antiphon, dass wir *durch τέχνη beherrschen das, dem wir von Natur aus unterlegen sind*[242]. Die damit angestoßene Diskussion hat im letzten Drittel des 5. Jahrhundert v.u.Z. vor dem Hintergrund des Peloponnesischen Krieges eine besondere Bedeutung erlangt (3.3.2., 3.5.1., 3.5.2. und 3.6.2.3.).

Es gab vielseitig Gebildete unter ihnen, Hippias[243] oder Thrasymachos[244]. Hippias war eher ein Außenseiter unter den Sophisten, er behandelte in seinen Vorträgen Themen aus Geometrie, Astronomie, er diskutierte über Musik, Malerei, Bildhauerei. Antiphon schrieb über die kontrovers diskutierten Themen seiner Zeit: Mathematik, Physik, soziale und politische Themen. Die „banausischen" τέχναί hat er akzeptiert, soweit sie der Autarkie dienten, sie wurden aber abgelehnt, wenn sie dem Lebensunterhalt dienten (s.a. Aristoteles, 3.6.3.1.). Hierin schimmert noch die aristokratische Einstellung zu den τέχναί durch. Aber die τέχνιτης gehörten eh nicht zum bevorzugten Klientel der Sophisten.

* Bei den Sophisten finden wir auch ästhetische Reflexionen:
.... Nach Gorgias bewirkt eine nach den Regeln der Kunst verfasste Rede auch Genuss. An dieser Stelle ist wohl weniger der Sprechakt, eher allgemein die Kunstprosa gemeint - und diese muss nicht unbedingt nach der Wahrheit schielen. Wahrheit und Ästhetikum sind verschiedene Dinge. *Auch die Malerei bereitet dem Anblick Genuss, indem sie aus vielen Farben und Körpern einen einzigen Körper im Umriss vollendet*[245]. Auch die Tragödie war ein wunderbares Hör- und Schauspiel und bot den Menschen durch ihre Mythen und Leidenschaften eine Täuschung, aber auch eine „Lust der Worte".
.... Auch in der anonymen Schrift, „Dissoi Logoi", Doppelargumente, verfasst um 400 v.u.Z., werden die Künste in unserem Sinne ähnlich bewertet: *Die Dichter machen ihre Gedichte nicht der Wahrheit zuliebe, sondern den Menschen zum Vergnügen*[246]. Die Schrift nennt unter den Tragödiendichtern und Maler *den am vorzüglichsten, der es am besten versteht eine Täuschung hervorzubringen, die der Wirklichkeit ähnlich ist*[247]. Diese Einstellung wurde von der „Mittleren Komödie" aufgegriffen (3.5.3.) und veranlasste Platon die Kunst (im heutigen Sinne des Wortes) in der Hierarchie der τέχναί ganz niedrig anzusiedeln (3.6.2.4.).

* Im Jahre 413 v.u.Z. hat in Athen eine öffentliche Verfassungsdebatte eingesetzt (3.1.1.1.). Thrasymachos sah die Lösung der aktuellen Probleme in der Rückbesinnung auf die „Verfassung der Väter"[248]. Diese Rückbesinnung war wohl ein Topos, unterschiedliche Kreise haben sie aus unterschiedlichen Interessen geteilt und unterschiedliche Vorstellungen damit verbunden: der Historiker Thukydides (3.3.2.) berief sich auf sie, aber auch die Dichter der Komödien, allen voran zu erwähnen ist Aristophanes (3.5.1.). (In der Komödie war es die „Goldene Zeit" der Alten; 3.5.1.). An diese Diskussion knüpften auch die Politiken des Platon und des Aristoteles an; sie waren der philosophische Abschluss der von den Sophisten angeführten Debatte. Auch die Sammlung und das Studium der Verfassungen anderer Städte und Staaten gehören hier her: Von Kritias, Aristoteles und Xenophon.

Im Diskurs um die „beste Verfassung" wurde wohl auch utopisches formuliert, wie die Gleichstellung der Geschlechter, Frauenwahlrecht oder die Abschaffung von Privatbesitz[249] (3.5.1. und 3.6.2.2.6.). Entwürfe zu alternativen Lebensformen wurden von der Komödie karikierend auf die Bühne gebracht[250].

* Die Sophisten haben mit ihren widersprüchlichen Aussagen auf vielen Sachgebieten einen öffentlichen Diskurs in Gang gesetzt. Die Bedeutung der sophistischen Bewegung für unsere Untersuchung besteht darin, dass die Sophisten im 5. Jahrhundert ein breites Spektrum an Themen und Einstellungen öffentlich angesprochen haben. Die späteren Philosophen (3.6.) und philosophischen Schulen (4.2.) haben diese Themen aufgegriffen und sie weiter diskutiert. Zugleich wurde ihr τέχνη Gegenstand eines immer wiederkehrenden öffentlichen Diskurses.

1.2.2 Bildungsanspruch „der Sophisten":

* Die Sophisten erkannten die Mängel der herkömmlichen Bildung. Platon ließ den Protagoras die herkömmliche Bildung (3.1.1.7.) mit einem deutlich kritischen Unterton beschreiben: *Die Lehrer also haben hierauf acht, und auch wenn die Kinder nun Lesen gelernt haben und das Geschriebene schon verstehen, wie vorher nur den Ton. So geben sie ihnen auf den Bänken die Gedichte der trefflichsten Dichter zu lesen und lassen sie einlernen, in denen viele Zurechtweisungen enthalten sind und Erläuterungen, auch Lob und Verherrlichung alter trefflicher Männer, damit der Knabe sie bewundernd nachahme und sich bestrebe, auch ein solcher zu werden*[251].

Die Sophisten boten Alternativen diese Mängel zu beheben und den Bedürfnissen des gesellschaftlichen Lebens und der Polis anzupassen. Jeder Bürger soll in der Volksversammlung, im Gericht und allgemein am öffentlichen Diskurs teilnehmen können. Sie haben ihre Erziehungskunst als τέχνη verstanden: Man kann sie als Begründer der Erziehungswissenschaften sehen, sie haben die Grundlagen der Pädagogik gelegt[252].

* Das Bildungsangebot der Sophisten hat sich vom schulmäßigen abgehoben. Sie boten Privatunterricht als eine Art „Aufbaustudium" im Anschluss an den Elementarunterricht (3.1.1.7.). Sie boten ihren Hörern und Schülern systematische Informationen über die Welt, in der sie lebten, über ihre Vergangenheit, ihre Kultur, aber auch eine Einführung in die Wissenschaften. Diese Lehrer bevorzugten offene Formen des Lehrens, das öffentliche Gespräch oder sie hielten öffentliche „Vorlesungen". Das Bildungsangebot des Protagoras und der anderen Sophisten ging über das herkömmliche Memorieren hinaus, sie förderten die freie Rede, ihr Bildungsangebot war

auf Rhetorik ausgerichtet, auf den Erwerb von Fähigkeiten in freier Rede am öffentlichen Leben teilzunehmen.

Die meisten Sophisten priesen die Rhetorik als alternative und universelle Bildung an, denn sie vermittelt Kunstfertigkeiten für alle Lebensbereiche, privat und öffentlich: etwa zur Menschenführung im Haushalt und Familie, Beteiligung am Gespräch bei den Symposien oder zur Vertretung der Interessen vor Gericht und Volksversammlung[253]. Die Rhetorik ist die eigentliche Bildung, der neuen, demokratischen Zeit und nicht eine spezialisierte Berufsbildung neben anderen[254].

Die Ausrichtung der Rhetorik auf Auseinandersetzungen vor Gericht und Volksversammlung, als Streitkunst, Eristik, war auch auf alle anderen Wissensgebiete anwendbar. Rede und Gegenrede standen auch in Fragen der Wissenschaften einander gleichwertig gegenüber. Doch diese konnten nur zu Aporien führen aber diese nicht auflösen (3.6.2.1.1.).

Auch die Sophisten haben sich an Epen Homers orientiert. Sie haben homerische Themen und Charaktere als Mittel zur Formulierung ihrer ethischen und rhetorischen Theorien benutzt (z.B. Protagoras, Hippias, Gorgias)[255].

Gorgias[256], der Schöpfer des poetischen Ausdrucks in der Prosa, lehrte seine Schüler die Sprache in aufdringlicher Stilisierung als ein Instrument der Beeinflussung zu gebrauchen. Er setzte auf die Wirkung der Worte auf die Affekte. Die Macht der Rede kenne keine Grenzen, bei richtigem Gebrauch könne schlechthin alles durchgesetzt werden. Dazu bedarf es zunächst der korrekten Benützung der Sprache, aber die Sophisten versprechen darüber hinaus auch neue Techniken des Argumentierens und der Staatskunst zu vermitteln.

Doch das war wohl etwas zu viel des vollmundig werbenden Versprechens, denn in der Praxis boten sie nur dialektische Spiele, statt sachlicher Argumentation: *"Durch Vieldeutigkeit der Worte. dem Gegner ein Bein unterschlagen und ihn umwerfen."*[257] Ein schönes Beispiel für das sophistische Vorgehen sind die Reden des Lysias[258].

* Die Sophisten entdeckten die linguistischen Fächer: Grammatik Semantik, Dialektik und Rhetorik. Sie lehrten die korrekte Verwendung der Wörter und der Grammatik, die korrekte Begriffsbildung, die Verwendung stilistischer Mittel, die wendige Argumentation. Aus der Rückschau könnten wir das Bildungsprogramm der Sophisten als eine indirekte Vorstufe des Triviums und der „studia humanitatis" betrachten[259] (7.5.1.4.).

* Doch es gab über die Rhetorik hinaus noch einen weiteren Bedarf an weiterführender Bildung und es gab wohl auch Außenseiter unter den Sophisten, die ein Bildungsprogramm anboten, die ein „Sachwissen" auf die „Schulkünste" aufbauten. Platon hat diese Alternative in seinem Dialog Protagoras angedeutet: *Die anderen nämlich misshandeln die Jünglinge offenbar. Denn nachdem diese den Schulkünsten eben glücklich entkommen sind, führen jene sie wider ihren Willen wiederum zu Künsten und lehren sie Rechnen und Sternkunde und Meßkunde und Musik, wobei er den Hippias ansah -, bei mir aber soll er nichts lernen als das, weshalb er eigentlich kommt. Diese Kenntnis aber ist die Klugheit in seinen eigenen Angelegenheiten, wie er sein Hauswesen am besten verwalten, und dann auch in den Angelegenheiten des Staates, wie er am geschicktesten sein wird, diese wohl zu führen als auch darüber zu reden*[260]. Protagoras hat im herkömmlichen Bildungsprogramm eine Lücke erkannt.

Leider gestatten die erhaltenen Zeugnisse es nicht, die angedeutete Alternative des Hippias (3.2.1.) näher zu untersuchen. Dieser ist uns schon als Mathematiker begegnet (2.3.4.2.). Doch bei Platon und Xenophon erscheint er nicht als Mathematiker, sondern als Polymat (3.2.1.), Sophist und autarker Sonderling, der von den Lakedämoniern abgelehnt wurde[261].

In der Polemik der Sophisten klingen unterschiedliche Bildungsprogramme und/oder verschiedene Bildungswege an: das Programm des späteren Triviums und der „studia humanitatis" [262] und als Alternative das künftige Quadrivium[263] an (3.6.2.5., 4.1.2.4., 7.1.2.1. und 7.6). Gegen letzteres ist die Geringschätzung deutlich zu erkennen: Die eigentliche Bildung ist die rhetorische, Sach- oder Fachwissen sind nur leidige Schulkünste. Auch „Sokrates" sprach sich gegen das Erlernen der schwer verständlichen Figuren in der Geometrie aus, und auch die Kenntnisse in der Astronomie hat er auf elementare Zusammenhänge begrenzt (3.6.1.2.1.).

* Die Strategie „der Sophisten" war erfolgreich: Etwas Neues wird eher angenommen, wenn es in einem bekannten Gewand erscheint: Das Angebot der Sophisten wurde von den Bürgern offensichtlich angenommen. Die Sophisten wurden von den Wohlhabenden eingeladen[264], ihre Vorträge wurden besucht und ihre Honorare wohl auch bezahlt. Und manche verlangten die Gage eines Stars, was auch kritisiert wurde.

Doch der direkte Wirkungskreis der Sophisten war begrenzt. Ihr Publikum waren die Bürger, die über Zeit und Geld verfügten[265] und deren Söhne und Söhnchen[266]. So etwa die Söhne des Perikles oder der junge Platon und seine Brüder Glaukon und Adimantes sowie der spätere Politiker Alkibiades, - „jeunesse dorée" der Zeit, die sie bezahlen konnten[267].

Doch viele Athener waren skeptisch gegenüber den Sophisten, sie fürchteten die Subversion herkömmlicher Moralvorstellungen[268].

* Das Neue provoziert immer auch eine kritische Auseinandersetzung, vornehmlich aus dem konservativen Blickwinkel, auch die Sophisten haben gerade mit ihrem Erfolg auch Kritik provoziert. Nicht nur die neuen Bildungsinhalte, auch die sozialpolitische Wirkung dieses Bildungsangebotes wurde von der „Alten Komödie" (3.5.1.) spöttisch auf die Bühne gebracht: *Wenn ihr aber glaubt, an Bildung möchte es euerem Publikum / fehlen, zu kapieren euere / feinen Hieb und Redensarten / Macht euch deshalb keine Sorgen; es ist nicht mehr so wie sonst. / Denn sie sind gediente Leute, / Jeder treibt Lektüre und lernt aus Büchern Witz, Geschmack und Ton; / Schon von Haus aus gute Köpfe, sind durch Bildung sie geschliffen, / Nein, da habt ihr nichts zu fürchten: / Schlagt euch wie ihr wollt, es richtet Euch ein weises Publikum!* [269] Ob das neue Medium als Träger der neuen Bildungsinhalte Ende des 5. Jahrhunderts v.u.Z. wirklich allgemein verbreitet war oder nur die sophistische Bildung auf den Pranger gestellt wurde?

Die neue, sophistische Bildung wurde auch vom Historiker Thukydides (3.3.2.), vom „„Sokrates"" (3.6.1), von Platon (3.6.2. und 3.6.2.3.) und von Isokrates kritisiert (3.2.4.).

Ausblick: Der gesellschaftliche Diskurs der neuen τέχνη der Sophisten ging auch nach den Sophisten weiter[270]: Alkidamas (3.2.3.) folgte dem Beispiel seines Lehrers (Gorgias; 3.2.1. und 3.2.2.). Dem sophistischen Bildungsideal stellten „Sokrates" (3.6.1.1.), Platon (3.6.2.), Aristoteles (3.6.3.9.) und Xenophon (3.6.6.) das Gegenbild des Philosophen gegenüber. Sie kritisierten vornehmlich, dass die Sophisten nur „Scheinwissen" anboten. Auch Isokrates kritisierte die sophistischen Bildungsinhalte und bot eine eigene Alternative als eine Art „Studium generale" (3.2.4.). Er hat die sophistischen Bildungsvorstellungen vollendet und an die Nachwelt weitergegeben (4.1.1.9. und 4.1.2.4.).

1.2.3 Die Logographen in Athen

Nach der Wiederherstellung der Demokratie und der einsetzenden Prozessflut gewannen die Sophisten als Redenschreiber, Logographen eine große Bedeutung. Im 4. Jahrhundert v.u.Z. war Athen *die Schule für Redner* (4.1.2.3.). In der Zeit des Augustus (4.1.2.3.) wurde der Kanon der zehn besten Redner etabliert[271]. Zu diesem gehörten u.a.: Antiphon (3.1.1.3., 3.1.1.5. und 3.2.1.), Lysias (3.2.2. und 3.6.1.3.2.), Isokrates (3.2.4.), Demosthenes (3.6.2.3.) und Aeschines (3.6.1.3.2.).

* Besonders zu erwähnen seien die Sophisten, die im Prozess des „Sokrates" (3.6.2) beteiligt waren:
.... der Logograph Lykon, einer der Ankläger des „Sokrates" (3.6.1.3.2.). Er gehörte zum Umkreis des Politikers Anytos und ist bei Eupolis und Kratinos dem Gespött der „Alten Komödie" ausgesetzt[272].
.... Auch Polykrates, ein Freund des Melethos, soll eine Anklageschrift gegen „Sokrates" verfasst haben[273], die auf Seiten der Sokratiker lebhaften Widerspruch hervorrief, selbst Isokrates soll die Methode kritisiert haben[274].
.... Lysias (um 445 - ca. 380), Sohn eines Schildfabrikanten war einer der bedeutenden attischen Redner, Logograph und Lehrer der Rhetorik, ein Repräsentant des schlichten Stils[275]. Unter seinem Namen sind 33 Reden überliefert (und eine Reihe von Fragmenten), davon 24 vor einem Gericht, 4 vor dem Rat, 2 Festreden und eine vor einem Freundeskreis. In einer dieser Reden, gegen den Dichter Kinesias[276], bezog sich Lysias auf die Vorwürfe der Alten Komödie (3.5.2.3.). In der Klageschrift gegen Nikomarchos[277], der, nach der Wiederherstellung der Demokratie, für eine Revision der Religionsgesetze zuständig war, ließ einen konservativen Ton erkennen. Gegen den Redner Andokides (+ ca. 440 v.u.Z.) verfasste er eine Klageschrift, in dem diesem Frevel gegen die Eleusischen[278]. Mysterien vorgeworfen wird. Vielleicht folgte er der öffentlichen Stimmung oder seinem Auftraggeber, doch er stand nicht generell im Schlepptau der Komödie, denn im selben Jahr (399 v.u.Z.) soll er eine Verteidigungsrede für den „Sokrates" geschrieben haben, die aber verloren gegangen ist[279].

* Auch die Logographen haben eine Kritik hervorgerufen:
.... Der mehrfach erwähnte Sophist und Logograph Antiphon aus Athen (3.1.1.3., 3.1.1.5. und 3.2.1.) wurde als „Redekoch" bezeichnet[280].
.... Alkidamas, Redner und Sophist (+um 375 v.u.Z.), war ein Schüler des Gorgias und Rivale des Isokrates (3.2.4.). Alkidamas bevorzugte die freie Rede, wie diese in der Volksversammlung oder vor dem Gericht gehalten wurden. In seinem „Museion" soll der angehende Redner den „Wettkampf" in freier Rede üben[281].
Alkidamas hatte Vorbehalte gegen die neue Kulturtechnik der Schrift und die Umtriebigkeit der Logographen: *Die Redeschreiber halten sich viel darauf zugute, ihre Weisheit mit unzuverlässigen Mitteln zum Besten zu geben. Man könnte das Schreiben vor allem aus dem Grund ablehnen, weil es leicht zu bewerkstelligen und bequem ist und auch dem durchschnittlich begabten zu Gebote steht[282]. In vielen Stunden einen Text aufsetzen und ihn in aller Ruhe verbessern, sich die Schriften der früheren Sophisten vornehmen und aus vielen Quellen Argumente zu demselben Thema zusammenstellen, gelungene Bonmots nachahmen und den Text bald nach*

den Vorschlägen der Laien verbessern, bald ihn bei sich selbst nach mehrmaligem Durchsehen gründlich läutern und umschreiben, das fällt auch den Ungebildeten leicht[283]. *Da nun das Schreiben für uns leichter zu bewerkstelligen ist als das Reden, legen wir wohl auch in seiner Beherrschung mit gutem Grund einen geringeren Wert bei*[284]. Auch für Alkidamas war die Kritik der schriftlichen Formulierung als *ein Abbild einer Rede bar jeder Dienlichkeit*, wie bei Platon (7.5.2.2.1.).

.... Alkidamas war mit seiner Kritik nicht alleine: *Auch ich bin der Ansicht, dass für unser Leben das Reden immer und zu jedem Zweck nützlich ist, während das Schreiben nur in seltenen Fällen zur glücklichen Anwendung gelangt*[285]. *Es ist einfach unmöglich, für alle Anlässe eine schriftliche rede auswendig zu wissen*[286].

Doch Alkidamas wollte die Schreibfähigkeit nicht in Bausch und Bogen verwerfen[287]:
.... In den Schriften den Fortschritt des Verstandes zu beobachten ist leicht.
.... Die Schriften können helfen bei den Zuhörern einer Rede eine gerechtere Beurteilung zu erreichen, und
.... In den Schriften können wir Denkmäler unserer selbst hinterlassen[288].

* Die Kritik an den Logographen war einerseits Kritik an einer neuen τέχνη, andererseits möge sie als Hintergrund für Platons Kritik der Schriftlichkeit dienen (3.6.2.2.2.).

1.2.4   Isokrates

Isokrates" (436/5 - 338 v.u.Z.), Schüler des Gorgias, zunächst Logograph dann Rhetor und Lehrer. Er hat 390 oder 388 v.u.Z. in Athen die erste Rhetorikschule gegründet[289],[290]. Die Gründung stand in Wettbewerb mit dem „Musengarten" des Alkidamas (3.2.3.). In Konkurrenz und als eine Alternative zu dieser Schule hat Platon um 388 v.u.Z. seine Akademie gegründet (3.6.2.1.3.).

Isokrates grenzte sich in zwei Richtungen ab:

.... Einerseits übte er die schon bekannte Kritik an den alten Sophisten, ihrer Unverbindlichkeit und Geldgier wegen[291]. Doch er ist der Vollender der sophistischen Bildungsbewegung[292]. Isokrates" kritisierte das Bildungsprogramm der Sophisten (3.2.2.) als zu einseitig. Es genügt eben nicht die Rhetorik und die Kunst des Diskutierens zu unterrichten und dafür auch noch Hochschätzung und Bewunderung zu erwarten[293]. Ihm war der herkömmliche Rahmen der Beredsamkeit, gebunden an Gericht und Volksversammlung zu eng geworden. Er wurde, unter dem Einfluss des Gorgias, politischer Schriftsteller und Kulturkritiker und bezeichnete sich selber als Philosoph. Das Ziel seiner Philosophie besteht darin, den Menschen durch die Erziehung zum Redner und zu einem Fachmann in der τέχνη der Lebenspraxis auszubilden[294]. In seinen Reden analysierte Isokrates die Ursachen der Schwäche Athens, geißelte die Zerrissenheit der griechischen Stadtstaaten, rief zur Einigkeit auf und mahnte zum Krieg gegen die Barbaren (Persien)[295].

.... Andererseits lehnte er aber auch die Philosophie des Platon (3.6.2.) und anderer Schüler des „Sokrates" als für das praktische Leben unnütz ab (3.6.2.1.2.). Praktisches Leben hieß für ihn politische Aktivität zum Wohle der Stadt, ganz konkret zum Wohle Athens[296]. Platon antwortete auf dieses Bildungsprogramm mit seinen Entwürfen zum idealen Staat und zu idealen (="richtigen") Gesetzen (3.6.2.2.6.).

* Isokrates kannte auch die dichotomische Gliederung der τέχναί: die einen dienen zur Befriedigung der lebensnotwendigen Bedürfnisse, die anderen dem Vergnügen[297]. Er glaubte wohl an der Möglichkeit des technischen Fortschritts und nannte seine Bedingungen: Begabung, Aneignung des bereits vorhandenen Wissens und die Suche nach neuen Möglichkeiten[298].

* Die Liebe zur Bildung ist die große Helferin bei der Erfindung aller Künste und bei der Ausgestaltung des Lebens[299]. Doch für ihn war die Sprache die Stifterin aller Kulturgüter, auch der menschlichen Gemeinschaft und ihrer Institutionen. Der gekonnte Umgang mit Sprachformeln war für ihn das Ziel der Erziehung, die er anbot. Es wird durch Lernen und beständiges Einüben erreicht[300]. Die Sprache ist die einzige gesellschaftlich relevante τέχνη, mit der man sich richtig beschäftigen soll.

Kenntnisse auf anderen Gebieten, wie Geometrie und Astronomie haben für ihn nur eine propädeutische Funktion, sie schulen den Geist. Seine Schüler sollen sich nicht zu lange mit diesen Fächern aufhalten, sie verführen zu leerem Geschwätz und Haarspalterei, ohne hilfreiche Anwendbarkeit für das private oder öffentliche Leben. Sie sollen sich lieber in allen Formen der Diskussion üben um erfolgreiche Staatsbürger und Politiker zu werden[301]. Doch auch in den Schriften Platons finden wir vergleichbare Meinungen (3.6.2.2.6. und 3.6.2.5.).
Isokrates vollendet das sophistische Bildungsprogramm[302], doch zu seinem Schulprogramm gab es zeitgenössische Alternativen: die Akademie Platons[303] (3.6.2.1.3.) und das Lyzeum des Aristoteles[304] (3.6.3.5.). Aristoteles schöpfte in der Rhetorik seine Beispiele oft aus Isokrates' Werk[305].

* Isokrates war umstritten, wie auch seine sophistischen Vorgänger[306]. Doch aus der Schule des Isokrates sind *wie aus dem trojanischen Pferd wahre Fürsten hervorgegangen*[307]. Etwa hundert Schüler des Isokrates wurden berühmt. Seine Schule ging zwar nach seinem Tode ein, doch sie wirkte als Vorbild für die Rhetorik-Schulen in den hellenistischen Staaten und Rom[308] (4.1.1.9., 4.1.2.3. und 4.1.2.4".). Der „sachkundige Redner" war auch in der „Zweiten Sophistik" der römischen Kaiserzeit Gegenpol zum Philosophen[309] (4.1.2.3. und 4.1.2.5.). Isokrates gilt als *der Vater der humanistischen Bildung*[310] (7.5.2.4.).

1.2.5 Die Schriftliche Publikation

* Als erste haben die ionischen Philosophen in Milet und Ephesos, Anaximander (1. Hälfte 6. Jahrhundert v.u.Z.), Anaximenes (vor 500 v.u.Z.) und Heraklit (um 500 v.u.Z.), ihre Gedanken in Prosa formuliert[311]. Man kannte noch kein Verlagswesen[312], Heraklit soll sein Buch im Tempel der Artemis niedergelegt haben[313].

Diese neue τέχνη der Kommunikation, in der Form der Prosa (3.1.1.5.), fand in Athen neben der τέχνη der Sophisten im 5. Jahrhundert v.u.Z. in Athen eine weitere Verbreitung,[314]. Im Jahre 403 v.u.Z. wurde in Athen das ionische Alphabet für die Aufzeichnung von Gesetzestexten offiziell vorgeschrieben und wurde zu „Norm"[315] (3.1.1.5.).

Im 5. Jahrhundert begann eine erste Blütezeit der schriftlichen Publikationen (3.1.1.5.). Diese konnten Abhandlungen oder Vorlagen für Reden vor dem Gericht oder vor der Volksversammlung sein; Logographen haben dazu ihre Dienste angeboten (3.2.3.). Vielleicht mussten die Tragödien vor dem Wettbewerb und zum Einstudieren schriftlich verfasst worden sein, die alexandrinischen Philologen griffen auf das „Staatsexemplar" (4.1.1.) zurück, das der Redner Lykurg anfertigen ließ[316] (3.4.). Aristophanes erwähnt dass Dionysos auf dem Schiff ein Werk des Euripides las, *doch Herakles riet ihm zu Sophokles, der ist doch größer als Euripides!* [317] (3.4.3.).

Der erste, der ein Buch in Prosa herausgab, war der Naturphilosoph Anaxagoras (2.3.4.1.)[318]. Das Buch war – nach Auskunft Platons - *für höchstens eine Drachme in der Orchestra zu kaufen*[319]. Dieses Werk ist verloren gegangen, das erste große literarische Prosawerk, das uns erhalten geblieben ist das Geschichtswerk des Herodot (3.3.1.). In diese Zeit etwa gehören auch die ältesten Teile des Corpus Hippocraticum (2.3.4.3.). Aristophanes ließ einen Wahrsager seine dunklen Sprüche aus einem Buch belegen[320]. Einem seiner Protagonisten hält er vor, dass er Äsop nicht gelesen hat[321]. Thukydides hat die Geschichte des Peloponnesischen Krieges für eine lesefreudige Öffentlichkeit publiziert (3.3.2.). Auch Platon kannte dieses Werk[322].

Xenophon erwähnt den Euthydemos als einen Sammler von Schriften[323]. Ja er erwähnt sogar Schriften die ein Schiff mitführte: *Beschriebene Papiere und viele derartige Dinge, wie sie die Schiffsherren in hölzernen Behältern mit sich führen*[324] (4.1.1.). Ob es um Logbücher, Handelsware oder „Literatur zur Unterhaltung" handelt, sagte er nicht.

1.3   Die Geschichtsschreibung

Muse der Geschichtsschreibung war Kleio, die Ruhmspenderin (2.3.1.2.). Doch für die griechische Geschichtsschreibung ist wichtig, dass sie nicht von der Annalistik herkommt, sondern von der Dichtung und dem Mythos. In diesen beiden ist jenes einheitgebende Element vorgeformt, das in der Annalistik nicht enthalten ist[325]. Dass Homer den Anfang der griechischen Geschichte darstellt, hat im 5. Jahrhundert v.u.Z. niemand bezweifelt. Noch Thukydides nahm den Trojanischen Krieg als Geschichte und maß das, was er selbst darstellt an ihm und den Perserkriegen. Dabei nahm er Homer als Quelle, den er mit neuen Mitteln untersuchte[326].

* Die eigentlichen Begründer der Geschichtsschreibung bei den Griechen waren: Hekataios von Milet (ca. 560 – 480 v.u.Z.; 4.1.1.3.), Herodot von Helikarnas und Thukydides aus Athen.
Bereits Hekataios hat auf die Notwendigkeit einer Quellenkritik als eine Voraussetzung der Wahrhaftigkeit in der Geschichtsschreibung hingewiesen: *Ich schreibe dies, wie es mir wahr zu sein scheint; die Erzählungen der Griechen sind vielfältig und auch lächerlich, wie es mir vorkommt*[327].

* Hier interessiert uns die Geschichtsschreibung unter verschiedenen Gesichtspunkten:
.... einerseits als eine entstehende Wissenschaft und die Kritiken, mit der sie aufgenommen wurde,
.... aber auch als ein Spiegel gesellschaftlicher Einstellungen zu den τέχναί.
Die eigentlichen Vertreter der wissenschaftlichen, methodisch reflektierten Geschichtsschreibung sind Herodot und Thukydides. Für diese beiden ist Geschichte ein Urhumanum, wie auch die τέχναί, eine Tat der Beteiligten, wenn auch unter Berücksichtigung der Verstrickungen.

Beide räumen, wohl unter dem Einfluss der Sophisten (3.2.1.), aber auch der Tragödie (3.4.), der direkten Rede (ob berichtet oder komponiert, mag hier dahingestellt
sein) der handelnden Personen einen wichtigen Platz ein, doch sie sind unterschiedlich damit umgegangen[328].

1.3.1 Herodot

Das erste große literarische Prosawerk, das uns erhalten geblieben ist die „Istoria"
des Herodot (um 484 – nach 430; 2.2.2. und 2.3.4.1.). Darin fasste er nicht nur die
Kenntnisse von der Welt zusammen, sondern stellt sie auch in eine Ordnung: Er
kündet vom Gegeneinander zweier Welten, von einem „clash der Kulturen"[329], der
hellenistischen und der asiatischen Welt; vom Konflikt der Griechen mit Krösus bis
zum Zug des Xerxes und dessen Vorgeschichte. Das Werk ist polymorph, doch nach
dem Vorbild der Tragödie durchkomponiert: der Zug des Xerxes gegen die Griechen
ist Verblendung, Hybris – und die Götter lassen seine Maßlosigkeit scheitern. Ins
Geschehen sind, wohl zur Deutung auch Mythen einbezogen: Von Orestes, Kadmos,
Jason, Perseus, Europa und Herakles[330].
Zu Asien hat er wohl den (heute verlorenen) Bericht des Skylax aus Karyanda
(2.3.4.1.) verwendet, der im Auftrag des Darios mit einer Flotte den Indus erkundet
hat und an der Meeresküste entlang wieder zurückkehrte[331]. Alle legendären, novel-
listischen, völkerkundlichen und rednerischen Einschübe dienen der Gegenüberstellung: die Griechen sind anders als die Asiaten. Dieser Gegensatz wurde von Herodot
noch wertneutral im Sinne einer Verstrickung herausgearbeitet[332]. (Auch Homer hat
die gegnerischen Gruppen durchaus gleichwertig dargestellt[333].)

Herodot ist für unsere Untersuchung eine wichtige Quelle: Er wollte kritisch berich-
ten, *was von Menschen geschehen ist, soll nicht verblassen durch die Wirkung der
Zeit,* doch *was berichtet wird. Glauben zu schenken, schulde ich nicht allerwegen,
und dieses mein Wort, es gelte mir für meinen ganzen Bericht*[334]. Es gelang ihm nicht
immer den kritischen Ansatz durchzuhalten, so manches „Seemannsgarn" ist im
Werk zu finden. Z.B. von den goldschürfenden Ameisen in Indien oder fliegende
Schlangen, die die Weihrauchbäume bewachen.
So wurde seine „Istoria" eine Zielscheibe der Kritik: Thukydides mag (auch) Herodot
gemeint haben mit der Schelte an der mangelnden Kritik der Vielen, denn die von
ihm kritisierten Beispiele kennen wir von Herodot[335]. Auch später waren ferne Welten
geeignete Projektionsflächen für „alternative Lebensformen" (4.1.1.3.; 4.1.2.1.2.;
4.3.3.7.; 9.1.5. und 10.3.4.).
Wir finden auch weitere kritische Einstellungen zu Herodot´s Werk: Seine Toleranz
gegenüber den Barbaren wurde ihm vorgehalten, wegen unglaubwürdiger Einschübe
wurde er auch mal als Lügner bezeichnet. Auch die Fülle der Stoffe wurde negativ
bewertet, er wurde als Fabulator, Redenmacher bezeichnet[336]. Lukian (4.3.3.7.) erwähnt Herodot unter den Geschichtsschreibern, die nicht die Wahrheit geschrieben
haben[337].
Doch gerade die Fülle macht das Werk auch für unsere Untersuchung interessant.

* Herodot hat unter vielem Anderen auch über die Pyramiden[338] und Stände[339] bei
den Ägyptern (2.2.) berichtet: die Krieger, die Kuhhirten, die Schweinehirten, die
Krämer, die Dolmetscher und die Steuerleute. Die Krieger dürfen kein Handwerk betreiben, sondern sich nur dem Kriegsdienst widmen. Ob die Griechen die Geringschätzung der Handwerker von den Ägyptern (bzw. ägyptischen Beamten, die ja
durch die Lehre des Cheti geprägt waren (2.2.2. und 2.2.3.4.)) übernommen hätten

sei unsicher, denn auch andere Völker, die Thraker, die Skythen, die Lyder und die Perser und fast alle fremden Völker achten die Handwerker und ihre Kinder gering. Sie hielten besonders die Krieger für vornehmer. Die Griechen, besonders die Lakedämonier haben ihnen das nachgemacht. Am meisten steht das Handwerk bei den Korinthern in Ehren[340].

Bei Herodot hören wie das erste Mal von einer Geringschätzung der Handwerker als eine eigene in sich geschlossene Gruppe. Ihm folgend haben die Griechen die Geringschätzung der Handwerker von fremden Völkern übernommen und in dieser sozialen Einschätzung waren lokale Unterschiede zu erkennen. Ob Herodot zwischen den eigentlichen Künstlern und den übrigen Handwerkern differenziert und erstere in seinen Bericht mit einbezieht, lässt sich kaum erkennen.

Die spezifisch attischen τέχναί, sei es in der Nautik, in der Silberproduktion oder die Keramik oder die Spezialisierung der Berufe allgemein (3.1.1.2.) erwähnte er nicht – im Gegensatz zu Thukydides (3.3.2.).

1.3.2 Thukydides

Thukydides (um 460- nach 400, v.u.Z.) war ein Schüler der Sophisten Antiphon und Gorgias. Er stand dem Kreis um Perikles nahe[341], war Stratege, wurde 423 v.u.Z. für zwanzig Jahre verbannt. Er schrieb in der Verbannung die Geschichte des Peloponnesischen Krieges. Sie bricht mit dem Jahre 411 ab und blieb unvollendet.

Die Darstellung des Peloponnesischen Krieges ist die erste kritische Geschichtsschreibung. Sie ist kritisch an verschiedenen Punkten:

.... Erstens bezüglich Unwissenheit und Irrtum der dumpfen kritiklosen Menge, dann die Schwächung der Erinnerung, die Lügen der im Streit Befangenen, und ihre Sympathien.

.... kritisch gegen den schönen Schein,

.... und schließlich kritisch gegenüber Dichtern und Geschichtsschreibern, *die alles bieten, was die Hörlust lockt, nur keine Wahrheit*[342].

.... Kritik ist auch gegenüber den Sophisten notwendig, denn *gegen die sophistische Praxis ist die Stadt nur schlecht gerüstet. Sie ist wie ein schlechter Spielordner, nur Zuschauer der Worte und Hörer der Taten* (d.h. Hörer der Berichte über die Taten), *ein Sklave des immer neuesten Aberwitzes. Der Politiker soll sich nicht der Hörlust ergeben und wie ein Zuschauer im Theater Redekünstler genießen, sondern das Heil des Staates bedenken und keine Hoffnung wecken, die auf Redekunst baut*[343]. (Die Forderung blieb bis heute unerfüllt!)

Das Buch ist nicht nur Kriegsgeschichte, es ist zugleich ein Dokument der „Zeitgeschichte" (z.B. Beschreibung der „Pest"[344]; 2.3.4.3.). Das Geschehen verläuft auf zwei Ebenen: Auf der Ebene des Gesagten und des im Gesagten enthaltenen Sachverhalts. Die Rede ist (von der Apologie des Perikles abgesehen) immer Rede und Gegenrede. Sie stellen nur heraus, was nach Wahrheit aussieht und brauchen die Wahrheit nicht zu finden. Er hielt seinen Zeitgenossen vor: *was geschehen soll, beurteilt ihr nach einer guten Rede als möglich, was schon vollbracht ist, nicht nach dem sichtbaren Tatbestand, sondern verlasst euch auf eure Ohren, wenn ihr eine schöne Scheltrede dagegen hört*[345].

Sein Ziel, als Historiker, war es die Illusion abzustreifen, das Gesagte aufzubrechen und den Sachverhalt freizulegen, die politischen Kräfte zu erkennen und die historischen Abläufe zu verstehen. In seiner nüchternen Analyse konkreter Situationen deckte er die in der menschlichen Natur liegenden Antriebe auf: Furcht, Hoffnung,

Streben nach mehr Macht und Reichtum, aber auch intellektuelle und moralische Qualitäten, wie Voraussicht und Mut. Er sah die Stärke Athens in seiner Erfahrung und Sachverständnis in einer τέχνη, in der Kunst der Seefahrt[346]. In der Beurteilung der Ursachen des Krieges sah er seine wahre Ursache nicht in den Streitpunkten zwischen Athen und Sparta sondern im Wachstum Athens, das die erschreckten Spartaner zum Kriege zwang[347]. Der übermäßige Reichtum war profane Hybris und die Ursache des Niederganges.

* Doch für unsere Untersuchung ist seine Diagnose zum Niedergang Athens, ja der gesamten Hellas, auch im Detail interessant. Denn Thukydides beschrieb nicht nur den Ablauf der Ereignisse, sondern auch deren Wirkungen und Folgen. Der lang anhaltende Peloponnesische Krieg wirkte polarisierend auf das soziale Leben der Staaten. Der Verfall der Sitten war eine Folge der Epidemie und des Krieges. Doch die Sittenlosigkeit kam erst mit der „Pest" [348] (Sommer 430 v.u.Z.) richtig auf. *Da war keine Schranke mehr, nicht Götterfurcht, nicht Menschengesetz; für jenes kamen sie zum Schluss, es sei gleich, fromm zu sein, oder nicht, nachdem sie alle ohne Unterschied dahinsterben sahen, und für seine Vergehen gedachte keiner den Prozess noch zu erleben und die entsprechende Strafe zu zahlen; viel schwerer hänge die über ihnen, zu der sie bereits verurteilt seien, und bevor sie auf sie niederfiele, sei es nur recht, vom Leben noch etwas zu genießen*[349].
Der Sittenverfall hat aber nicht nur Athen sondern ganz Hellas ergriffen, da in den zerrissenen Gemeinwesen die Volksführer sich um Athens Eingreifen bemühten und die Adligen um Spartas. Der Krieg ist für ihn ein gewalttätiger Lehrer. *So tobten Parteikämpfe in allen Städten, jeder war nur auf den eigenen Vorteil bedacht und der beliebige Gebrauch der bis dahin gültigen Namen: Klugheit, Sittlichkeit, Tapferkeit, Schlappheit und Feigheit, Kameradschaft und Tücke galt als Schlauheit im Dienste von Ehrgeiz, der Herrschsucht und der Raffgier. Dem furchtbaren Treiben und der Rache war keine Grenze gesetzt, weder vom Recht, noch vom Staatswohl. So kam in der hellenischen Welt durch die Bürgerkriege jede Art von Sittenverderbnis auf, und die Einfalt, die mit edler Art so nah verwandt ist, ging unter im Hohn; mit misstrauischer Gesinnung gegeneinander zu stehen wurde das Herrschende. Kein Wort war unumstößlich, kein Eid fürchterlich genug, und da alle besser fuhren mit Berechnung suchten sie lieber jedem Schaden vorzubauen und konnten nicht mehr vertrauen*[350]. Dieser Teil seiner Diagnose der sozialen Folgen stimmt zum Teil mit der „Zeitkritik" in der Komödie überein, zum Teil bildet sie einen Kontrast dazu. Die Klage klingt auch bei dem römischen Satiriker Petronius an (4.3.3.4.) und wurde von den Humanisten wieder aufgegriffen (9.1.3.2.4.).

In Verbindung mit dem Hermenfrevel vom Jahre 415 v.u.Z. berichtete Thukydides über die negative Stimmung gegen Naturphilosophen und Sophisten: *Es wurde von Staats wegen große Belohnungen ausgesetzt, nicht nur diese (diejenigen, welche die Hermen zerstörten) zu finden, sie beschlossen außerdem, wer irgend von sonst einem vorgefallenen Frevel wisse, solle ihn unbesorgt anzeigen, jeder dürfe, Stadtbürger, Fremder und Sklaven... Nun wird angezeigt, durch einige Beisassen und Diener einige frühere Verstümmelungen anderer Götterbilder, von ausgelassenen jungen Leuten im Rausch begangen, und außerdem, dass die Mysterien gespielt wurden in Häusern, zum Hohn und dessen wurde auch Alkibiades beschuldigt*[351]. Alkibiades wurde zurückberufen, denn *die Athener gaben die Nachforschungen nicht auf nach den Freveln, die mit den Mysterien und den Hermen geschehen waren, und ohne die Angeber auf ihren Ruf zu prüfen – jeder war ihrem Argwohn recht-, setzten sie auf schlechter Menschen Wort höchst ehrenwerte Bürger ins Gefängnis, weil es besser sei, die Sache peinlich zu prüfen und herauszufinden, als dass wegen eines Ange-bers Niedrigkeit ein Mann, und wäre es auch unbescholten, von einer Beschuldigung ohne Untersuchung freikäme*[352].

Es ist natürlich interessant seine Analysen der Gesellschaftskritik der Komödie (3.5) und auch der Philosophie (3.6.2.2.6.) gegenüberzustellen. Diese Gegenüberstellung soll uns helfen, die Gesellschaftskritik der „Alten Komödie" (3.5.2.) und des Platon (3.6.2.3.) als ein Teil eines öffentlichen Diskurses besser zu verstehen.

1.3.3 Biographien

* Herodot und Thukydides haben für die Geschichtsschreibung die Maßstäbe ge-setzt. Neben diesen gab es im 5. Jahrhundert v.u.Z. rund 20 weitere Historiker[353]. Neben der Fortschreibung der Historien der Vorgänger zu einer Historia perpetua wurden auch Spezialgeschichten geschrieben: Lokalgeschichten, Kulturgeschichte Griechenlands, von der Geschichtsschreibung unabhängige Ethnographie, Literatur-geschichte und Lebensbeschreibungen[354].

Aristoxenos aus Tarent (Mitte 4. Jahrhundert v.u.Z.) war der erste Verfasser von Phi-losophenbiographien. Sein Buch spiegelt die Feindschaft der Schulen: Er suchte Py-thagoras und die Pythagoreer gegen Sokrates und die Sokratiker auszuspielen[355] (3.6.1.1.). Er berichtet auch über die Ablehnung Demokrit´s durch Platon (3.6.5.).

Weitere für unsere Untersuchung interessante Biographien sind: Satyrus (2. Hälfte 3. Jahrhundert), Hermippus von Smyrna genannt «Callimachus» (um 200 v.u.Z., 3.6.1.2.1. und 3.6.2.1.3.) und Diogenes Laertios (4.2.).

1.4 Die Tragödie

Die Tragödie ist einerseits eine τέχνη, insofern möglicher Gegenstand einer Kunstkri-tik, zum anderen ein Spiegel gesellschaftlicher Einstellungen. Uns interessieren an dieser Stelle beide Aspekte: haben Neuerungen in der Tragödie eine „Kunstkritik" ausgelöst und wie wurden die Neuerungen in den anderen τέχναί in den Tragödien gespiegelt. Der erste Aspekt, die Merkmale dieser frühen Kunstkritik, wird auch im Abschnitt über die „Alte Komödie" (3.5.1.) behandelt.

* In der frühen Phase hatten die Tragödien-Aufführungen noch einen satyrisch - hei-teren Charakter[356]. Erst die Perserkriege lösten eine Wendung zum erhabenen Ernst aus. Phrynichos (Ende 6. Anfang 5. Jahrhundert v.u.Z.) hatte mit dem „Fall Milets" die jüngste Vergangenheit berührt und mit seinen Schilderungen der für die Athener schmerzlichen Ereignisse einen Widerstand ausgelöst. Es bedurfte der Hilfe des Themistokles (vor 524 – um 450 v.u.Z.) als Archon, damit die Aufführungen zustande kamen[357]. Der Dichter wurde mit einer Strafe belegt, weil er an das Unglück des Va-terlandes erinnert hatte. *Die Athener verordneten auch, dass das Stück nie wieder aufgeführt werden dürfe*[358]. Aristophanes lobte die Schönheit seiner Lieder[359].

Für die weitere Untersuchung ist die attische Tragödie mit den drei großen Tragikern, Aischylos (3.4.1.), Sophokles (3.4.2.) und Euripides (3.4.3.) verbunden: Aischylos und Sophokles bilden den Hintergrund, vor dem die Kritik der „Alten Komödie" an Euripides verständlich wird. Alle drei setzen sich auch mit dem Mythos des Prometheus auseinander (2.3.1.6. und 3.4.4.).

* Um die Mitte des 4. Jahrhunderts v.u.Z. begann man neben den im Wettbewerb preisgekrönten Dramen der Gegenwart auch je eine „klassische" Tragödie und Komödie eines der „alten Dramatiker" aufzuführen. Aus der größeren Distanz erschienen Aischylos, Sophokles Euripides und Aristophanes als nie mehr zu erreichende „Klassiker" des griechischen Theaters. Es ist die Geburt des Klassiker-Spielplanes und des abendländischen Repertoire-Theaters[360].
Lykurgos (ca. 390 - etwa 324), athenischer Redner und Politiker, ein Schüler Platons und des Isokrates, ließ Statuen der großen Tragiker aufstellen und eine offizielle Niederschrift ihrer Stücke anfertigen, eine Standardausgabe, die für die Aufführungen verpflichtend waren[361]. Ein Beschluss im Jahre 330 v.u.Z. hat in Athen verfügt, dass die Werke der Tragödiendichter Aischylos, Sophokles und Euripides in den Archiven der Stadt hinterlegt werden müssen, damit die Originaltexte vor entstellenden Abschriften bewahrt bleiben[362].
Diese offiziellen Niederschriften wurden von Ptolemaios Euergetes nach Alexandria „ausgeliehen". (4.1.1.6.).

Um den Ansatzpunkt der ersten uns bekannten Kunstkritik zu verstehen, sollen die Werke aller drei kurz charakterisiert werden.

1.4.1 Aischylos

Aischylos (525/4 – 456/5) bildet den Anfang der erhabenen Tragödiendichter. Er kämpfte in Marathon gegen die Perser und seine Tragödien zeichnen sich durch einen religiösen Ernst und Rigorismus aus[363].
Die Bibliothek von Alexandria besaß noch mehr als 70 Dramen von ihm, davon sind uns nur 7 erhalten. Es sind die großen Gedanken aus der mythischen Vorzeit, die am Götterfest wiedergegeben werden: Verhängnis, Verblendung und Überheblichkeit, Hybris sind die bewegenden Momente in der Tragödie. Uns interessiert hier letzteres, denn die vermessene Tat (Hybris) verstößt gegen eine göttlich legitimierte Ordnung.
In „Die Perser" ist es die politische Maßlosigkeit des Xerxes, in „Der gefesselte Prometheus" ist es der Titanensohn (2.3.1.6.), der gegen Zeus frevelt indem er den Menschen das göttliche Feuer bringt. Und nicht nur dies, auch das Handwerk, ist seine Gabe an die Menschen. Die im *„Erdenschoß verborgenen Schätze, Eisen, Erz, Gold, Silber"* wurden von ihm aufgefunden und benutzt. Wissenschaften, Zahlen und Medizin und Musenkunst und die Kunst Vorzeichen zu deuten hat Prometheus die Menschen gelehrt. Dieser Verstoß gegen die vom Zeus gesetzte Ordnung, nach der die Menschenkinder dumm und in Elend ihr Leben fristen müssen, musste bestraft werden. Sicher, es war der Täter Prometheus, der in der Tragödie bestraft wurde, und nicht die Menschen, aber alle Kulturleistungen stehen unter dem Vorzeichen der Überheblichkeit, sie sind das Ergebnis einer frevelhaften Tat.
In der Mythologie des Hesiod ergänzte Zeus die Gaben des Prometheus durch die seinen: die „Büchse der Pandora" (2.3.1.3.).
Prometheus („Vorbedacht") warnte seinen Bruder, Epimetheus („Nachbedacht"), von Zeus ein Geschenk anzunehmen[364] (2.3.2.2.).

Die frevelhafte Tat des Orestes, *zwar schon gereinigt nach dem Brauch*[365], wurde in der Orestie des Aischylos auf dem Areopag vor *eidpflichtigen Richtern* verhandelt.

Die Verhandlung als die Methode (3.1.1.1.) *zu schlichten den Streit*[366], soll *als Satzung für ewige Zeit gelten*[367]. Als die göttlich legitimierte Methode der Wahrheitsfindung fand sie in der Dialektik Eingang in die philosophische Praxis (3.6.2.1.1., 3.6.2.2.5. und 8.1.2.).

Ausblick: Von der Tragödie aus hat die Vorstellung von Hybris eine Aufnahme in die ethischen Schriften gefunden. Bei Platon sind es die Bewohner von Atlantis, die ihre Hybris mit dem Untergang büßen müssen (3.6.2.3.).
Positive Gegenbegriffe zu Hybris sind Gerechtigkeit und Mäßigung, im christlichen Einflussbereich kommt noch Demut hinzu (5.1.1. und 9.1.7.3.3.).

1.4.2 Sophokles

Sophokles (ca. 497/6- 406/5) gehörte zum Kreise des Perikles (495/90 – 429). Er bekleidete hohe Ämter: 443/442 war er Schatzmeister des Delisch-Attischen Seebundes, 441-439 war er Stratege, nach dem Bericht seines Zeitgenossen Ion von Chios (vor 421 v.u.Z.), nicht eigentlich militärisch, eher als Diplomat[368]. Er hat die Verehrung des Asklepios in Athen mitbegründet.
Die alexandrinischen Gelehrten kannten noch 120 dramatische Spiele von ihm, auch davon besitzen wir nur eine kleine Auswahl von 7 Stücken. Auch er erhebt die Handlung ins allgemein Menschliche[369]. Er widersprach dem homo – mensura Satz des Protagoras (3.2.1.): *Ungeheuer ist viel, und nichts ist ungeheurer als der Mensch*[370]. *„Alles ist wider uns, die eigene Natur, / Wenn man sie lässt und tut, was ihr nicht zugehört"*. Doch *die Götter pflanzen die Vernunft / den Menschen ein als höchste aller Gaben. … Allen Segens Anfang ist Besinnung*[371].
Ödipus .scheitert an seinem Wahrheitsdrang, das Verborgene aufdecken zu wollen. Auch Athen wird nur gedeihen, wenn die Verehrung des Heiligen in ihm erhalten bleibt. Seine Werke sind Mahnung, sich zu bescheiden, den Glauben an der Macht der Götter und Heiligkeit der Orakel nicht preiszugeben.

* Τέχνη ist bei Sophokles eines geschickten Mannes Werk[372], sie bedeutet etwas planmäßig ins Werk setzen[373], eine praktische Tätigkeit[374] und enthält ein erfinderisches Moment[375]. Alle Kunst ist eine Gabe des Prometheus an die Menschen zur Bewältigung und Gestaltung ihres Daseins[376]. Erwähnt werden die Heilkunst[377], die Kunst der Seefahrt[378], die Kunst der Seher[379], die Mantik[380]. Aber auch die Kunst der List und der Täuschung[381] und der Intrige[382] als fürstliches Walten gehören hierher. Auch die sophistische Funktion der Rhetorik zu überzeugen und zu überreden wird erwähnt[383]. Alle diese Künste haben eine geistige oder intellektuelle Komponente[384].
Die τέχναί helfen den Menschen die Erde und das Meer zu beherrschen, sich gegen die Unbilden der Witterung zu schützen, Krankheiten zu fliehen, nur gegen den Tod allein kann er nichts ausrichten. Des Menschen meisterlich findiger Geist kann aber die Künste, die keiner geahnt, zum Bösen heute zum Guten Morgen gebrauchen, er kann eidheiliges Recht ehrenvoll pflegen, aber auch göttlichem Recht trotzen: *Mit der Erfindung Kunst / Reich über Hoffen begabt / Treibt`s zum Bösen ihn bald / Und bald zum Guten. Ehrend des Landes Gesetz / Und der Götter beschworenes Recht*[385].

Eine τέχνη wird das erste Mal bei Sophokles banausisch (niederes oder knechtisches Handwerk) bezeichnet, einem Bogenschützen in den Mund gelegt[386]. Es mag militärische oder „aristokratische" Hochnäsigkeit gegenüber zivilen Lebensformen widerspiegeln, die ihm, Sophokles, als Strategen und führenden Politiker im Umkreis des Perikles, sicher nicht unbekannt war. Wir erfahren nicht, welche Kunst gemeint ist, auch nicht ob schlechte Leistung zur Abwertung des Handwerkstandes als Ganzes führt. Diese Frage zum Detail muss an dieser Stelle offen bleiben. Der Kunst der Künste ist das Königtum[387]. Eine vergleichbare Bewertung der τέχναί finden wir bei Platon, (3.6.2.2.7.), Aristoteles, (3.6.3.2.) und Xenophon (3.6.6.).

In der Praxis der Aufführungen wurde nach drei Tragödien noch ein Satyrspiel aufgeführt. Diese wollen wir wegen ihrer andersgearteten Funktion unter 4.3.4.6. untersuchen.

* Die Komödiendichter ließen Sophokles unbehelligt. Aristophanes ließ ihn beim Wettstreit zwischen Aischylos und Euripides zwar zugegen sein, wurde aber in den Streit selbst nicht einbezogen. Aristophanes ließ, über den Aischylos, den Sophokles für „den Zweiten laut in der tragischen Kunst" erklären[388].

1.4.3 Euripides

Euripides (ca. 485/4 – 407/6) und Sophokles waren Zeitgenossen, doch sie gehörten unterschiedlichen geistigen Welten an[389]. Euripides soll ein Schüler des Anaxagoras, Prodikos und Protagoras und ein „Hörer" des „Sokrates" gewesen sein[390],[391]. Die Nachrichten über sein Leben sind von Klatsch und Legenden überwuchert[392].
Von ehedem 75, 78, 88 oder 92 Tragödien sind 18 erhalten[393]. In Athen war Euripides nicht vom Erfolg verwöhnt, seine Werke wurden leidenschaftlich diskutiert aber er hat nur viermal den ersten Preis erhalten. Erst im 4. Jahrhundert hat man ein neues Verhältnis zu ihnen gewonnen[394].

* Mit Euripides beginnt das psychologische Theater[395]: Er deutet den Terminus Hybris psychologisch, in dem er in die Tragödie den Gegensatz von Rationalität und Irrationalität einführte[396]. Er entdeckte das Dämonische als Triebfeder von Handlungen, die Welt der Triebe und der Leidenschaften, die Problematik in der Beziehung der Geschlechter zueinander. Die Leidenschaften, Liebe und Hass, Gier nach Macht und Reichtum, Beschränktheit und Wahn, können den Verstand trüben, und den Menschen in den Abgrund treiben, was durch Einsicht und Mäßigkeit zu vermeiden wäre. Der Dichter war als Psychologe den Wissenschaften, aber auch der philosophischen Seelenlehre, weit voraus!
Euripides bediente sich für seine Inszenierungen als erster der Mechanik, einer kranartigen Vorrichtung, die dazu diente, einzelne Gestalten, vor allem Götter, fliegend auf die Szene zu bringen[397].
Sein Werk zeigt, dass Euripides sich den geistigen Strömungen seiner Zeit nicht verschlossen hat. In der „Alten Komödie" soll „Sokrates" ihm den Feder geführt haben. Die Gedanken der Sophistik nahm er tatsächlich auf und bildete sie fort.

* Die τέχνη war für ihn eine Gabe der Götter: *Die Gottheit lobe ich, die nach dem Chaos und / der Wildheit unserem Dasein Ordnung aufgeprägt, / zuerst Verstand uns gab, darauf die Botin der / Vernunft, die Sprache, dass wir uns aufs Wort verstehen, / des Feldes Nahrung, und zu ihr, Geschenk des Himmels, / den Regen, der die Saaten sprießen lassen und / den Durst uns löschen soll; die obendrein uns Schutz / vor Kälte gab und vor der Sonnenglut und uns / das Meer befahren ließ, damit wir voneinander / durch Tausch erwürben, was dem eigenen Lande fehlt. ... Doch unsere Weisheit strebt danach, die Gottheit selbst / zu übertreffen, und wir bilden, voller Hochmut, / uns ein, wir seien klüger noch als die Daimonen*[398].

Der korinthische Held Bellerophontes tritt in dem gleichnamigen Fragment als ein ewig Grübelnder auf der nach der Lösung der Welträtsel strebt. Er will auf dem geflügelten Ross Pegasus zum Himmel emporsteigen, um das Wesen der Götter zu ergründen. Eine Kritik an den Göttern der Mythen klingt an: Wenn *die Götter schimpflich handeln, sind sie keine Götter!*[399] Und noch weitergehend: *Und da behauptet man, im Himmel lebten Götter? Dort leben keine, keine – wenn man nicht, aus Dummheit, den Märchen aus alter Zeit noch Glauben schenkt!*[400] Bellerophontes stürzt aber zur Erde zurück und erleidet, gelähmt und in Lumpen, den Tod.

Auch seine Bewertung der Arbeit spiegelt die Einstellungen seiner Zeit: Einerseits lässt er Bellerophontes sagen: *Wenn jemand tatenlos zu Göttern fleht und nicht durch Arbeit seinen Lebensunterhalt verdient, erweist euch die Göttermacht: Erfolge wie auch Misserfolge sind es, die den Glauben fördern!*[401] Doch in einem anderen Zusammenhang schrieb er: Es *bestünde ohne harte Arbeit keine Herrschermacht, kein stolzer Hausstand*[402]. Er mahnt, *das Glück durch Arbeit zu gewinnen*[403]. *Das höchste Gut der Menschheit ist die Leistungskraft*[404]. Euripides lässt auch utopisches anklingen: *Die Klugen und die Tüchtigen soll man bekränzen, alle, die den Staat vortrefflich durch Scharfsinn und Gerechtigkeit zu lenken wissen, auch durch verhandeln ihrem Staat den Krieg ersparen, nach außen wie nach innen: Damit leisten sie Vorzügliches für ihre Stadt und alle Griechen*[405].

Seine Sprache war nicht mehr hieratisch, sondern stand der gesprochenen nahe, er nahm die neue Musik in seine Werke hinein. Es war eine Fülle von Neuerungen, die auf seine Zeitgenossen provozierend wirkten.

Euripides verließ in hohem Alter seine Stadt (408) und folgte dem Rufe des Königs Archelaos von Makedonien (4.1.), der eine Art Musenhof bilden wollte[406]. Dort starb er, sein Grab war in Pella; in Athen wurde ihm ein Kenotaph errichtet.

* Die erste Kunstkritik im engeren Sinne galt Euripides und seinen Werken. Sie wurde von der „Alten Komödie" artikuliert (3.5.2.3.) und die Bühnenwerke des Euripides wurden regelrecht zerpflückt.

Sophokles und die Nachfahren beurteilten die Werke des Euripides anders als seine Mitbürger. Doch im 4. Jahrhundert wurden sie vielfach aufgeführt.[407]

* Die Bedeutung des Wortes τέχνη ist bei allen Tragikern schon sehr weit gefasst. Sie bezeichnet jede praktische Tätigkeit und jede Handlung, auch eine göttliche, die planvoll und mit Wissen durchgeführt wird. Bei Aischylos und Sophokles werden τέχνη und die unfreie Tätigkeit eines Handwerkers gegeneinander abgegrenzt. Euripides weiß um den Wert der Arbeit, auch um das Mühen der Künstler und auch, dass ein guter Künstler der rechten σώφια bedarf[408].

1.4.4   Der Mythos von Prometheus

Die drei Tragiker, Aischylos, Sophokles, Protagoras, aber auch Platon, haben den Mythos des Prometheus aufgegriffen und die Menschen „medienwirksam" vor dem Hybris der τέχναί gewarnt (2.3.1.6.).

1.5   Die Komödie

Das Theater war bei den Griechen weder eine Institution für Gebildete, noch eine bloße Unterhaltung, sondern eine sakrale Begehung unter freiem Himmel, an der alle teilnahmen (3.1.1.4.). Die Komödie ist ursprünglich ein Bühnenspiel, das zu Athen im Rahmen der großen Dionysien seit 486 v.u.Z. und der jährlichen Dionysosfeste (Lenäen) seit 442 aufgeführt wurden[409].

Die Dichter der Komödie verstehen sich als Hüter der traditionellen Werte: Als Gegenbild zur Verderbtheit der Gegenwart wird die gute alte Zeit gelobt. So wurden dieselben Politiker, etwa Kimon, Perikles zu ihren Lebzeiten getadelt und nach ihrem Tode verherrlicht.

Die Komödien sind für unsere Untersuchung eine wichtige Quelle für Einstellungen und Bewertungen da in ihnen alle Erscheinungen des städtischen Lebens leidenschaftlich diskutiert wurden: Die attische Komödie wird gewöhnlich in drei Phasen unterteilt: die Alte, die Mittlere und die Neue Komödie. Wir behandeln an dieser Stelle nur die Alte und die Mittlere Komödie, während die Neue Komödie zusammen mit der römischen im Abschnitt über den Hellenismus und die römischen Antike (5.3.) behandelt wird.

1.5.1   Die Alte Komödie (bis ca. 400 v.u.Z.)

Die „Alte Komödie" war ein Spiegel des prallen, unverhüllten Lebens auf der Bühne und zugleich eine Tribüne der politischen und gesellschaftlichen Konflikte und Auseinandersetzungen. Und gerade das macht die Komödie für unsere Untersuchung interessant. In ihr konnte alles erörtert und Gegenstand des Spottes werden: die τέχναί, die Sophisten, die Philosophie, Schauspieler, Flötenspielerinnen, Kurtisane, männlich und weiblich, Geschäftsleute, Sykophanten, die Neuerungen in der Tragödie, in der Komödie, in der lyrischen Dichtung und in den anderen Künsten, und natürlich die Politik und die Politiker. Die „Alte Komödie" spielte in der Zeit und im Umfeld des Zuschauers. Sie spiegelte derb und deftig die konkrete und individuelle Wirklichkeit des Augenblicks.

Beliebt war auch die Gegenüberstellung der aktuellen, konkreten und wohlbekannten Missstände und der guten alten Zeit. Zunächst wurde Perikles und seine Umgebung mit einem „Goldenen Zeitalter" konfrontiert. Nach Perikles Tod wurden die „neuen Politiker" aus dem Milieu der τεχνίτης aber auch Vertreter der neuen aristokratischen Generation (3.1.2) und die Zeit der „alten Oligarchen", der aristokratischen Politiker der alten Generation, gegenübergestellt[410].

Im Diskurs um die „beste Verfassung" (3.2.1.) wurden utopische Vorstellungen, wie die Gleichstellung der Geschlechter[411], auf die Bühne gebracht.

Die Technik der List half die komische Situation herbeizuführen und im Gelächter artikulierte sich eine wohl populäre Einstellung zu aktuellen Ereignissen im Leben der Stadt.

Wir kennen über fünfzig Komödiendichter der "Alten Komödie" namentlich, andere sind anonym. Die drei Klassiker der alten Komödie sind: Kratinos (484 - nach 421), Eupolis (Lebensdaten ungewiss) und Aristophanes (ca. 445 - nach 388). Die Werke der Komödiendichter waren beliebt und wurden als Bücher verbreitet. Von den etwa 690 Stücken, die aufgeführt wurden, kamen nur noch etwa 365 Stücke nach Alexandria, davon 44 des Aristophanes. Ganz erhalten geblieben sind nur 11 Stücke des Aristophanes[412], von den meisten anderen sind nur Fragmente bekannt[413], oder auch nur als Andeutungen in Werken der hellenistischen Grammatiker erwähnt. Viele sind nur nach ihrem Titel bekannt. Auch wenn das erhaltene nur ein unvollständiges und vielleicht auch einseitiges Bild ergeben kann, das Verfügbare ergibt interessante Einblicke in damalige Einstellungen und soll nicht übergangen werden.

* Der älteste der drei Klassiker der alten Komödie ist Kratinos. Er hat der Komödie den Charakter gegeben, den wir bei Aristophanes kennen[414]. Der Inhalt der Fragmente zeigt eine lockere Reihung verschiedener Elemente und szenischer Erfindungen. Zielscheibe seines Spottes waren neben Persönlichkeiten der Politik (insbesondere Perikles) auch Musiker und Dichter: Homer, Hesiod, aber auch sein Dichterkollege Aristophanes.

Den sonst unbedeutenden Naturphilosophen Hippon (470-400), er ist ein Schüler des Empedokles (oder des Thales von Milet (?)) (2.3.4.1.), stellte er in seinem Werk „Konnos" als Ungläubigen an den Pranger[415].

Athenaios zitiert ihn mit einem Fragment vom Schlaraffenland, wo *der Tisch sich selbst deckt, der Trog den Teig knetet und das Glas sich selbst spült* (4.1.2.5.).

Athenaios zitiert auch einen Zeitgenossen des Krates, Pherekrates (5. Jahrhundert v.u.Z.): *Vom Reichtum war die Unterwelt erfüllt, / auf alle Art von allem Guten voll / Ströme von Brei und schwarzer Brühe flossen / durch die Kanäle brodelnd, mit dem Brot / als Löffel gleich darin...*[416]. Diese Welt ist frei von Arbeit*: Was brauchen wir deine Pflüger noch./ oder Sichelmacher und Sattler / oder Kupferschneider ... automatisch wird den Kreuzweg entlang / ein Strom von schwärzlicher Brühe / mit würzigem Kuchen und Weizengebäck, / von feinster Güte, im Schwalle / von Quellen des Gottes Pluton herab / sich dem wartenden Schlemmer ergießen*[417].

* Auch der Komödiendichter Ameipsias erwähnt in seinem Werk „All-Seher" den Hippon als einen Ungläubigen[418]. Hippon war der erste, der den Reigen der wegen Asebie angeprangerten Philosophen eröffnete (3.1.1.6.)[419].

* Eupolis bringt neben Tragödienparodie, moralische Rüge der politischen und militärischen Führer, auch die Sophisten, Protagoras und „Sokrates" auf die Bühne. In seinem Werk „Schmeichler" war Protagoras ein Parasit beim reichen Kallias, ein Scharlatan, der sich mit den himmlischen Dingen beschäftigt[420]. Die Philosophen erscheinen bei ihm als Parasiten, die sich an die Tafeln der Reichen drängen[421]. Eupolis schilderte den Strategen Hyperbolos (3.1.2.) als einen ungebildeten (unliterarischen) und unmusikalischen Politiker.

Hermippos brachte den Streit der Politiker (3.1.1.1.) direkt auf die Bühne: Perikles als „*König der Satyrn*", der vom *bissigen Kleon* gereizt wird[422].

* Aristophanes umfasst in seinen Werken das Leben in seiner ganzen Fülle, aber er erschöpft sich nicht in burlesken Darstellungen. Er ist konservativ und kämpft mit Leidenschaft für „das Beste" seiner Polis. Die Karikatur der herrschenden Zustände war sein Mittel dazu.

Ein beliebtes Thema der Alten Komödie, bei fast allen Autoren, war auch die, wohl stadtbekannte und verrufene, ausschweifende Lebensführung der „jeunesse doree" der Zeit, etwa des jungen Alkibiades oder des jüngeren Kallias. Der letztere hat ein Vermögen für schöne Jünglinge, Perserien, Wagenrennen, Schlemmereien und schicke Partys ausgegeben. Aber sein Haus war auch ein Treffpunkt der Intellektuellen seiner Zeit. Bei Platon und Xenophon war es Schauplatz von Dialogen[423]. Er war skrupelloser Politiker, einer der Oligarchen. Leichtsinnig war Alkibiades, auch er skrupellos als Politiker, nur auf den eigenen Vorteil bedacht, aber ganz windig war er wohl nicht. Auch sein Haus war ein Treffpunkt der Intellektuellen seiner Zeit, er war Gastgeber des Protagoras, und es war Schauplatz des gleichnamigen platonischen Dialogs und Xenophons Symposium. Aber auch andere Söhne reicher und mächtiger Eltern finden wir im Umkreis der Sophisten wieder.

Diese Kritik der Alten Komödie macht, ganz anders, als die zwar nüchterne aber doch tiefer gehende Analyse des Thukydides (3.3.2.), die Sophisten direkt für den Sittenverfall und auch den Verfall der militärischen Tüchtigkeit[424] und damit auch für die Fehlschläge im Peloponnesischen Krieg verantwortlich. Die Sophisten vermitteln keine Werte, sie zerstören sie. Die Darstellungen des Aristophanes (und der anderen Komödiendichter) bilden auch den sozialen und den ideologischen Hintergrund für Platons Kritik an der Sophistik, am Reichtum und an der Erwerbskunst (3.6.2.3.): Sie ist Sozialkritik, wie in der Komödie auch, weil Reichtum und Sophisterei offensichtlich die Lebensführung der zweiten Generation der aristokratischen Politiker wie auch der emporgekommenen demokratischen Politiker verdorben hatten.

Unter diesem Aspekt besonders interessant ist das letzte Werk des Aristophanes, „Plutos", weil ins Allgemeine gewendet und damit schon der Mittleren Komödie zugehörig. Es ist der Streit ob Reichtum oder Armut, Pluto oder Penia die Entwicklung der τέχναί fördert: Pluto stellt die Mittel bereit, macht aber träge, feige und ängstlich, die Penia dagegen die Motivation, sie ist aber mittellos. Wer mäßig und sparsam sein Leben mit Arbeit fristet, der handelt ehrlich und redlich am Volk und dem Staate, doch wer sich vom gemeinsamen Gut bereichert wandelt sich plötzlich in Feinde des Volkes, in Schurken und Landesverräter, wie die neuen Oligarchen, darunter Alkibiades. Entscheidend ist die innere Einstellung zum Erwerb und zur Verwendung. Es ist der Mensch, der habsüchtig wird und seine Möglichkeiten missbraucht. Die τέχναί selbst werden in diesem Streit bei Aristophanes nicht abgewertet. Einen philosophischen Nachklang von diesem Streit, oder besser eine philosophische Entgegnung finden wir bei Plato, aber dort werden die τέχναί insgesamt verdächtigt verderblichen Reichtum zu bringen (3.6.2.3.).

1.5.2   Die Kritik der τέχναί in der „Alten Komödie"

Mit Kritik an den neuen τέχναί des 5. Jahrhunderts konnten die Dichter beim Publikum und wohl auch bei den Preisrichtern punkten. Aristophanes stellt die ländliche Ruhe dem marktschreierischen Treiben in der Stadt gegenüber: *da wächst in Fülle alles*[425]. Die Klage führt der Chor der *Alten aus der alten guten Zeit*[426].
Besonders oft wurde die neue τέχνη der Sophisten, „Sokrates", die Tragödien des Euripides und die „Neue Musik" kritisiert.
Im Folgenden werden wir die drei Zweige der τέχναί, Technik (gemeint ist hier: das Handwerk), Wissenschaft und Kunst gesondert betrachten.

1.5.2.1 Das Handwerk

* Von den herkömmlichen, bürgerlichen τέχναί geben krummschlaue Händler, Geldverleiher, die einen ausziehen, Sykophanten, Richter und Volksredner oder ein Maler, der nur roh ein Bild hin kleckst, gute Figuren für die Komödie ab. Auffallender weise fehlen in dieser Reihe die „ehrbaren Handwerke" wie die Töpfer, Schmiede, Gerber, Schneider, Mehlhändler, Barbiere, Schuh-, Harfen-, und Schildfabrikanten. Es sind kleine aber redliche Leute, die „früh aufstehen und fleißig arbeiten"[427]. Es sind kleine Leute mit alltäglichen Sorgen und, wenn schon, mit kleinen Buhlereien[428]. In diesem differenzierten Bild deckt sich die Gesamtmenge der karikierten Berufe, etwa Wirtin oder Wurstverkäufer, nicht mit den sonst als niedrig oder banausisch bezeichneten Berufen.

1.5.2.2 Schelte der Sophisten und Philosophen

* Auf der Bühne wurden von den Philosophen sowohl die Naturphilosophen (Hippon, Anaxagoras (2.3.4.1.) und Dionysios von Apollonia) als auch die Sophisten (3.2.) karikiert:

Von den Naturphilosophen wurde insbesondere Anaxagoras Zielscheibe eines Kesseltreibens. In den Wolken des Aristophanes wurde *die Werkstatt tiefgelehrter Denker* vorgeführt: *Da wohnen Männer, die beweisen dir: / Der Himmel sei ein mächtiger Backofen. / Der uns umgibt, und wir die Kohlen darin;/ Die lehren dir fürs Geld die Kunst, mit Worten / Recht oder Unrecht glücklich zu verfechten*[429]. *Sieh, die verstehen sich auf zwei Künste dort, / Die Kunst der guten und der schlechten Sache. / Der Redner, der der schlechten sich bedient, /Gewinnt, und wenn er zehnmal unrecht hätte*[430]. In der Philosophenklause schaut man zum Himmel, treibt Astronomie und Geometrie und wird das Land vermessen[431]. Auch Sokrates wurde naturphilosophischer Studien bezichtigt (3.6.1.2.3.).

Die Sophisten boten die neuen intellektuellen τέχναί ihrer Zeit (3.2.). Von den Sophisten namentlich erwähnt werden Protagoras[432], Prodikos[433] und Antiphon[434]. Die Sophisten wurden gescholten, wir erfahren nicht immer wer gemeint war, denn sie lehrten (für Geld natürlich) die Kunst mit Worten Recht und Unrecht gleichermaßen glücklich zu verfechten --- obwohl das Problem eher im System der Rechtsprechung lag (3.1.1.1.). Der Zauber des Wortes ist Blendwerk, es erzeugt blauen Dunst, ist ein Mittel zum Übertölpeln. Die Sophisten werden von Aristophanes mit den listigen τέχναί, *mit Quacksalbern, Angebern, Schaumschlägern, Schurken, brilliantringfingrige Stutzern, Sternschuppen beguckende Gauklern* in eine Reihe gestellt[435]. Die Vertreter der neuen Bildung, Sophisten, Naturphilosophen, Mathematiker, Astronomen oder „moderne" Dichter fanden keinen Einlass ins neue Reich Wolkenkuckucksburg (3.1.1.1.).

Ein ganz besonderes Geschäft ist bei ihm das Regieren: *Es ist kein Ding für Leute mit Charakter und Erziehung! Niederträchtig, unwissend muss man sein!*[436]*Süßes Wörtchen, wie ein Ragout muss man dem Volk um das Maul schmieren!*[437] *Ein Demagoge muss eine schöne Brüllstimme, ein Lump von Haus aus, kurzum ein ganzer Staatsmann sein. Ein Glas dem Genius der Dummheit! Dem Menschen aber leg das Handwerk!* Gemeint ist damit Kleon (2.1.1.8.2. und 3.1.1.1.), *die Reichen fürchten ihn, den Armen macht sein Name schon die Kolik!*
Die Diagnose des Aristophanes stimmt wohl mit der des Thukydides (3.3.2.) überein, doch die Erklärung ist eine andere.

„Sokrates" erscheint in der Komödie, nicht nur bei Aristophanes sondern bei mindestens 5 weiteren[438], wie einer der Naturphilosophen aber auch als einer der Sophisten, der die Jugend verderbe. (Er hat ja Umgang u.a. auch mit den verdorbenen Politikern und Gegnern der Demokratie: Alkibiades, Charmides, und Kritias, wie die Sophisten auch (3.2.)) Die von der Komödie artikulierte „Verderbtheit der Jugend" brauchte eine plausible Erklärung. Diese fand „man" im Treiben der Sophisten, das auf „Sokrates" projiziert wurde. *„Schande, wer beim „Sokrates" / Sitzen mag und schwatzen mag / Und die schöne Kunst verdammt / Und vom Größten ab sich wendet."*[439]. In der Apologie Platons beklagt sich „Sokrates" über dieses Vorspiel zu seinem Prozess (3.6.1.). In der Tat, die Anklage bewegt sich im Rahmen der Philosophenschelte in der „Alten Komödie" (3.6.1.2.)

Von den anderen Philosophen tauchen noch Platon und Isokrates in den Komödien auf. Die Bezeichnung des Redners und Logographen Isokrates als eigentlichen Flötisten ist eine Anspielung auf seine Herkunft, mag aber auch eine fast schon liebenswürdige Karikatur sein in Vergleich mit der Karikatur der anderen Sophisten. Manche Interpreten vermuten Platon hinter dem Dädalus des Aristophanes[440], man könnte ein deutliches Kompliment darin sehen. Die Hochschätzung war sicher gegenseitig (3.6.2.3.), Platon soll auf Aristophanes folgendes Epigramm geschrieben haben: *„Einen Tempel von ewiger Dauer begehrten die Grazien, / Und der Göttinnen Sitz ward Aristophanes Geist"* [441]

Der Astronom und Geograph Meton wird von mehreren Komödiendichtern auf die Bühne gebracht: Eupolis und Phrynichos erwähnen ihn im Zusammenhang mit einer gescheiterten Kalenderreform[442]; Aristophanes bringt ihn als Feldmesser auf die Bühne und verbindet ihn mit rationaler Stadtplanung (Perikles hat eine Kolonie Athens in Magna Graecia gegründet) sowie mit der damals aktuellen Diskussion um die Quadratur des Kreises[443] (2.3.4.2.). Er wird wie ein Unhold dargestellt, der die Leute mit unverständlichem Zeug belästigt und dafür verprügelt wird.

1.5.2.3 Die Kunstkritik

* Das Chorlied unter Zitherbegleitung zu Ehren des Dionysos wurde an den Dionysien und im Wettstreit aufgeführt. Im 5./4. Jahrhundert war es ein stilistisch und musikalisch virtuoser Kunstgesang, der auf die Tragödie seit Euripides großen Einfluss ausübte. Die Neuerungen in der Musik wurden kritisch aufgenommen. Nicht nur Aristophanes[444], auch andere Dichter von Komödien (Eupolis, Nikochares, Pherekrates, Platon und Strattis) karikierten die Werke des Lyrikers Kinesias, sie erwähnen aber nicht nur ihn, sondern auch die anderen Vertreter der „Neuen Musik", wie Melanippides, Phyloxenos, Polyidos und Thimoteus werden kritisch, oder richten die Komödiendichter eigene Werke gegen sie[445]. Eine konkrete Vorstellung über die musikalischen Neuerungen, Komposition, Metrik, Rhythmus usw. ist nicht zu gewinnen. Wir kennen nur den Vorwurf, dass er, Kinesias, die alte strenge Musik verderbe. Die Grundhaltung der Kritik ist eine konservative: „Das Alte ist besser als das Neue".

Die erste Kunstkritik (in unserem Sinne), die wir näher kennen, stammt von Aristophanes und galt dem Euripides (3.4.3.)[446],[447]. Auch das Publikum revoltierte gegen das angeblich Gottlose oder Schamlose, gegen das Unpatriotische vieler seiner Werke – und konnte sich ihrem Bann doch nicht entziehen[448].
Sicher stand Aristophanes mit seiner Kritik nicht alleine. Aus den Fragmenten von Eupolis, Stratis, Metagenes, Theopompos, Diokles, Pherekrates, Nikochares, Plato (der Komödiendichter, nicht der Philosoph) und Phylius und den antiken Anmerkungen dazu ist zu erkennen, dass die Wortbildungen des Euripides, seine Sprache, seine Gestalten, ja ganze Werke übernommen aber auch karikiert wurden. Der Vorwurf, dass er (Euripides) sich vom (sophistischen) „Sokrates" leiten und verderben lasse, wird nicht nur von Aristophanes sondern auch vom Mnesimachos und Kallias erhoben. Die Einstudierung und Aufführungen der Werke mussten auch mit beträchtlichen Mitteln von einem Choregen unterstützt und gefördert werden, der ja als der eigentliche Preisträger mit den aufgeführten Werken in einer besonderen Weise identifiziert wurde. Doch die Kritik galt dem Autor: Euripides. Auch Agathon wurde neben Aristophanes auch von Plato und Stratis karikiert[449]. Die Auseinandersetzung war also breit gefächert und beschränkte sich nicht auf eine Polarisierung Aristopha-

nes contra Euripides (bzw. Kinesias). Aber nur Aristophanes bekämpfte ihn auch noch als Verstorbenen[450].

Nur von Aristophanes kennen wir konkrete Punkte der Kritik: Er kritisierte nicht nur die Verwendung mechanischer Bühnenvorrichtungen[451], viel grundsätzlicher, tiefer gehend ist der Vorwurf der Abweichung von den klassischen Prinzipien der Komposition, Wirrwarr, „Sokrates"-Hörigkeit, Geschwätzigkeit, die nur dem Pöbel gefallen will. Aristophanes ließ den Euripides vor Beutelschneidern, Taschendieben, Gaunern und Vatermördern deklamierend auftreten. Seine Poesie sei nur für hohle Köpfe und nur für den Tag bestimmt gewesen, sie sei schon mit ihm gestorben[452]. Ein Urteil, wie es vernichtender nicht sein kann.

Aristophanes stellte Aischylos und den damals jüngst verstorbenen Euripides in einem Wettkampf um den „Thron der tragischen Kunst" vor den Richterstuhl des Dionysos. Die beiden kritisieren sich gegenseitig, halten einander ihre dramaturgischen Schwächen, Fehler im Versbau, Komposition der Prologe und die Liedgestaltung vor. Der Gott amüsiert sich über den Wettstreit, entscheiden möchte er sich nicht, denn er achte den einen, aber liebe den anderen (eine partielle Anerkennung seiner Größe?). Doch Dionysos entschied am Ende, um das Vaterland aus dem sophistischen Sumpf zu ziehen, doch für Aischylos[453]. Aischylos war der Schöpfer des vorbildlich Erhabenen, Euripides galt als dessen Zerstörer[454].

In der Kritik des Aristophanes an Euripides ist zweierlei deutlich erkennbar: die Orientierungspunkte der Kritik sind rückwärtsgewandt und sie ist blind gegenüber der enormen Potenz, was im Neuen steckt. Doch Aristophanes war auf dem Gebiet der Komödie ein „Neuerer", von einem „querelle des anciens et des modernes" zu sprechen wäre ungerecht.

Sophokles, der direkte Rivale des Euripides, war da schon gerechter: Als er die Nachricht vom Tode des Euripides vernahm, legte er Trauerkleider an: Bei der Vorstellung von Chor und Schauspielern kurz vor der Aufführung der nächsten Dionysien ließ er sie ohne den festlichen Kranz erscheinen[455]. Auch Aristoteles würdigte ihn als den tragischsten der tragischen Dichter (3.6.3.3.). Ohne Euripides wäre die hellenistische Sittenkomödie eines Philemon (365/360 – vor 306) oder Menander (342/1 – 292/1 v.u.Z.), beides Dichter der „Neuen Komödie" (4.3.1.), wohl undenkbar[456]. Berühmt war der Spruch des Philemon: *Wäre ich ganz gewiss, dass die Toten Bewusstsein haben, ich würde mich aufhängen, um Euripides zu sehen*[457].

In den Kritiken wird deutlich, dass diese nicht von Aristophanes alleine getragen wurden und auch, dass diese Kritiken miteinander zusammenhängen und einen Komplex bilden: Die Verderbtheit der Politiker, ja der Gesellschaft allgemein, die Sophistik, insbesondere ihr Exponent „Sokrates" und auch Kinesias und Euripides und ihre Werke. *„Oh ihr Götter ... / Schenkt der Stadt zum erfreulichen Heil heilsame Gedanken! / So nur mögen von Jammer und Not wir gründlich genesen..."*[458]. Dieser Aufruf wurde vom Platon in seiner Staatslehre philosophisch befolgt (3.6.2.3.).

Ausblick: Vergleichbare Kontroversen um das Theaterwesen finden wir bei den Kirchenvätern Klemens von Alexandrien, Tertullian, Laktanz und Augustinus (5.3.2.1.), im Mittelalter (9.2.2.3.) und auch an der Schwelle der Neuzeit in der „elisabethanischen Theaterkontroverse" (10.3.1.5.1.).

1.5.3 Die mittlere Komödie (ca. 400-320)

Nach verschiedenen Versuchen durch gesetzliche Maßregeln die persönlichen Angriffe einzuschränken und des Kleon (2.1.1.8.2. und 3.1.1.1.) Anklage gegen Aristophanes, hat Syrakosios ein Gesetz erlassen, das verbat Männer des öffentlichen Lebens namentlich zu karikieren (414). Dieses Verbot, aber auch die Instabilität der politischen Zustände, förderte die Tendenz zur Darstellung allgemein menschlicher und sozialer Probleme. Die letzten Werke des Aristophanes, z.B. der oben schon behandelte „Plutos" gehören schon dieser Periode an. Die Mittlere Komödie behandelt an Stelle der Politik Stoffe aus dem täglichen Leben der Bürger[459].

Schon bei Aristophanes besteht das Gros der Handwerker aus kleinen Leuten, die früh aufstehen und fleißig arbeiten. In der „Mittleren Komödie werden die τέχναί gar nicht mehr als eine Wohltat der Götter angesehen, denn sie ernähren den Mann nicht. „ *Wer immer von den Göttern eine τέχνη gelernt hat, der hat für die Menschen ein ganz großes Übel gefunden...wir aber, die wir als Unterpfand des Lebens die τέχνη haben, hungern immer um der Hoffnung willen*"[460]. Die Personen sind Charaktertypen[461] aus dem Handwerkermilieu, Bildhauer, Maler, Sänger, Tänzer, Lirabauer, Geograph, Mediziner aber auch Hetären und Sklaven sind aus den Titeln und Bruchstücken zu erschließen. Echt komisch musste es für den Zuschauer wirken, wenn sich ein Arbeiter in den Silberminen von Thourion über Körperpflege und Parfüme auslässt[462].

Auch die Philosophen wurden karikiert, denn sie reden über Dinge, die sie selber nicht verstehen[463].
.... Kratinos der Jüngere (Lebensdaten unbekannt) soll Platon und seine dualistische Anthropologie und seine Seelenlehre karikiert haben[464]; ebenso die Pythagoreer und ihre Gleichheitsformeln und verbalen Spitzfindigkeiten, die den Dutzendmenschen verwirren[465].
.... Alexis aus Thurioi (ca. 372-270) verspottete in seinem „Ankylion" Platon[466] (3.6.2.2.2.). Aristophon (Lebensdaten unbekannt) schrieb eine Komödie mit dem Titel „Platon", die aber verloren gegangen ist. Beide karikieren auch die Pythagoreer als völlig heruntergekommene Existenzen, verlaust und in verschlissenen Mänteln, die sich nur vom Gemüse ernähren, nur Wasser trinken, aber keinen Wein und den Göttern nur Unbeseeltes opfern[467].
.... Aristippos (3.6.1.4.) und seine Schule, die Kyrenaiker, sind wegen ihrer betont hedonistischen Lebensphilosophie ein beliebtes Ziel der „Mittleren Komödie": Ihre Philosophie sei etwas für Köche[468]. Letztere sind neben dem Parasiten vielleicht die beliebtesten Figuren der „Mittleren Komödie". Ob in der „Mittleren Komödie" unter der Chiffre „Parasit" bestimmte Philosophen gemeint sind, wie in der „Alten Komödie", wissen wir nicht. Möglicherweise waren es Kyrenaiker (3.6.1.4.) Schade, dass diese Stücke, bis auf zwei von Aristophanes, verloren gegangen sind. Die Kritik an Platon wäre für uns recht interessant.
.... Meleagros von Gadara (ca. 140 - 70 v.u.Z.) war ein Dichter und Philosoph. Seine „Menippeischen Satiren" sind verloren (4.2.4.), aber seine Motive wurden durch Varro (4.3.3.2.) in Rom bekannt. Bedeutend ist seine Sammlung von Epigrammen („Kranz des Meleagros"), sie ist in der byzantinischen Sammlung „Anthologia Greca" enthalten.

Der Philosophentadel wurde zum Topos: Nicht nur Lukian aus Samosata (ca. 120-180 u.Z.) hat diesen in seine Satiren übernommen (4.3.3.), wir finden ihn auch im „Gastmahl der Gelehrten" des Athenaios von Naukratis (4.1.2.5.).

Von den Wissenschaften tauchte nur der Mediziner in der „Mittleren Komödie" auf. Es gab Komödien über Ärzte, die aber weitgehend verloren sind. In den Fragmenten wird nicht die ärztliche Kunst als solche, sondern nur ihr Missbrauch angeprangert. (Maßnahmen zur Vermeidung von Kunstfehlern kannte man nicht – auch wenn die Hypokratischen Schriften Empfehlungen zur ärztlichen Ethik enthalten.)

In den Fragmenten der „Mittleren Komödie" fehlt der abwertende Ton gegenüber den anderen Künsten wie Tragödiendichter, Komödiendichter, Sänger, Liramacher. Ein Flötenspieler wird wegen seiner Figur gehänselt und nicht als Flötenspieler. Dem Maler kann seine Arbeit nur Ärger und Schikane bringen, aber aus den Fragmenten erfahren wir nicht warum. Die Wirklichkeitstreue einer Statue könnte bewirken, dass man sich in diese verliebt. Aber weder der Maler, noch der Bildhauer werden mit einem abschätzigen Attribut versehen. Aber diese Aussage kann sich natürlich nur auf die erhaltenen Fragmente beziehen.

* Parallel zur Mittleren Komödie tauchen auch in anderen Kunstgattungen neue Formen auf:

…. In der Bildenden Kunst sind es die „kleinen Leute": Bettler, Säufer, Maklerin.

…. In den Epigrammen sind es nicht mehr Aufschriften oder Inschriften, sondern kleine Gedichte, die zum Lesen oder Vortrag beim Symposium bestimmt waren. Die erste Sammlung von Epigrammen ist als „Kranz des Meleagros" bekannt (4.2.4. und 4.3.3.2.). Ihre „Helden" sind die „kleinen Leute": Fischer, Bauer, Handwerker, Spinnerin, Musikantin, Freudenmädchen, mit ihren Sorgen und Mühen[469] (4.1.2.2.5. und 4.1.2.5.).

* In der Folge des Alexander-Zuges wurde der Theater als Bauwerk prägend für die neugegründete und hellenisierte Städte, keine Stadt hat darauf verzichtet. Doch die Blüte der Theaterliteratur war das 5. Jahrhundert v.u.Z.[470] (4.3.1., 4.3.2. und 4.3.2.3.).

1.6 Die „Sekte" der Philosophen

Aus der Auseinandersetzung mit den Sophisten, aber auch mit der Naturphilosophie, den Spekulationen der Eleaten und der Lehre der Pythagoreer entstand die attische Philosophie.

Hier betrachten wir nur die Blüte dieser Philosophie. Ihr Anliegen und auch die Methoden decken sich mit denen der Sophisten vielfach, ja sie war ein Kind der Sophistik. Die Beiträge der Philosophen zu den bisher aufgeworfenen Fragen betrachten wir als Nachhall und Fortsetzung des vorangegangenen gesellschaftlichen Diskurses zu unserem Thema: Einstellungen zu den τέχναί.

In diesem Abschnitt betrachten wir, als herausragende Vertreter dieser Denkrichtung: „Sokrates" (3.6.1.), Platon (3.6.2.), Aristoteles (3.6.3.), Diogenes von Apollonia (3.6.4.) Demokrit (3.6.5.), Xenophon (3.6.6.) und Alkidamas von Elaia (3.6.7.). Die weitere Entwicklung der Philosophie und Einstellung der verschiedenen „philosophischen Sekten"[471] zu den τέχναί soll im folgenden Kapitel (4.2.) behandelt werden.

Im Diskurs der Sophisten, insbesondere der Schule des Isokrates[472], und Philosophen um Meinen, Wissen und Wahrheit wurde auch eine Skepsis (2.3.) geäußert, Platon (3.6.2.) und Aristoteles (3.6.3.) haben Verfahren vorgeschlagen um Hypothesen zu prüfen. Doch der Skeptizismus gewann vom 3. Jahrhundert v.u.Z. an eine Eigendynamik[473] (4.2.3.) und prägte bis in die Neuzeit den gesellschaftlichen Diskurs um die Wissenschaften (4.2.1.2., 4.2.7.1.1., 5.1.3., 5.2., 7.5.1.4., 7.6.14, 9.1.7.3.3. 10.1.8., und 10.3.4.).

1.6.1 Die Sokratesliteratur

1.6.1.1 „Sokrates"

* „Sokrates" (ca. 470 - 399) ist der Sohn des Steinmetzen Sophroniskos und der Hebamme Phainarete. Von seinem Leben wissen wir nur recht wenig, geschrieben hat er nichts. Das Bild des „Sokrates" ist durch die „Sokrates-Literatur" geprägt[474]. Unsere Quellen sind Aristophanes, Platon, Xenophon, Aristoxenos Tarentinus (3.3.3.) und die Fragmente der Historiker[475], Aristoteles, Athenaios und Diogenes Laertios. Keine dieser Quellen ist objektiv: die „Alte Komödie" verwendet sicher zeit-genössische Bilder, betont aber einseitig die zu karikierende Seite. Die Berichte von Platon und Xenophon sind nachgeschobene Apologien gegen die Anklage in der „Al-ten Komödie". Für Aristoxenos ist Sokrates ein Kontrast zu Pythagoras[476]. Auch spä-tere alternative literarische Entwürfe gegen eine vorangehende „Sokrates-Literatur", und als literarische Produkte stehen sie mehr oder weniger im Dienste der je eigenen Anschauungen des Autors. Aristoxenos und Aristoteles kannten ihn nicht persönlich und Athenaios bzw. Diogenes Laertios verwandten offensichtlich auch anekdotisches Material. Diese Quellenlage können wir kaum hinterfragen.

Es ist aber auch nicht das Ziel dieser Darstellung widersprüchliche Berichte wegzuglätten und ein „wahres Bild" von „Sokrates" zu zeichnen, auch nicht eine ver-mutlich „wahre Meinung" des „Sokrates" zu unserem Thema zu ermitteln. Uns genügt hier die auf ihn projizierten literarischen Einstellungen zu untersuchen. Wenn wir im Folgenden „Sokrates" schreiben, meinen wir diese literarische Gestalt und nicht das Substrat hinter dieser Projektion, die historisch nur wenig fassbare Person. Hier be-ziehen wir uns zunächst auf den „Sokrates" des Xenophon, um ihn dem „Sokrates" Platons gegenüber zu stellen. Auch die Darstellungen der „Alten Komödie" und das anekdotische Material des Diogenes Laertios sollen berücksichtigt werden.

* Nach der Tradition ist „Sokrates" der erste der armen Philosophen, der ein einfa-ches, genügsames Leben führte[477]. Auch der Komödiendichter Ameipsias schildert ihn als einen armen Schlucker[478]. In den Memorabilien des Xenophon wird „Sokra-tes" vorgehalten: *er äße die schlechtesten Speisen und tränke die schlechtesten Ge-tränke, sei mit einem schlechten Obergewande angetan, trüge den ganzen Sommer und Winter immer das gleiche, sei immer ohne Schuhwerk und ohne Unterkleidung. Kein Sklave bliebe bei seinem Herren unter solchen Lebensbedingungen.* Der So-phist Antiphon hält ihm vor, dass er (in Gegensatz zu den Sophisten) von seinen Schülern kein Geld verlange, weil sein Unterricht wohl doch nichts wert sei. *„Sokra-tes" dagegen hält die Bedürfnislosigkeit für göttlich, und dem Göttlichen komme man am nächsten, wenn man wenig bedürfe. Er wird später ein Beispiel für Kyniker und Stoiker*[479] (4.2.4. und 4.2.5.).

Nach einigen Quellen hat „Sokrates", der Sohn eines Steinmetzen, selber als Stein-metz in einer Bildhauerwerkstatt begonnen, bevor ein reicher Gönner ihn entdeckte und ihm eine höhere Bildung hat zukommen lassen. Erstaunlicherweise berichten weder Platon noch Xenophon etwas darüber[480]. Er war sicher arm im Vergleich zu manchen seiner Schüler, doch gar so arm kann er nicht gewesen sein, denn nach Platon nahm er am samischen Feldzug 441/40 und am Peloponnesischen Krieg 430 bei Potidaia[481], 424 bei Delion und 422 bei Amphipolis[482] als Hoplit teil. Er konnte sich also die Ausrüstung und den Aufwand für das Training leisten. Es sei denn: ein unbekannter Wohltäter hat ihm nicht nur die Ausbildung ermöglicht, sondern auch die Ausrüstung gestellt, oder er wurde absichtlich ins Verderben geschickt, oder er gehörte zum „letzten Aufgebot" im Archidamischen Krieg... Über solche Feinheiten schweigen unsere Quellen. Platon erwähnte ihn auch als „symposiarchos", als Leiter eines Banquetts, der *seine Gäste mit anständigen Gastgeschenken empfing*[483]. War „Sokrates" ein „Aussteiger", der seinen ererbten Beruf aufgab? Oder wurde er, als Steinmetz, nach Beendigung der perikleischen Bauprogramme „arbeitslos"? Athenaios (4.1.2.5.) widerspricht den Schilderungen Platons: *dies ist aber erlogen, niemand sonst berichtet darüber, ... nicht die Historiker und ... auch nicht die Komödienschreiber ... dabei hätte Aristophanes das unweigerlich ausposaunt*[484].

Im Symposion von Platon wurde „Sokrates" mit dem Satyr Marsyas verglichen: *Also den „Sokrates" zu loben, ihr Männer, will ich so versuchen, durch Bilder, er wird nun wohl vielleicht glauben, spöttischer weise, aber gerade zur Wahrheit soll mir das Bild dienen und gar nicht zum Spott. Ich behaupte nämlich, er sei äußerst ähnlich jenen Silenen in den Werkstätten der Bildhauer, welche die Künstler mit Pfeifen oder Flöten darstellen, in denen man aber, wenn man die eine Hälfte wegnimmt, Bildsäulen von Göttern erblickt; und so behaupte ich, dass er dem Satyr Marsyas gleiche. Dass du nun dem Ansehen nach diesen ähnlich bist, o „Sokrates", wirst du wohl selbst nicht bestreiten*[485]. Die umständliche Ausrede des Alkibiades, der hier den Vergleich anstellte, lässt vermuten, dass den Hintergrund des Vergleichs die aus den Satyrspielen vertrauten Naturburschen bildeten (4.3.4.5.). Dies wird besonders deutlich, wenn man diesen Vergleich mit dem Auftritt der Sophisten in Platons Protagoras vergleicht[486]: „Sokrates" als eine „alternative Figur" in der attischen Gesellschaft.

In den Frühdialogen Platons ist es meistens „Sokrates", der das Gespräch, durchaus sophistisch, führt. Diese Dialoge sind durch Lebensnähe gekennzeichnet, doch Vorsicht ist geboten: Diogenes Laertios berichtet: „Sokrates" habe nach Vorlesung des platonischen Lysis gesagt: *„Beim Herakles, was der junge Mensch alles über mich zusammenlügt"*. Der Verfasser nämlich hat mancherlei zu Papier gebracht, was „Sokrates" nicht gesagt hat[487]. Es ist auch nicht immer möglich die Meinungen von „Sokrates" und Platon zu trennen. In allen Dialogen Platons ist das Ziel der sokratischen Fragen den rhetorischen Bluff und das Scheinwissen (3.2.1. und 3.2.2.) zu entlarven um der Sache auf den Kern zu kommen. Dabei setzte gerade Platon in den „Sokrates-Dialogen" alle sophistischen Mittel ein um dessen Methode zu charakterisieren. War es eine Ironie des Schicksals, dass gerade der Kritiker der Sophistik als einer „von denen" betrachtet wurde? [488] Ihm wurde vorbehalten: *Immer bespöttelst du die Redner, o Sokrates*[489].
Auch bei Xenophon ist das Anliegen des „Sokrates" die Destruktion des Scheinwissens, doch er wirkt weniger sophistisch, weniger diabolisch, wenn auch zuweilen durchaus provokativ, eher ein biederer Gesprächspartner, der zu ermitteln sucht, worin sein Gesprächspartner kundig sei. Er ist auch ein nützlicher Ratgeber in praktischen Fragen[490], aber doch auch ein literarisches Produkt, das mit dem Bild bei Platon kontrastiert.

1.6.1.2 Das Bild des „Sokrates" in Hinsicht auf die τέχναί

„Sokrates" verglich seine Kunst im Erkenntnisprozess mit der Hebammenkunst (3.6.1.2.). Artemis hat diese Kunst an ältere nicht mehr gebärende Frauen verliehen, weil sie darin schon erfahren sind. Von seiner Kunst sagt er auch, *„dass ich zwar andere frage, selbst aber nichts über irgendetwas antwortete, weil ich nämlich nichts Kluges zu antworten wüsste"*[491]. „Sokrates" sagt vor seinem Prozess, diese Kunst sei ihm vom Gott zugeteilt worden, *„für schöne und edle Jünglinge"*[492].

Unter den bereits erwähnten „Schusterdialogen" (3.1.1.7.) gab es, unter anderem, Dialoge über die Wissenschaft, über die wissenschaftliche Gesprächsführung, über Musik und Dichtkunst, über das Wesen des Schönen, von der Arbeit. Diese Dialoge sind alle verloren gegangen, aber diese von Platon und Xenophon unabhängige Quelle bringt „Sokrates" mit den genannten Themen in Verbindung. Wie diese Dialoge aussahen, welche Einstellungen zu den τέχναί sie reflektierten, wissen wir nicht.
Im Folgenden werden wir unsere Quellen für die drei Zweige der τέχναί (Kunst, Wissenschaft und Technik) getrennt untersuchen:

1.6.1.2.1 Die Wissenschaften

Von den Historikern wird Sokrates auch als ein Schüler des Anaxagoras erwähnt[493] (3.6.1.3.1.). Platon und Xenophon schildern „Sokrates" als belesen, Platon in seinen Dialogen[494], Xenophon in den Memorabilien[495]. Beide lassen „Sokrates" als kompetenten, doch kritischen, Gesprächspartner aller möglichen Fachleute auftreten, bis hin zum Feldherrn[496] und Kommandeur eines Kavallerieregiments[497].
Im Hinblick auf die τέχναί warnt der „Sokrates" des Xenophon vor Hybris: *„Den Sterblichen glückt nicht die vermessene Tat. Sie sollen nicht zu tief in Technik und die Wissenschaften eindringen wollen. Erstens, weil ein solches Bemühen erfolglos bleiben müsse, zum anderen, weil die Götter es nicht wollen, dass der Mensch sich in ihre Geheimnisse eindringe"*[498].

„Sokrates" steht nach Platon sowohl der Naturphilosophie als auch der Mathematik seiner Zeit skeptisch gegenüber: *In meiner Jugend ... hatte ich ein wundergroßes Bestreben nach jener Weisheit, welche man Naturkunde nennt; denn es dünkte mich etwas herrliches, die Ursachen von allem zu wissen, wodurch jegliches entsteht und wodurch es vergeht und wodurch es besteht*[499]. Xenophon berichtet: *Sie haben ihn nichts Praktisches gelehrt*[500]. Auch nach Platon war Sokrates von der Naturphilosophie enttäuscht: *mich dünkte, ich müsse zu den Gedanken meine Zuflucht nehmen und in diesen das wahre Wesen der Dinge anschauen*[501]. „Sokrates" lehnte Naturkunde ab: *Felder und Bäume wollen mich nichts lehren, wohl aber die Menschen in der Stadt*[502].
Aber Platon lässt ihn auch als Dialogpartner der Mathematiker auftreten, der sich den mathematischen Gedanken durchaus aufgeschlossen zeigt. Ob hier Platon dem historischen „Sokrates" gerecht wird, oder ihn als Sprachrohr braucht, mag dahingestellt sein. Die Darstellung könnte zu der Anklage (3.6.1.3.) passen.
Bei Xenophon spricht sich „Sokrates", dieser Wissenschaft nicht unkundig, gegen das Erlernen der schwer verständlichen Figuren in der Geometrie aus. *Diese Beschäftigung würde ausreichen, um das Leben eines Menschen ganz in Beschlag zu nehmen und von vielen nützlichen Kenntnissen abhalten. Wer sich über solche Dinge Gedanken macht ist töricht. Für ihn ist Weisheit pragmatisch und nützlich, sie ist „der gesunde Menschenverstand". Geometrie müsse man nur soweit lernen bis man imstande sei nötigenfalls ein Stück Land bei der Übergabe oder Übernahme richtig zu vermessen und über das Gemessene Rechenschaft abzulegen. Dies sei aber nicht schwierig. Die Kenntnisse in der Astronomie soll man sich nur soweit aneignen, dass man die Zeit der Nacht, des Monates und des Jahres erkennen könne. Über die*

himmlischen Erscheinungen soll man nicht nachgrübeln, man tue den Göttern keinen Gefallen, wenn man dem nachforsche, was jene nicht offenbaren wollen. Auch in der Rechenkunst soll man sich von unnützen Betätigungen hüten[503]. Die Vorstellung des xenophonischen „Sokrates" steht in einer Spannung zu der des platonischen. Man soll sich um die Gesundheit kümmern und er gab den Rat, *soweit wie möglich von den Sachverständigen zu lernen. Jeder müsse das ganze Leben hindurch auf sich selber Acht geben, welche Speise, welches Getränk oder welche Arbeit ihm zuträglich sei und wie er diese anwenden müsse um möglichst gesund zu leben*[504].

Wichtiger als Spezialwissen ist für beide „Sokrates"-Gestalten, das Wissen um das wahrhaft Gute und die gute Lebensführung. Dieses Wissen ist die Bedingung für das richtige Leben.

Vielleicht haben Platon und Xenophon dieses Bild „nur" zur Verteidigung des „Sokrates" entworfen, aber damit ist der atechnische Attraktionsbereich angedeutet, den wir bereits bei der Betrachtung der griechischen Mythologie erwähnt haben. (Die eigenen Ansichten des Xenophon zu unserem Thema siehe 3.6.5.2.)

Doch es gibt noch eine andere Notiz, die stützt eher die ethischen Interessen des „Sokrates": Thimon, der Schüler des Pyrrhon (Begründer einer skeptischen Schule, 4.2.3.), warf Platon vor, „Sokrates" mit vielen Wissenschaften zu schmücken[505]. „Sokrates" habe sich nur um Ethik bemüht. Von der Naturphilosophie *wandte sich der Steinmetz, der Schwätzer über Brauch und Gesetz, ab*[506]

1.6.1.2.2 Die Künste

Im Dialog über Dichtkunst positioniert sich Sokrates in Opposition zu Künstler, Rhapsoden und Schauspieler. *Ich aber rede nur die Wahrheit, wie es sich für einen ungelernten Menschen schickt*[507].

In den Memorabilien des Xenophon (3.6.6.) finden wir auch Gespräche mit Künstlern: Mit dem Maler Parrhasios aus Ephesos und dem Bildhauer Kleiton. Die Mittel der Darstellung, Vertiefungen und Erhöhungen, Licht und Schatten, Hartes und Weiches, Raues und Glattes wurden nicht bemäkelt. In den Gesprächen geht es zwar nicht um eine Kunsttheorie in unserem Sinne, doch das Anliegen künstlerischer Gestaltung wurde deutlich angesprochen: *Das vollausgeprägte Wesen einer einnehmenden, freundlichen, gewinnenden, liebenswürdigen und anmutigen Seele zur Darstellung zu bringen. Was den Blick der Menschen am meisten anzieht ist die Lebendigkeit der Darstellung. Diese ist nicht einfach eine Nachbildung, denn der Künstler muss viele Gestalten ansehen um das vollausgeprägte Wesen einer Seele zur Darstellung zu bringen. Nicht nur der Körper und ihre Glieder, auch die Gemütsbewegungen sollen in Augen und Gesichtsausdruck dargestellt werden. Die Darstellungen wirken durch ihre Wirklichkeitsnähe auch Überzeugend. Die Aufgabe des Bildhauers besteht darin, das Seelenleben zum Ausdruck zu bringen*[508].

Diese Überzeugungskraft des Verismus hat bereits Euripides auf die Bühne gebracht – und ihm wurde sie übel genommen (3.5.2.3.).

Dieser Aspekt wurde auch von der „Mittleren Komödie" aufgegriffen (3.5.3.) und hat wohl Xenophons Darstellung geprägt: Das Bild der Hetäre Theodote, *„die mit dem verkehrte, der sie zu gewinnen wusste"* (Anspielung auf ihre Rolle als Geliebte des Alkibiades) wird von „Sokrates" bei Xenophon mit der Bemerkung kommentiert: *„Wir (Zuschauer) für unseren Teil begehren schon nach dem zu greifen, was wir betrach-*

tet haben und wir gehen weg mit gereizter Begierde, und zuhause werden wir schmachten[509]. Die Theorie des Schönen ist bei Platon viel rigider und trockener.

1.6.1.2.3 Das Handwerk

Ein Aspekt ist die theoretische Diskussion, ein anderer Aspekt ist die praktische Einstellung. Xenophon schildert den „Sokrates" auch als praktischen Ratgeber. Ein Freund namens Aristarchos war in Sorge, wie er seine Verwandten, die er in seinem Haus als Flüchtlinge aufgenommen hat, ernähren soll. Im Gespräch der beiden trägt Aristarchos die gängigen Vorurteile gegen Arbeit vor: Nur barbarische Menschen könne man anhalten zu tun, was zweckmäßig ist, nicht aber freie, die edel erzogen sind und dazu noch verwandt. „Sokrates" empfahl seinem Freund die Verwandten zur Arbeit anzuhalten, freilich zur geziemenden, nicht einer schimpflichen. Er wies auf das Leben anderer Freien hin, die das betreiben, was sie zum Lebensunterhalt auszuführen verstehen und dadurch besser durchkommen und glücklicher sind. An Beispielen nannte er die Zubereitung von Mehl, das Backen von Brot, die Herstellung von Kleidung und Mänteln. Für „Sokrates" war Arbeiten gerechter als nichts tun und über das zu beraten, was zu tun wäre. *„So wurde Betriebskapital herbeigeschafft und Wolle gekauft. Die Frauen arbeiteten weiter, während sie das Mittagsmahl einnahmen. Sie hatten Arbeit hinter sich, wenn sie zu Abend aßen. Nun waren sie heiter, statt finster. Statt argwöhnisch aufeinander zu sehen, sahen sie einander mit freundlichen Blicken an*[510]. Diese Einstellung finden wir nicht beim platonischen „Sokrates", sie passt eher zu Xenophon (3.6.5.3.).
Erst die spätantike Überlieferung kennt den Vorwurf, „Sokrates" verführe die Jugend zu Verachtung werktätiger Arbeit[511].

* Soweit die Berichte, welche sich auf die Einstellungen des „Sokrates" zu den drei Zweigen der τέχναί direkt beziehen. Eine andere Gruppe von Berichten beschäftigt sich mit dem Prozess des „Sokrates". Auch diese Darstellungen enthalten, sowohl in der Anklage, als auch in der Verteidigung, Einstellungen, die literarisch auf „Sokrates" projiziert wurden. Diese Schriften haben primär einen apologetischen Charakter. Sie sollen im Folgenden betrachtet werden.

1.6.1.3 Der Prozess des „Sokrates"

Bevor wir uns dem Prozess des „Sokrates" zuwenden, wollen wir vergleichbare andere Prozesse betrachten, soweit diese uns bekannt sind.

1.6.1.3.1 Die Asebie-Prozesse

Die schärfste Waffe im gesellschaftlichen Diskurs um ein „naturwissenschaftliches Weltbild" war die Anklage wegen Gottlosigkeit (3.1.1.4.). Um 432/429 v.u.Z. wurde auf Antrag des „Sehers" und Orakelauslegers Diopeites[512] von der Vollversammlung ein Asebie-Gesetz beschlossen, nach der die Verbreitung einer rein physikalischen Lehre über die Natur der Gestirne oder das Leugnen der Götter als schweres Verbrechen anzusehen wären. Die Formulierung war auf Anaxagoras (2.3.4.1.) zugeschnitten. Auch wenn Diopeites den Strategen Perikles auf dem Umwege mit der Klage gegen Anaxagoras in Verdacht bringen wollte[513], für unsere Untersuchung ist die Wahl aus dem Umkreis des Politikers interessant: es sind die Naturphilosophen und die „Aufklärer".

Die Asebie-Prozesse wurden mehrfach angewendet. Diese betrafen zuerst neben Aspasia (die zweite Frau des Perikles, 3.1.1.6.) die Gelehrten aus seinem Umkreis: Anaxagoras, Hippon und Protagoras.

.... Anaxagoras (2.3.4.1.) wurde wegen Gottlosigkeit angeklagt, weil er die Sonne für eine glühend heiße feurige Eisenmasse erklärt hatte. Nach einem von mehreren Berichten, war Kleon (3.1.1.8.2, und 3.5.2.2.) der Kläger, ein Demagoge und Gegner des alternden Perikles[514],[515]. Perikles soll für Anaxagoras eingetreten sein[516] und dieser kam mit einer Geldstrafe und Verbannung davon. Anaxagoras starb in Lampsakos[517]. Sokrates (3.6.1.3.1.) soll das Buch gelesen haben, aber enttäuscht gewesen als er sah, dass *der Mann mit der Vernunft gar nichts anfängt, ... dagegen aber allerlei Luft und Äther und Wasser vorschiebt und sonst vieles Wunderliches*[518].

.... Hippon aus Rhegio (ca. 470 – 400); ein Naturphilosoph und Arzt, von dem wir nur ein Fragment kennen[519], wurde vom Komödiendichter Kratinos (3.5.)[520]auf den Pranger gestellt und der Asebie angeklagt.

.... Nach der Überlieferung wurde Protagoras (3.2.) wegen seiner Äußerung über die Götter (3.2.1.) der Asebie angeklagt[521]. Auch er gehörte zum Gelehrtenkreis um Perikles. Doch der Hintergrund der Anklage mag eine vom Hermen- und Mysterienfrevel aufgeheizte Stimmung (3.1.1.4.) gewesen sein. Nach Diogenes Laertios war der Ankläger Pythodoros, einer der Vierhundert Oligarchen[522] (3.1.1.8.). Protagoras wurde zum Tode verurteilt, doch er entkam und erlitt auf dem Meere Schiffbruch[523]. Nach Sextus Empirikus wollten *die Athener seine Schriften zu Asche machen*[524] - nach Diogenes Laertios wurden sie auch auf dem Markte verbrannt[525]. Die Historizität dieser Nachrichten über Protagoras wird allerdings angezweifelt[526].

* Auch der lyrische Dichter Diagoras von Melos (5. Jahrhundert v.u.Z.) wurde unter Anwendung dieses Gesetzes angeklagt, dass er die Mysterien von Eleusis verspottet habe. Er wurde der Stadt verwiesen. Für die Philosophen wurde er zum Typ des Atheisten[527]

* Theodoros von Kyrene, auch der Gottlose genannt, (vor 335 – nach 270 v.u.Z.; 3.6.1.4.) hat in seinem Buch „Über die Götter" die Meinungen über die Götter widerlegt[528]. Er wurde zum Tode verurteilt. Nach einem Bericht musste er den Schierlingsbecher trinken, nach einem anderen entkam er dem Urteil nur kapp[529].

* Auch die Künste und das künstlerische Schaffen konnten Gegenstand einer Asebieklage sein. Die Asebieklage gegen Phryne haben wir bereits kennen gelernt (3.1.1.8.3.)

* Weiter: Auch Phidias (aktiv ca. 460 – 430 v.u.Z.), dem berühmten Bildhauer, Schöpfer der Kultbilder „Athena Parthenos" und „Zeus von Olympia", wurde Gotteslästerung vorgeworfen, weil er auf dem Fries des Parthenon Menschen (Athener in priesterlicher Funktion) neben Götter dargestellt hat[530].

* Andere haben vor einer drohenden Asebieklage freiwillig die Stadt verlassen, wie Aristoteles oder Theophrast.

* Am ausführlichsten sind wir über den Prozess gegen „Sokrates" unterrichtet und wir werden in der folgenden Miniatur näher darauf eingehen (3.6.1.3.2.).

* Auch im Kampf der philosophischen Schulen wurde der Vorwurf als Waffe verwendet: Epikur soll von Poseidonios des Atheismus bezichtigt worden sein (4.2.5.2.). Cicero hat sich diesem Vorwurf angeschlossen[531].

* Es wurde bereits erwähnt, dass es auch zu Bücherverbrennung gekommen sein soll: ein Herold soll die Bücher des Protagoras allen Besitzern abgefordert und eingezogen haben, die dann auf der Agora öffentlich verbrannt wurden[532].

* Neben aktuellen politischen Motiven hatten die Asebie-Prozesse ihren Grund in dem Konflikt der „sophistischen Aufklärung" mit dem tradierten Wertesystem. Auch eine fremdenfeindliche Einstellung zu kosmopolitischen Wanderlehrer und Künstler ist nicht zu übersehen.

Ausblick: Vergleichbare Konflikte werden wir im Laufe dieser Untersuchung oft zu untersuchen haben:
…. Die Trennung exoterischer und esoterischer Lehren in den philosophische Schulen (3.6.2.2.2., und 3.6.3).
…. Im gesellschaftlichen Diskurs um ein heliozentrisches Weltbild spielte auch eine drohende Asebieklage eine Rolle (4.1.1.1.).
…. Die Erben der antiken Religiosität, Christentum (Kapitel 5) und Islam Kapitel 6) hatten ein konfliktträchtiges Verhältnis zur weltlichen Gelehrsamkeit. Die Wiederentdeckung der Antike im Mittelalter provozierte vergleichbare Ablehnung (Kapitel 7 und 8). Gottlosigkeit wurde dem Doktor Johann Faustus nachgesagt (10.3.4.7.). Einen vergleichbaren Konflikt finden wir auch in der frühen Aufklärung wieder (10.3.4.8. und 10.4).

1.6.1.3.2 Der Fall „Sokrates"

* Nach Platon hat Kallikles (3.1.1.2. und 3.2.1.) den „Sokrates" vor allzu intensiver Beschäftigung mit der Philosophie gewarnt. *Denn diese, oh „Sokrates", ist eine ganz artige Sache, wenn jemand sie mäßig betreibt in der Jugend; wenn man aber länger als billig dabei verweilt, gereicht sie dem Menschen zum Verderben…denn wenn jemand dich oder einen anderen ergriffe und ins Gefängnis schleppte…so würdest du sterben müssen, wenn es ihm einfiele, auf die Todesstrafe anzutragen*[533].

* Von dem Verfahren haben wir keinen unmittelbaren Bericht. Von einer wohl umfassenderen „Sokrates"-Literatur sind nur die Apologien des Platon und des Xenophon erhalten.
Xenophon berichtete, „Sokrates" pflegte in der Stadt herumzugehen, wie wohl andere auch[534], um mit guten Fachleuten, Schmiden, Malern, Bildhauern ... u.s.w. um mit ihnen über ihre besten Werke zu sprechen[535].

* In fast allen Quellen ist „Sokrates" Zielscheibe des Spottes und einer kritischen Auseinandersetzung. „Sokrates" war *„gewohnt auf dem Markt zu reden bei den Wechslertischen"*.[536], und die Leute *„zu prüfen"*[537]. Diogenes Laertios verwandte wohl anekdotisches Material, wenn er sagte: *oft sei es vorgekommen, dass er bei seinen Unterredungen in den Werkstätten, auf dem Markte und in den Wandelhallen unsanft angefasst, zerzaust und meist verächtlich behandelt und verlacht wurde*[538].
Von Kritias, als dieser zu den Dreißig gehörte, erhielt „Sokrates" Unterrichts- und Redeverbot: Er soll nicht nur die Jugend (Leute unter 30 (!); vergleiche 3.5.2.), sondern

auch die Händler und Handwerker, Schuster, Baumeister, Schmiede, Bauern und Kaufleute mit seiner Fragerei nach dem, was gerecht und fromm ist, in Ruhe lassen[539]. Dies ist wohl keine Legende, denn noch in Platons Dialogen ist das Unbehagen ja Unmut der Befragten spürbar. So beklagte sich Alkibiades in dem gleichnamigen Dialog: *Ganz verdreht komme ich mir vor. Denn bald dünkt es mich so, wenn Du mich fragst, bald wieder anders*[540].

In der Apologie Platons beklagte sich „Sokrates" in seiner Verteidigungsrede über die doppelte Anklage[541]. Diese sind einerseits die Gerüchte und Albernheiten, die schon lange vor der Anklage vor dem Gericht über ihn verbreitet wurden, etwa in Satyrspielen des Euripides (Kyklop) und des Sophokles (Spürhunde), in den Komödien des Telekleides, des Alkeos, des Philonides, des Ameipsias, des Eupolis oder des Aristophanes (Die Wolken), andererseits auch die konkret vorliegende Anklage vor dem Gericht. (Auch Protagoras beklagte sich über Missgunst, Übelwollen und Nachstellungen aller Art[542]).

* Die Asebieklage (3.1.1.6.) wurde nicht von der reaktionären Junta der 30 sondern in der wiederhergestellten Demokratie erhoben. Die Anklage wurde durch Melethos, einem tragischen Poeten der zweiten Reihe, „der Dichter wegen", Anytos, ein Gerber und Politiker (3.2.), „wegen der Handarbeiter und Staatsmänner", und Lykon, Logograph aus dem Kreis um Alkibiades[543], „wegen der Redner" vertreten, da „Sokrates" ihnen allen übel mitgespielt[544],[545]. Die Anklage des Lykon lautet: *„„Sokrates" frevelt und treibt Torheit, indem er unterirdische und Himmlische Dinge untersucht und Unrecht zu Recht macht und dies auch andere lehrt" und weiter, „die Götter, welche der Staat annimmt, nicht annehme, sondern anderes neues Dämonisches"*[546].

Alle diese Punkte wirken wie Topoi der Philosophenschelte aus der „Alten Komödie" (3.5.1.).

.... Der erste Punkt der Anklage repräsentierte wohl die öffentliche Meinung, wie sie z.B. auch bei Aristophanes artikuliert wurde, steht aber im Widerspruch zu den Berichten des Platon und des Xenophon über „Sokrates". Beide bestritten, dass „Sokrates" wissenschaftliches Expertentum für sich in Anspruch genommen habe[547]. Der Widerspruch kann auch apologetisch bedingt sein, „Sokrates" habe mit Naturphilosophie nichts im Sinn gehabt, oder zumindest nicht was den gesunden Menschenverstand übersteigt[548]. Platon hatte wohl richtig beobachtet, wenn er sagte, dass diese Anklage gegen alle Freunde der Wissenschaften schnell bei der Hand sei [549] (3.1.1.6).

Der zweite Punkt der Anklage war die Gottlosigkeit. Auch diese war schon in der Komödie angedeutet: „Sokrates" wurde dargestellt als er zu den Wolken betete.

Ein „Staranwalt" Athens, Lysias, verfasste eine Verteidigungsrede für ihn, die aber „Sokrates" als für ihn unpassend abgelehnt hat.

.... Bei Platon wehrte sich „Sokrates" gegen diesen Vorwurf der Anklage und machte sich grundsätzliche Gedanken über das Wesen der Frömmigkeit[550]. Nach Platon waren die letzten Worte des „Sokrates" Worte der Frömmigkeit: *Kriton, wir schulden dem Asklepios einen Hahn; entrichtet ihm den und vergesst es nicht*[551].

.... Nach Platon war Sokrates skeptisch gegen Versuche der Naturphilosophen (2.3.1.) und der Sophisten (3.2.1.) Mythen rationalistisch zu deuten: *Wer so etwas versucht ist nicht zu beneiden, nicht etwa wegen sonst einer Ursache, sondern weil er dann notwendig auch die Kentauren ins Gerade bringen muß und hernach die Chimaira, und dann strömt ihm herzu ein ganzes Volk von dergleichen Gorgonen, Pegasen und andern unendlich vielen und unbegreiflichen wunderbaren Wesen, und wer die ungläubig einzeln auf etwas Wahrscheinliches bringen will, der wird mit einer wahrlich unzierlichen Weisheit viel Zeit verderben*[552].

.... In der Apologie Xenophons verteidigte sich „Sokrates" mit dem Hinweis, dass er den Göttern Opfer darbrachte, sowohl zu Hause, aber auch anlässlich der gemeinschaftlichen Feste und auf öffentlichen Altären. Sein Glaube an Dämonen könne ihn nicht zum Atheisten machen. Auch den Vorwurf, er führte andere, neue Götter ein, wies er zurück: Niemals habe er anderen Göttern geopfert als Zeus und Hera und anderen in ihrer Gesellschaft. Auch habe er niemals bei der Anrufung anderer Götter einen Eid geschworen oder diese auch nur erwähnt. In keinem der sokratischen Dialoge, weder bei Platon, noch bei Xenophon, finden wir eine Bemerkung des „Sokrates", die auf Relativismus, Skeptizismus oder gar Atheismus hindeutet. In der Asebie-Anklage schwingt schon der Konflikt Vernunft und Glaube mit, Ketzer-Prozesse in späteren Jahrhunderten folgen diesem Muster.

.... Zu seiner weiteren Verteidigung führte „Sokrates" an, dass er *die Weisheit bei den Staatsmännern gesucht, aber nur Eitelkeit gefunden habe.* [553](Damit scheint er mit der „Alten Komödie" in Einklang zu sein (4.8.2.). Doch die Beobachtung wäre auch heute noch aktuell.) Die Dichter sagten zwar viel Schönes, wüssten aber nichts von dem, was sie sagten. *Und der Handwerker, weil er seine Kunst gründlich erlernt habe, wollte auch in anderen Dingen, vor allem in der Politik, sehr weise sein, und diese ihre Torheit verdecke ihre Weisheit*[554]. (Damit scheint er ebenfalls mit der Kritik der „Alten Komödie" an den Politikern der neuen Generation (3.1.2. und 3.5.2.) übereinzustimmen.) Er wollte auch die forschenden Wissenschaften nicht schmähen, sofern jemand in diesen Dingen weise sei[555]. Für ihn besteht die Weisheit in der Einsicht in die eigenen Grenzen des Nichtwissens. Er prüfte die Überheblichkeit der angeblich Weisen, und dies brächte ihm viel Anfeindung, üblen Ruf und den Hass der Menge. Auch bei Xenophon ist das Anliegen des „Sokrates" die Destruktion des Scheinwissens[556]. An einer anderen, nicht apologetisch motivierten Stelle vergleicht „Sokrates" seine Methode mit der *Hebammenkunst, die prüft, ob die Seele ein Trugbild und Falschheit zu gebären im Begriff ist oder Fruchtbares und Echtes*[557].

„Sokrates" hat weder seine Ankläger noch seine Richter von seinem Unschuld überzeugt und wurde vom Volkstribunal mit einer relativ knappen Stimmenmehrheit (280 von 501) im Sinne der Anklage schuldig befunden und mit einer deutlicheren Mehrheit von zusätzlich 80 „Trittbrettfahrern" (360 von 501) Stimmen zum Tode verurteilt[558]. (Sind die beiden Entscheidungen inkonsistent? Wenn der Bericht richtig ist, haben 80 „Stimmen" die ihn für unschuldig befunden haben, nachdem seine Schuld mehrheitlich festgestellt wurde, doch für seinen Tod gestimmt.) „Sokrates" hat die von seinen Freunden organisierte Flucht abgelehnt und leerte den Schierlingsbecher (399 v.u.Z.).

* Zum kulturphilosophischen Verständnis des Prozesses gegen „Sokrates" ist es wichtig zu beachten, dass vor ihm schon der Naturphilosoph Hippon und Anaxagoras und der Sophist Protagoras der Asebie angeklagt wurden (3.1.1.4., 3.6.1.3.1.), doch „Sokrates" war der erste, der sein Leben einbüßte[559].
Vieles von dem, was in der Anklage als die Lehre des „Sokrates" hingestellt wurde, gehörte eigentlich anderen: Es sind die Lehren der Naturphilosophen oder der Sophisten. Doch die Beschuldigungen wurden schon vor dem Prozess von der „Alten Komödie", nicht nur vom Aristophanes auf ihn projiziert (3.5.2.) und er, der kritische und wenig beliebte „Outsider" musste als eine Art „Pharmakos" (3.1.1.4.) herhalten. Nachdem festgestellt wurde, dass er schuldig war, musste er vernichtet werden. Daher die zwei Sprüche mit den unterschiedlichen Mehrheiten (so gesehen ist keine In-

konsistenz im Abstimmungsverhalten der Richter, die für das Strafmaß gegen ihn gestimmt haben.). Diese Projektion wurde sowohl von Platon, als auch von Xenophon zurückgewiesen. Beide waren bei dem Prozess nicht anwesend und ihre Apologie diente post mortem der Rehabilitierung. Anders formuliert, sie diente nur der philosophischen „Aufarbeitung" des Geschehenen.

Der Tod des „Sokrates" wurde zu einem Skandal. Nach Diogenes Laertios bereuten „die Athener" kurz nach dem Tode des „Sokrates" ihre Tat, ließen die Gymnasien und die Palästren schließen. Der Ankläger Melethos wurde seinerseits zum Tode verurteilt und hingerichtet, der andere Ankläger Anytos wurde verbannt und „Sokrates" wurde reuevoll mit einer Sühnestatue geehrt, die im Pompeion aufgestellt wurde[560]. Diogenes Laertios sagt nicht welches Gremium, aber es war sicher nicht das gleiche, das Gericht, das die Entscheidung über das Todesurteil gefällt hat, aber auch wenn ja, doch in einer anderen Besetzung. Und er sagt auch nicht mit welcher Mehrheit das letztere Gremium seine Entscheidung gefällt hat. Hier könnte das „Arrow – Paradoxon" aus der Spieltheorie helfen, aber um es anzuwenden fehlen die notwendigen Informationen. Ausschließen kann man es aus eben diesem Grunde auch nicht.

* Der Skandal hat das intellektuelle Leben in Athen nachhaltig beeinflusst und hatte auch einen literarischen Nachhall. Es gab nach seinem Tode eine Auseinandersetzung um ihn, eben die erwähnte „Sokrates-Literatur" (3.6.1.). Beteiligt haben sich Antisthenes (4.2.4.), Aischines, Aristippos, Eukleides, Lysias, Phaidon, Platon (3.6.2.), Polykrates, Xenophon (3.6.6.) und später noch Theodektes und Demetrios von Phaleron (4.1.1.). Noch Athenaios erwähnte im 2. Jahrhundert u.Z. den Fall „Sokrates" als ein mahnendes Beispiel. Athenaios von Naukratis nahm zu den Sokrates-Legenden kritisch Stellung (4.1.2.5.).

Ein zentrales Thema der sokratischen Literatur war, dass „Sokrates" die Jugend verderbe. Der Vorwurf bezog sich wohl auf seinen Umgang mit jungen Oligarchen, insbesondere mit Kritias, Charmides (beide gehörten zu den „Zwölf") und Alkibiades. Die Apologeten versuchten nachzuweisen, dass diese gerade gegen die Ratschläge des „Sokrates" handelten. (Dieser Teil der „Sokrates"-Literatur ist aber hier nicht unser Thema.)
Ein anderes Thema der „Sokrates"-Literatur war der Vorwurf „Sokrates" hätte Naturphilosophie betrieben. Mit diesem Vorwurf setzten sich, wie wir schon oben gesehen haben, Platon und Xenophon auseinander. Dieser Teil der Auseinandersetzung lässt, über den konkreten Zeitbezug hinaus, einen grundsätzlichen Konflikt erkennen: Es ist der Konflikt zwischen Vernunft und Glaube, etablierter Religion und wissenschaftlicher Untersuchung bzw. Spekulation (Kapitel 5, 6, 8 und 10).
Als ganze Werke erhalten geblieben sind: die Apologie, Kriton, Phaidon, Eutyphron Charmides, die sich mit den Ereignissen in „Sokrates" Leben und seinem Tod befassen, und auch die Frühdialoge des Platon wären hier zu nennen, weiter die Erinnerungen und die Apologie des Xenophon[561].

1.6.1.4 Die Sokratiker

* Am öffentlichen Diskurs um die τέχναί haben sich nicht nur die bereits erwähnten Sophisten (3.2.), Geschichtsschreiber (3.3.), Bühnenautoren (3.4. und 3.5.) beteiligt. Auf „Sokrates" und seine Lehre beriefen sich, nach Diogenes Laertios, neben Platon (3.6.2) und Xenophon (3.6.5.2): Antisthenes (444 - ca. 368), Aischines von Sphettos

(430/20 – 357/56), Phaidon von Elis (* 417), Eukleides von Megara (um 450 – 369/367), Aristippos, der Kyrenaiker (um 435-350).

…. Wahrscheinlich war es Antisthenes von Athen, ein Schüler des „Sokrates", aber auch des Gorgias, der die Verbannung des Anytos und den Tod des Melethos, beide Ankläger des „Sokrates", veranlasste[562].

Über seine Lehren sind unsere Kenntnisse nur fragmentarisch. Er lehrte die Reinigung der Seele von aller Leidenschaft. Die Tugend, d.h. die gute Lebensführung, sei zur Glückseligkeit ausreichend und diese bedürfe außerdem nichts, nur der sokratischen Willenskraft. Er führte die sokratische Tradition zu der Selbstbeherrschung zu der „Sekte der Stoiker" aber auch zur leidenschaftslosen Seelenruhe des Diogenes von Sinope, des Krates (4.2.4) und der Kyniker. (4.2.4).

Nach Aristoteles war Antisthenes der Ansicht, dass ein Widerspruch unmöglich sei, da im Begriff die Erkenntnis eindeutig festgelegt sei[563]. Nach dem Bericht des Diogenes Laertios waren Antisthenes und Platon deswegen dauernd verfeindet.[564]. Antisthenes hat die Bemühung um weltliches Wissen verachtet: *Denn du bist kein vollendeter Mann, bis du es gelernt, was höher ist als die Menschen, und wenn du dies lernst, lernst du auch das Menschliche. Wenn du aber allein das irdische lernst, bist du irrend, wie die wilden Tiere*[565]. Doch es wurde ihm in der Antike eine Schrift über Ökonomie zugeschrieben[566]. Er war wohl der Meinung, dass es nur im Volksglauben mehrere Götter gebe, in der Natur aber nur einen[567]. Er hielt die Götterbilder für unbeseelt und vertrat die Meinung, dass man die Götter nicht durch ihre Bilder erkennen kann[568]. Die Lehren des Antisthenes waren bis zum Ausgang der Antike bekannt: Cicero, Seneca, aber auch die Kirchenväter Clemens von Alexandria, Gregor von Nazianz, Lactantius, Eusebius (u.a.m.) zitieren daraus.

…. Aus der Umgebung von „Sokrates" wäre noch Aristippos von Kyrenea in Libyen (ca. 435 – 355) zu erwähnen. Dieser siedelte, angezogen von „Sokrates", vermutlich um 416 nach Athen über. Nach dem Tod des Sokrates wurde er Wanderlehrer. Gleichzeitig mit Platon war er zweimal in Syrakus, danach hat er in seiner Heimatstadt eine Schule gegründet[569].

Aristipp war in Athen eine umstrittene Gestalt: Platon tadelte ihn wegen seiner verschwenderischen Lebensführung. Diogenes von Sinope (4.2.4.) nannte ihn wegen seines Umganges mit Dionysios I von Syrakus (ca. 430 – 367) einen „königlichen Hund". Xenophon stand mit ihm auf gespanntem Fuß und auch Theodoros ließ ihn in seinem Buch über die Sekten an Tadel nicht fehlen[570].

Auch Diogenes Laertios gab von Aristipp ein Bild als den Gastfreund reicher Tyrannen. Auf die Frage des Dionysios, weshalb die Philosophen an den Türen der Reichen anklopfen, die Reichen aber nicht an den Türen der Philosophen, antwortete Aristipp: *Weil die ersteren wissen, was ihnen nottut, die anderen aber nicht*. Der Spruch ist in einigen Varianten überliefert[571]. Von der mittleren Komödie (3.5.3.) an wurden die Philosophen als Parasiten auf die Bühne gebracht.

Seine Schüler wurden Kyrenaiker (3.5.1.3.) genannt. Sie enthielten sich der Naturforschung wegen der offenbaren Unbegreiflichkeit des Gegenstandes. Sie nahmen zwei Seelenzustände an, die Lust und den Schmerz. Zwischen Lust und Lust, sagten sie, ist kein Unterschied, und es gibt nichts, was sich durch einen höheren Grad von Annehmlichkeit vor dem anderen Angenehmen hervorhebt. Indes ist es die körperliche Lust, die sie für das Ziel erklären, wie auch Panaitios (4.2.5.1.2.) behauptet in seinem Werk über die Sekten, nicht aber die bewegungslose Lust bei Wegfall der Schmerzen, jener Zustand der Ungestörtheit, dem Epikur huldigt und den er für das

Ziel erklärt[572] (4.2.5.2.). Ein Kyrenaiker war der oben erwähnte Theodoros von Kyrene, auch Atheos genannt (3.6.1.3.1.).

.... Von Platon und Xenophon abgesehen, besitzen wir nicht einmal Fragmente der anderen Sokratiker. Von den Sokratikern gelten die Kyniker (4.2.4.), Stoiker und Epikureer[573] (4.2.5.) als Vorläufer der hellenistischen Philosophien (4.2.).

1.6.2   Platon

Platon (427 – 347) hat seinen Büchern die Form szenischer Dialoge gegeben, die aber auch traditionelle Redegattungen enthalten: Die Gerichtsrede, Bestattungsrede, Lobreden, Monologe, Berichte, Mythen. Er selber trat in seinen Dialogen nicht selber auf. Dadurch wird die Zurechnung von Lehrmeinungen erschwert[574], doch der öffentliche Diskurs wird zu den verschiedenen Themen, die er behandelte, in seiner Fülle abgebildet.
Uns interessieren hier seine Beiträge zum Komplex der τέχναί. Viele dieser Beiträge stehen in einem Analogie-Diskurs zu Erziehung und Lehrbarkeit der Tugend. Unsere spezifische Frage ist: Fügen sich diese Beiträge zu einer „Lehre" von den τέχναί?

Platon hat eine „Lehre" zu den τέχναί in den überlieferten Werken nirgends geschlossen dargestellt. Dabei hat er viel zu unserem Thema zu sagen. Viele vereinzelte Ansatzpunkte, Anmerkungen und Einwürfe findet man atomistisch zerstreut praktisch in allen seinen Dialogen, eingebettet in jeweils andere Erzählungen, d.h. dichterische Kontexte. Die gewohnte hermeneutische Textinterpretation kann diese Fragmente nur in ihrem textimmanenten Umfeld (so z.B. Lehrbarkeit der Tugend) erhellen, fügt aber diese Bruchstücke nicht zueinander und so bleibt die Struktur seines Nachdenkens über die τέχναί nur schwer erkennbar[575].
Hier wird ein Versuch gewagt, die zerstreuten Anmerkungen als Elemente von Platons Einstellungen zu den τέχναί aus ihrem überlieferten Text-Zusammenhang herauszulösen, zu sammeln und in neue, nicht philologische „Sachzusammenhänge" zu ordnen. Um unsere Untersuchung durchzuführen müssen wir dabei natürlich den ursprünglichen Textzusammenhang aufgeben. Dafür stellen wir seine Beiträge in Bezug auf gesellschaftlichen Diskurs[576] zu den τέχναί: der Beitrag des Philosophen sollte den Diskurs der Sophisten klären und abschließen.

* Es gibt Ansätze zu einer Periodisierung der Dialoge Platons, aber eine gesicherte, allgemein akzeptierte Chronologie gibt es (noch) nicht[577], so können und wollen wir für unsere Untersuchung keine chronologische Selektion der Aussagen vornehmen. Wir werden die einzelnen Anmerkungen zu unserem Thema zunächst gleichwertig, aber unter verschiedenen Gesichtspunkten behandeln und nur nach ihrer Homogenität oder Konsistenz fragen[578]. Die Frage nach dem Früher oder Später und damit der inneren Entwicklung Platons Ansichten über die τέχναί stellt sich erst, wenn diese Untersuchungen Inhomogenitäten oder Inkonsistenzen ergeben. Doch auch in diesem Falle werden wir nur eine Zuordnung zu den Gruppen „sokratischen" oder „frühe", „mittlere" und „späte" Dialoge[579] vornehmen.

* Im Folgenden werden wir Platon befragen und ihn so viel wie möglich sprechen lassen (in der Übersetzung von Schleiermacher). Um von der zufälligen Auswahl von mehr oder weniger „bedeutenden" Einzelstellen unabhängig zu sein und die Konsistenz der verstreuten Aussagen zu prüfen, müssen die Belege in ihrer Fülle möglichst vollständig berücksichtigt und die Zitate müssen „schonend behandelt", d.h. sie dür-

fen zunächst interpretatorisch möglichst wenig „gepresst" werden. Dazu wird die Fülle des Materials thematisch geordnet, locker aneinandergefügt und nur wenig kommentiert. Erst das sich ergebende Muster wird interpretiert.

Die Bezüge seiner Anmerkungen zu unserem Thema gehen über den Rahmen der einzelnen Werke weit hinaus. Hier muss die hermeneutische Textinterpretation über die werkbezogenen, textinternen Zusammenhänge hinaus auch die „Lebenszusammenhänge" berücksichtigen, und das ist seine Auseinandersetzung mit Sophisten, Philosophen, Mathematikern, außerhalb oder innerhalb der Akademie, die auch zum Kontext seiner Aussagen gehören.

Der dichotomische Schematismus, wie wir ihn in den Dialogen Politikos und Sophistes antreffen, ist für unsere Fragen wenig ergiebig. Wir können ihn getrost überschlagen. Doch die Hinweise auf Einstellungen zu den τέχναί in diesen beiden Werken werden natürlich berücksichtigt.

* Wesentliche Seiten platonischen Philosophierens, die Ideenlehre, die Lehre(n) von der Seele, die Theorien der Wiedergeburt und der Wiedererinnerung und einige ethische Komplexe müssen bei unserem Vorgehen, bis auf Andeutungen, wenn auch nicht vollständig, doch weitgehend ausgeblendet werden. Diese sind atechnische Bereiche, die kaum Einstellungen zu den τέχναί spiegeln. Doch seine Einstellung zu den τέχναί ist ein Teil seines philosophischen Systems und es gibt Berührungspunkte zwischen den beiden Bereichen. Wir werden diese an gegebener Stelle auch berücksichtigen (3.6.2.2.3., 3.6.2.2.7., 3.6.2.5.)).

Eine Warnung an den Leser sei wiederholt: Unser Anliegen in dieser Untersuchung ist es nicht Platons philosophische Lehre insgesamt darzustellen. Es werden zentrale Anliegen seines Philosophierens weitgehend ausgeblendet: So die Fragen nach den Tugenden, die Ideenlehre oder die Seelenlehre(n), eschatologische Fragen. Gemessen an diesen zentralen Themen mag die Frage nach den τέχναί für das platonische Lehrgebäude als etwas Nebensächliches erscheinen, obwohl Platon diese zumindest illustrierend, wenn schon nicht befragend, in fast allen Werken anspricht. Also nebensächlich war das Thema für ihn offensichtlich auch nicht, möglicherweise geben sie dem Lehrgebäude eine Grundlage.

* Unsere Untersuchung erfasst unter verschiedenen Gesichtspunkten die drei Zweige der τέχναί, Kunst (3.6.2.2.1.), Technik (3.6.2.2.2.) und Wissenschaft (3.6.2.1. und 3.6.2.2.3.), und darüber hinaus eine Betrachtung der Natur (3.6.21.4.), der Staatskunst (3.6.2.2.5.), der Erwerbskunst" (3.6.2.3.), die Verwendung der Bezeichnung „banausisch" (3.6.2.2.6.), Platons Auseinandersetzung mit den Sophisten (3.6.2.1.1.), sein Erziehungsideal (3.6.2.5.) und die Praxis der Akademie 3.6.2.1.3.). Aus all diesem ergeben sich neben interessanten Aspekten zu seinen Einstellungen zu den τέχναί auch die atechnischen Attraktionsbereiche seines Philosophierens (3.6.2.2.7.).

1.6.2.1 Die Einstellung zu den Wissenschaften bei Platon

Doch bevor wir seine Einstellungen zu den Wissenschaften untersuchen, sollten wir einen Blick auf seine Abgrenzung zu seinen Zeitgenossen und Konkurrenten, den Sophisten werfen (3.6.2.1.1.), denn die „Sophisterei" bildet den Hintergrund und wohl auch den Ausgangspunkt seiner eigenen Philosophie. Danach werden wir in diesem

Abschnitt seine Äußerungen zu den Wissenschaften (3.6.2.1.2.), den Wissenschaftsbetrieb in der Akademie (3.6.2.1.3.), und im folgenden Abschnitt die Stellung der Wissenschaften im Gefüge der τέχναί anschauen. In diesen Abschnitten kommen zum Schluss die Dialektik und die Idee des Wahren und Guten ins Blickfeld, die seine Auseinandersetzung mit den Sophisten und den Wissenschaften seiner Zeit krönt.

1.6.2.1.1 Ansatzpunkte einer kritischen Auseinandersetzung mit den Sophisten.

Platon kannte wohl das Werk des Thukydides[580]. Auch er unterschied, ähnlich wie der Historiker (3.3.2.) zwei Ebenen: Die Ebene der Rede, des Logos und die Ebene der Tatsachen und der Werke, erga: *Gute Künstler erkennt man am Werk, das gut gearbeitet ist*[581]. Τεχνίτης soll man nach ihrer Kunstfertigkeit und nicht nach ihrer Redegewandtheit wählen (3.2.1.).

Platon setzte sich in den „Frühdialogen" (Protagoras, Gorgias, Euthydemos, Menon, Politeia I, den beiden Hippias-Dialogen, Ion, Laches und Lysis) mit den neuen Kulturtechniken seiner Zeit, mit der τέχναί der Sophisten und der Schriftlichkeit (3.6.2.2.2.) auseinander[582]. Platon untersuchte die Möglichkeit diese Techniken zur Wahrheitsfindung einzusetzen. Er nahm beides, das Anliegen der Sophisten, aber auch die Kritik an ihnen ernst, stellte sie aber nicht einfach plakativ mit den listigen τέχναί in eine Reihe, wie Aristophanes.

Vielleicht beeinflusst von der Methode der „Wahrheitsfindung" in den Gerichtsverhandlungen (3.1.1.1.) und/oder von den szenischen Darstellungen des Theaters (3.4.1.), der Tragödie des Euripides und der „Alten Komödie", ließ er in den „Sokrates-Dialogen" alle Sophisten mimetisch im Streitgespräch mit „Sokrates" auftreten. (In fast allen Dialogen ist „Sokrates" der „leitende Sprecher"[583]). Platon ließ die Sophisten durch die „Hebammenkunst" des „Sokrates" „prüfen" (3.6.1.2.) [584] und unter Anwendung der sophistischen Regeln der Redekunst auch regelrecht und systematisch vorführen, ihre Trugbilder zerstören[585], *damit sie das von ihm geprüften Bessere bei sich tragen vermöge der gegenwärtigen Prüfung*[586]. Berühmt sind seine „Was ist X?" Fragen: Gerechtigkeit, Frömmigkeit, Tapferkeit usw.[587]. Es geht um die Einbindung des gefragten Begriffes in ein System von Prämissen und um die Abgrenzung gegen Verwandtes. Wir können in diesen Untersuchungen eine Vorstufe zur aristotelischen Logik, Topik und Rhetorik sehen.

Mit einem Hinweis auf die Ablehnung der sophistischen Kunst in Sparta[588] ließ er den Sophisten vorhalten:

.... Die Ablehnung des Herkömmlichen und der alten Weisheit[589], der totale Relativismus[590], die Verabsolutierung von Eigeninteresse[591].

.... Den hohlen Bildungsanspruch: *Sie geben vor über alles Bescheid zu wissen, ohne weise zu sein. Eine scheinbare Kenntnis von allen Dingen zeigt der Sophist, besitzt aber nicht die Wahrheit, noch weiß er was gut und übel, schön oder unschön, gerecht oder ungerecht ist*[592].

Sophistische Kunst ist dialektische Kunst, gleichbedeutend mit Überredung[593] Advokatenkunst, d.h. Rechtsverdreherei[594]. --- Topoi der auch von der „Öffentlichkeit" geäußerten Vorurteile (6.2.2.).

.... Die Effekthascherei, „*nur dem Scheinbaren nachjagen, dem Wahren völlig Lebewohl sagen*"[595]. *Wer die Wahrheit nicht weiß und nur den Meinungen nachjagt bringt nur eine lächerliche und unkünstliche Redekunst zustande*[596].

.... Der Missbrauch der Philosophie zum Gelderwerb, sei es im Unterricht, sei es als Redeschreiber[597]. *Die Sophisten sind Mietlinge, die nur die Meinungen der Menge lehren*[598]. *Der Sophist betreibt eine Art Zwischenhandel mit Kenntnissen, teils ein-*

kaufend, teils zu schnitzend[599]. „Sokrates" warnte: *Nicht dass der Sophist uns betrüge! Denn diese sind wie Kaufleute und Krämer, die nichts von dem verstehen, was sie verkaufen und anpreisen.* Aber „Sokrates" beklagt sich auch, dass er *nicht genug habe den Sophisten ihren Lohn zu bezahlen*[600]. Es wäre interessant zu wissen ob er deswegen die Verteidigungsrede des Lysias abgelehnt hat.

.... Der Sophist ist wie ein Zauberer und muss kritisch betrachtet werden[601]. Platon hat nicht nur die alten Sophisten kritisiert. Er lobte zwar den Fleiß des Isokrates, den er auf seine Reden verwende[602], lehnte seine Methoden aber ab[603]. Zwischen ihm und Isokrates bestand eine Rivalität[604]:

* In der Konfrontation des „Sokrates" mit den Sophisten griff Platon einen Diskurs der Vergangenheit (5. Jahrhundert v.u.Z.) auf: Es ging um Fragen der Menschenführung, der Bildung und um den Einfluss auf die Jugend. Platons Akademie konkurrierte direkt mit der Schule des Isokrates[605] (3.2.4.). Aber es ist sicher nicht nur Rivalität und Neid auf die hohen Gagen, Platon es ging es um mehr, um die Kritik einer τέχνη. Diese philosophische Kritik an einer τέχνη betrifft die neu aufgekommene listige „Sophistische Kunst" und nicht die zweifelhafte Kunst der Gaukler oder die „listigen Künste", oder gar die Kunst des Betrügens. Ja, Platon bestreitet ob die Rhetorik überhaupt eine τέχνη sei, was die Sophisten (und auch Isokrates) in Anspruch nahmen, denn sie weiß nicht was gerecht ist und was ungerecht, sie weiß nicht um das Gute oder Böse, ein Wissen, das nach ihm für jede τέχνη konstitutiv ist. *Die Redekunst ist keine Kunst, sondern nur eine Übung und Fertigkeit*[606], er stellt die Redekunst der Sophisten mit *Putzkunst* in eine Reihe[607].

Modell bildend für den Begriff τέχνη war für Platon die Medizin. Im Vergleich dazu ist die Rhetorik *nur Schattenbild einer τέχνη, nur Empirie, eine Übung und Fertigkeit, eine bloße Kenntnis, ohne Erkenntnis von Gründen und Ursachen*[608]. Der Redner erzeugt nur eine Lust und ein Gefallen, wie auch bei Gorgias (3.2.1.) und Thukydides (3.3.2.), bei dem die sophistische Kunst etwa mit der Kochkunst auf einer Stufe steht. In der Rhetorik gibt es keine Wahrheit, die für sich allein stehen könnte[609].

* Was Platon den Sophisten ankreidet ist der betrügerische Missbrauch der Sprache[610]. *Nehmen wir uns vor einer trügerischen Rede in acht ... wir wollen gleichsam durch ein sicheres Leitseil festgehalten, in den Strom der jetzigen Rede steigen*[611].
Die Kritik der Sophisten führt zum richtigen Gebrauch der Redekunst, zur Dialektik (3.6.2.2.5.). Doch er äußert darüber hinaus auch ein grundsätzliches Bedenken gegen die Zuverlässigkeit der in den Wörtern niedergelegten Wahrheit, ja er spricht von der Ohnmacht der Sprache[612]. *Einem vernünftigen Menschen steht es gar nicht wohl an, sich selbst und seine Seele den Wörtern in Pflege hinzugeben und im Vertrauen auf sie seiner Sache so sicher zu sein, als wisse er etwas*[613]. *Wenn die Wörter in Streit geraten, muss etwas anderes aufgesucht werden als Worte, was uns ohne Worte offenbaren kann, was richtig ist, indem es nämlich das Wesen der Dinge zeigt*[614]. *Man muss über den Anfang jeder Sache die genaueste Überlegung anstellen und die genaueste Untersuchung*[615]. *Wenn der vielgelehrte Hippias nicht in der Lage ist die Frage nach dem Schönen, Guten und Vortrefflichen zu beantworten, so ist sein Wissen wertlos und laienhaft*[616]. Denn bleibende Erkenntnisse gewährt nach Platon nur die Kenntnis des Guten, des Schönen und des Seienden[617].

So wurden die von den Sophisten aufgeworfenen Fragen und das sophistisch vorgebrachte Wissen vornehmlich in den „Frühdialogen" Platons, aber nicht nur dort, einer kritischen Prüfung unterzogen, und sie werden von ihm immer wieder geprüft, seine

Philosophie kreist weite Strecken um Fragen, welche die Sophisten aufgeworfen haben. Durch die sokratische Prüfung sollte eine ungeprüfte Behauptung in eine geprüfte Aussage überführt werden. Die Prüfung zielte auf die Konsistenz der Behauptung mit den zugrunde liegenden Prämissen. Wenn diese der zu prüfenden These widersprechen, muss der Gesprächspartner die These aufgeben. Diese Prüfung führte aber nicht immer zu einem positiven Ergebnis, manchmal führt sie zur Ratlosigkeit oder zur Ausweglosigkeit, zu einer Aporie.

Dieser Ansatz war bei Platon noch nicht abschließend zu Ende geführt, er wurde später einerseits zu den Untersuchungen des Aristoteles zur Logik und zu dessen „Sophistischen Widerlegungen" aufgegriffen. Andererseits bot die Aporie der Dialoge den Skeptikern einen willkommenen Anknüpfungspunkt um die Möglichkeit jeglicher positiven Erkenntnis zu leugnen (4.2.3.).

In seinem Dialog über Erkenntnis und Wahrnehmung setzte sich Platon auch mit dem Homomensurasatz des Protagoras auseinander und wies ihn mit den Prinzipien des Protagoras als unhaltbar zurück[618].

* Platon hat sich nicht nur mit der Sophistik sondern auch mit dem Wissenschaften seiner Zeit auseinandergesetzt(3.6.2.1.2.). In den Dialogen ließ er auch Vertreter der verschiedenen Disziplinen, der Astronomie, der Geometrie und der Medizin zum Wort kommen. Von ihm wurde das erste Mal der „Asklepiade" Hippokrates von Kos (2.3.4.3.) erwähnt[619]. Seine Einstellung zu den Wissenschaften ist aber schillernd, wie wir im Folgenden sehen werden.

1.6.2.1.2 Platon und die Wissenschaften seiner Zeit

* Die Rede (Logos) der Sophistik ist bei Platon ein Mittel der Wahrheitsfindung, oder zumindest einer Annäherung an die Wahrheit[620].
Doch wie sprachen die Musen zu Hesiod: *„Leicht ist es uns viel trug zu verkünden, als wäre es Wahrheit…"* (2.3.2.2.).

Platon fordert für die Rhetorik die „richtige Anwendung" statt „Kunstgriff der Überredung". *Wer gut reden und schreiben will, muss die wahre Beschaffenheit dessen kennen, worüber er reden will*[621]. In der Auseinandersetzung mit den Sophisten wurden von Platon und seinem „Sokrates" stichhaltige Methoden der Argumentation und der Beweisführung formuliert, und diese nicht nur auf die Rhetorik, sondern auf alle Gebiete des Wissens angewandt[622]. Mit Hilfe der Hebammenkunst des „Sokrates" (3.6.1.2.) soll man über seine Behauptungen Rechenschaft ablegen und sie begründen. Darin ist ein sehr wichtiger Beitrag zur Entwicklung der wissenschaftlichen Methode zu erkennen, die ja ohne diese beiden Bausteine undenkbar wären. Zu dieser Entwicklung haben sowohl „Sokrates" als auch Platon durch ihre kritischen Prüfungen einen wichtigen Beitrag geleistet

* Es war Platon und nicht „Sokrates", der es, vielleicht unter pythagoreischem Einfluss[623] (2.3.4.2.), vielleicht unter dem Einfluss medizinischer Diskussionen seiner Zeit (2.3.4.3., 3.6.2.2.1, -3, -4, -6.), oder auch beider, erkannt hat, dass auch die sokratische Maieutik und die „geläuterte" sophistische Methode des Isokrates (6.2.4.) letztlich in eine Sackgasse führen kann: Durch Eristik (Streitgespräch), Dialog, Dialektik und Sprachuntersuchung alleine kann man, wie es die „Sokratischen Dialoge" zeigen, auch zur unlösbaren Aporie gelangen. Er kannte die Lehren der Naturphilosophen, die Spekulationen der Eleaten, des Heraklit, des Empedokles und auch De-mokrit's Atomtheorie[624] (3.6.4.).

* Platon hat zwar in seinen Schriften die dialektische Methode nie aufgegeben, seine Philosophie bleibt eingebunden in die sophistische Praxis als sein zeitgenössisches Medium, aber er versuchte sich aus dem Dilemma mit verschiedenen Mitteln zu lö-sen:

.... einem umfassenden Blick auf die statische Seinslehre des Parmenides, und die Natur des ganzen.

.... und, wohl unter dem Einfluss des Archytas von Tarent[625] (2.3.4.2.), mit Hilfe ma-thematisch - geometrische Modelle[626] Probleme zu untersuchen. (Dieser spielte auch in anderen Kontexten eine wichtige Rolle – etwa in der Seelenlehre, oder in der Ein-stellung zur schriftlichen Publikation),

.... und mit einem Blick auf das Ganze der Naturphilosophie und der Astronomie zu lösen[627].

.... Auch medizinische Vorstellungen hat er als Beispiele verwendet, obwohl die Me-dizin in seinem System nicht den höchsten Stellenwert hatte (3.6.2.2.3.).

Dies war nicht nur ein Kontrastprogramm sowohl zur sophistischen und auch sokrati-schen Tradition, als auch zur Rhetorikschule des Isokrates. Es war auch ein weiterer wichtiger Beitrag zur Entwicklung der wissenschaftlichen Methoden: Weder Rhetorik, sophistisches Streitgespräch, sokratische Hebammenkunst noch bildhafte Entwürfe oder pure Empirie können als Wissen bezeichnet werden. Wissen wird erst begrün-det, wenn Beobachtetes mathematisch oder geometrisch als „richtige Anschauung" formuliert wird. *Jegliche Kunst und Wissenschaft muss daran teilnehmen* [628]. Das Bindeglied zwischen Beobachtung und Mathematik und Geometrie ist die Messkunst, *sie nötigt uns das Sein anzuschauen*[629] denn *Messen, Zählen und Wägen sind das Geschäft des Verstandes*[630]. *Messen, Zählen und Wiegen sind die Hilfsmittel gegen die Täuschung, so dass, das scheinbar Größere oder Kleinere oder Mehrere und Schwerere nicht in uns aufkommt, sondern das Rechnende, Messende und Wägen-de ... Was dem Maß und Rechnung vertraut ist das Beste der Seele*[631].

Diese Einstellung zu wahrem Wissen unterscheidet Platon ganz markant von seinem Umfeld, von den meisten Sophisten, aber auch von ihren Kritikern in den Komödien des Aristophanes – und auch von „Sokrates" und seinem Konkurrenten Isokrates.

In der von ihm gegründeten Akademie (385) wurden auch die Wissenschaften wie Astronomie, Geometrie und Biologie gepflegt[632] (3.6.3.1.).

Ausblick: Vergleichbare Ansätze der „Freude am Wort" etwas Verbindliches als Stüt-ze zu Seite zu stellen finden wir in der mittleren Stoa bei Poseidonios (4.2.5.1.2.) und im der Spätantike bei Martianus Capella (5.2.1.11.). Die Bedeutung der Messtechnik für die Wissenschaften wurde aber erst an der Schwelle zur Neuzeit richtig erkannt und genutzt (10.3.2.1.). Erst in der frühen Aufklärung wurden experimentell messba-re Ergebnisse zum Prüfstein verbaler Behauptungen (10.4.).

* Ohne geeignete Messtechnik hatte der Rückgriff auf die Wissenschaften seiner Zeit natürlich auch seine Grenzen, ja er war etwas Utopisches:
.... Erstens waren die Wissenschaften selber noch weitgehend spekulativ (2.3.4.) und konnten die an sie gestellten Erwartungen noch gar nicht erfüllen. Isokrates lehnte sie als leeres Geschwätz und Haarspalterei ab (3.2.4.). Wo aber naturphiloso-

phische Spekulationen über empirische Befunde keine hinreichende Begründung gegeben haben, hat Plato selber zu bildhaften mythologischen Leitbildern gegriffen, um die Lücke zu schließen. Ein Kunstgriff, der manchmal vom Gesprächspartner durchschaut wird. Diese letztere Methode kann wohl heute noch ihre Funktion erfüllen: Wenn man rationell nicht mehr weiterkommt, greift man zu ungeprüften bildhaften Vorstellungen. Nicht immer steht ein Dialogpartner bereit, der den Trick durchschaut und sich dagegen wehrt: *leicht erdichtest du uns ägyptische und was sonst für ausländische Reden du willst*[633] (2.2.3.4.).

…. Zweitens konnten die Wissenschaftler ihr Vorgehen und ihre Methoden nicht begründen, was ihnen nicht nur Platon auch vorhielt (3.6.2.2.5.). Auch die späteren Skeptiker haben sich dieser Ansicht angeschlossen (4.2.3.).

…. Drittens, die Wissenschaften vermögen nicht „das wahrhaft Seiende" zu erkennen (3.6.2.2.8.).

* Eine gesicherte Erkenntnis hielt Platon für unerreichbar. *Jemand einen Weisen zu nennen, o Phaidros, dünkt mich etwas Großes zu sein und Gott allein zu gebühren; aber einen Freund der Weisheit oder dergleichen etwas möchte ihm selbst angemessener sein und auch an sich schicklicher*[634].

Das Experiment als Prüfungsmethode scheint Platon gekannt zu haben, stand ihm aber ablehnend gegenüber[635]. Am Beispiel der Farben illustriert er: *Wollte aber jemand bei solchen Untersuchungen das nachweisen, dann hätte er wohl den Unterschied der göttlichen und menschlichen Natur verkannt, da zwar Gott vieles zu einem vermischen und wiederum aus einem in vieles aufzulösen zur Genüge versteht und zugleich auch vermag, der Mensch aber zu keinem von beiden weder hinreicht noch in der Folge hinreichen wird*[636]. Die Logoi sind unvermögend *sich selbst durch Reden zu helfen, unvermögend auch die Wahrheit hinreichend zu lehren*[637]. Seine Kritik an der „Schwäche der Logoi" seiner Zeit betraf deren Unfähigkeit zur Offenbarung des Seienden zu sprechen[638]. Er sah nicht die Notwendigkeit, dass Behauptungen und Theorien außer auf ihre verbale Korrektheit und logische Geschlossenheit – durch einen eventuellen „Widerspruch des Seienden" - auch auf ihre Haltbarkeit geprüft und gegebenenfalls neu formuliert werden müssten um diese Schwäche zu beheben: Seine Methode blieb mit ihrer dialogischen Kunst Gefangene der Sophistik.

* Eine wahre Wissenschaft war für ihn die Wissenschaft vom wahrhaft Seienden. Es ist *unsere eigentliche Aufgabe das wahrhaft Seiende, das Göttliche und Gute, zu erkennen, und dass Gott niemals und auf keiner Weise ungerecht, sondern im höchsten Maße vollkommen gerecht, und nichts ist ihm ähnlicher, als wer unter uns ebenfalls der Gerechteste ist. Und hierauf geht auch die wahre Meisterschaft eines Mannes. Denn die Erkenntnis hiervon ist die wahre Weisheit und Tugend, und die Unwissenheit hierin die offenbare Torheit und Schlechtigkeit. Jegliche andere dafür gehaltene Meisterschaft und Einsicht aber ist, wenn sie in der bürgerlichen Verwaltung sich zeigt, nur etwas Gemeines, wenn in den Künsten, etwas Unfreies und Niedriges*[639]. *Nicht das erkenntnismäßig Leben überhaupt macht wohllebend und glückselig, auch nicht das nach allen anderen Erkenntnissen zusammengenommen, sondern nur das nach dieser einen, welche sich auf das Gute und Böse bezieht*[640]. Der Blick der wahren Wissenschaft ist auf die Erkenntnis Gottes, des Guten und Bösen, gerichtet und relativiert den Wert wissenschaftlicher Forschung und Erkenntnis. *Alle Wissenschaften sind nur Vorübungen für die Dialektik als Wissenschaft von dem, was ist, wirklich erkennen vermögen sie (die Wissenschaften) es nicht, sie werden nur als Mitdienerinnen und Mitleiterinnen gebraucht*[641]. *Die Dialektik ist die reinste,*

wahrste und genaueste Erkenntnis bezüglich auf das wahrhaft Seiende[642]*, die Ideen und das Gute selbst* [643] (3.6.2.2.5.)

Vielleicht war es eine Antwort auf die Kritik des Isokrates an der Praxis der Akademie (3.2.4.; er hat seine Zeitgenossen Demokrit nie und Isokrates nur einmal direkt erwähnt): Das Höhlengleichnis markiert eben diesen Schritt von der Dunkelheit an das Licht der Erkenntnis[644]. Im siebenten Buch der Politeia beschrieb Platon das Zustandekommen der wahren Erkenntnis und Bildung als ein Aufstieg aus der Höhle der Unbildung zum Licht (3.6.2.2.3.). *Die Idee des Guten ist die Ursache alles Richtigen und Schönen. Dazu muss die Seele von dem Werdenden zugleich abgeführt werden, bis es das Anschauen des Seienden und des glänzendsten unter den Seienden aushalten lernt*[645].

Für beide, Mathematik und Dialektik, wurde der Anspruch erhoben, dass sie den Blick für das Seiende öffne. Aber:
…. Einerseits hat Platon die Wissenschaften und auch die Mathematik der Dialektik untergeordnet. Die Dialektik soll wissenschaftliches Vorgehen untersuchen und begründen.
…. Andererseits steht die bereits oben erwähnte Kritik an der Sprache (3.6.2.1.1.) einer wirklichen Führungsrolle der Dialektik im Wege. Als Ausweg bleibt die sprachlose Schau der Ideen aus dem Höhlengleichnis (3.6.2.2.3.).

* Ausblick: Das Höhlengleichnis, Schattenbild und Aufstieg zur direkten Schau der Wahrheit, hat eine lange Wirkungsgeschichte:
…. Sie hat die Einstellungen zu den Wissenschaften von den Skeptikern (4.2.3.), der neuen Akademie (4.2.1.2.) und den Neuplatonikern (4.2.1.3.) der Antike, Augustinus und die doctrina christiana (5.2.), die Mystiker des Islam (6.1.6.3. und 6.2.2.7.), Bonaventura (8.3.3.5.), Nikolaus Cusanus (9.1.7.3.3.) bis zu den Theologen der Renaissance (10.3.2.2.6.) und Comenius (7.6.14.) geprägt.
…. Doch die Utopie einer wissenschaftlichen Begründung bzw. Prüfung von Aussagen und Behauptungen verschwand damit nicht. Sie wurde in der Akademie unter den nächsten Nachfolgern Platons (3.6.2.1.3. uns 4.2.1.1.), auch im Lyceum unter Aristoteles und seinen nächsten Nachfolgern (3.6.3.6. und 4.2.2.) und im Museion von Alexandria (4.1.1.) weitergeführt.
Im ausgehenden Mittelalter hat Nicolaus Cusanus auf die Bedeutung der Messtechnik und der Mathematik für den Fortschritt der Wissenschaften hingewiesen (9.1.7.3.3.). Auch der Rechenmeister Adam Ries hat sich auf Platon berufen (9.1.2.). Doch erst die frühe Aufklärung hat, unter geänderten Voraussetzungen, an Platons Versuch wieder angeknüpft und die weiter entwickelten Naturwissenschaften und Mathematik der Sophisterei der Philosophen gegenüber gestellt (10.3.2.1. und 10.4.1.). Doch erst die frühe Aufklärung hat, unter geänderten Voraussetzungen, an Platons Versuch wieder angeknüpft und die weiter entwickelten Naturwissenschaften und Mathematik der Sophisterei der Philosophen gegenüber gestellt (10.3.2.1. und 10.4.1.).

1.6.2.1.3 Die Akademie

Einem Zauberer der Sprache muss man, bildlich gesprochen, auch auf die Finger schauen. Dazu müssen wir auch einen kurzen Blick auf die Akademie werfen. Merkwürdigerweise wird sie in den Biographien (z.B. Aristoxenos aus Tarent; Satyrus 2. Hälfte 3. Jahrhundert, oder Hermippus «Callimachus», um 200 v.u.Z.; 3.3.3.) nicht erwähnt[646]. Die Überlieferung ist zwar von Legenden überwachsen, doch wichtige Merkmale sind aus anderen Quellen erkennbar:

* Platon hat die Akademie[647] nach der ersten Sizilienreise und der Begegnung mit dem Pythagoreer Archytas von Tarent[648] (um 388) – in Konkurrenz zu der Rhetorikschule des Isokrates[649] (3.2.4.) - gegründet (um 385): *Ich zwinge keinen der Wahrheit unkundigen das Reden zu lernen*[650].
Die Akademie war auf dem Grundstück von Platon neben dem Hain des Heros Hekademos untergebracht, wo auch ein Gymnasion bestand. Die „Rechtsform" der Akademie war die eines Kultvereins (thiasos) zur Verehrung Apollos und der Musen (2.3.1.2.). Ob Platon mit der Einrichtung eines „Museion" an pythagoreische Tradition (2.3.4.2.) anknüpfte, oder dies von jener unabhängig tat, mag dahingestellt sein. In Athen musste eine „Schule" eine religiöse Grundlage haben, um den Schutz des Gesetzes zu erlangen. In ihr waren Schulhaupt und Schüler nach pythagoreischem Muster zu einer Lebensgemeinschaft zusammengeschlossen[651],[652].
Nach der Legende stand über dem Eingang zur Akademie die Warnung: „Wer von der Geometrie nichts versteht, hat hier keinen Zutritt"[653]. Die Legende passte zu dem Profil der Akademie zur Zeit Platons und seiner beiden Nachfolger, aber der vierte Oberhaupt der Akademie, Polemon, hat diese Tradition verlassen und sich der Ethik zugewandt (4.2.1.).

* In der Akademie wurden (auch) die Wissenschaften wie Mathematik, Astronomie, Geometrie und Biologie gepflegt. Vielleicht meint Platon die Praxis der Akademie, wenn er den Primat der Sache selbst betont, an dem sich sowohl die mündliche Lehre als auch schriftliche Mitteilung sich zu messen haben (3.6.2.2.2.).

In der Geometrie und Mathematik konnte Platon an das vorangehende „Heroische Zeitalter" (2.3.4.2.) anknüpfen. Die bedeutenden Mathematiker des 4. Jahrhunderts waren mehr oder weniger mit der Akademie verbunden, ja die Akademie war das Zentrum der geometrischen und astronomischen Forschung im 4. Jahrhundert[654]. Erwähnt seien: Theodoros von Kyrene (4.4.2.), Theaetetus (417-368), Eudoxos von Knidos (ca. 408-355; Ein Schüler des Archytas von Tarent 2.3.4.2.), Herakleitos Pontikos der Ältere, Menachemus (Mitte 4. Jahrhundert v.u.Z.), sein Bruder Dinistratos, Autolycos von Prytane (Blüte um 310 v.u.Z.), Kallippos von Kyzikos (ca. 370 – 300)[655]. Sie bilden auch eine Brücke zu Museion in Alexandria (4.1.1.). In den Fragmenten der griechischen Historiker werden von diesen nur die Bücher über Astronomie und Geometrie des Eudoxos erwähnt[656],[657],[658].

Auch die ersten Ansätze zu einer wissenschaftlichen Astronomie wurden in der Akademie diskutiert[659]: Erklärung der beobachteten Bewegung der Himmelskörper durch die Bewegung von Himmelssphären und durch die Rotation der Erde um eine Achse. …. Eudoxos und Theaitetos haben die Mathematik aus der platonisch-pythagoreischen Seinsspekulation[660] herausgehalten, und die axiomatische Betrachtungsweise begründet[661]. Eudoxos hat einer Proportionentheorie für den allgemeinen Größenbegriff der geometrischen Algebra die Grundlagen geschaffen. Doch er war nicht nur Mathematiker, er war auch als Astronom und Geograph bekannt. Er hatte ein geozentrisches Weltbild mit konzentrischen Himmelssphären, dem platonischen durchaus vergleichbar (3.6.2.2.4). Die Sphärentheorie markiert den Beginn der wissenschaftlichen Astronomie[662]. In der Akademie war er wohl auch keine Randfigur, denn während der 2. Sizilienreise Platons (366) scheint er stellvertretend die Akademie geleitet zu haben. Sein Schüler war der Kallipos von Kyzikos, auf den ein erster

Versuch zur Harmonisierung der Kalenderrechnung nach Sonnen- und Mondjahren zurückgeht (4.1.1.1.).

.... Herakleitos Pontikos (ca. 390 – 322; 4.1.1.1.) lehrte die tägliche Rotation der Erde um eine Achse und den Kreislauf von Venus und Merkur um die Sonne[663]. Nach Platons Tod verließ Heraiklitos von Pontikos die Akademie und kehrte in seine Heimatstadt zurück[664]. Von seinen Zahlreichen Schriften sind nur Fragmente erhalten[665]. Den Diskurs um seinen Entwurf werden wir noch untersuchen (4.1.1.1.).

.... Theaitetos klassifizierte diejenigen Streckenlängen, die sich mit Zirkel und Lineal konstruieren lassen und befasste sich mit der Konstruktion regelmäßiger Polyeder[666]. Er war der erste, der die Bedeutung von Definitionen für die Mathematik erkannte[667].

.... Aristoteles (3.6.3.) hat 20 Jahre (367-347) in der Akademie gewirkt, bevor er seine eigene Schule gegründet hat. Doch seine wissenschaftlichen Interessen und das Profil der Akademie unter Platon und seinem Nachfolger Speusippos (3.6.2.1.4. und 4.2.1.1.) divergieren.

Dikaiarchos, ein Schüler des Aristoteles, (4.2.2.) berichtet über die Methoden des Vorgehens in der Akademie: *Sie trennten das Wahre – und im Hinblick darauf die (mathematischen) Wissenschaften – von den Zwängen des Lebensnotwendigen ab ... man schuf sowohl die (Methode der) Analysis als auch die Hilfsannahme der Möglichkeitsbestimmungen.* Er würdigt auch die Leistung Platons und der Akademie: *Sie machten großen Fortschritt der mathematischen Wissenschaften und der Geometrie in Platons Schule. Dabei waren die Optik und die Mechanik keineswegs vernachlässigt*[668].

.... Kallipos von Kyzikos (2. Hälfte 4. Jahrhundert v.u.Z.) hat die Lehre des Eudoxos von den konzentrischen Sphären weiterentwickelt[669].

.... Plutarch berichtet von einer Entfremdung zwischen Eudoxos, Archytas und Platon über Versuche, Lösungen für geometrische Fragen durch mechanische Demonstration zu suchen. In der Folge habe sich die Philosophie lange Zeit nicht mit Fragen der Mechanik beschäftigt und letztere wurde von der Kriegskunst in den Dienst genommen[670] (4.1.1.8.).

* Beide, Platon und Aristoteles haben in ihren Schriften Themen der Akademie (Mathematik und Astronomie) diskutiert. Beide waren im Wissenschaftsbetrieb der Akademie mit dem Problem der Absicherung der Erkenntnis gegen kritische Einwände konfrontiert und sie haben verschiedene Lösungen vorgeschlagen: Platon die Dialektik (3.6.2.2.4.), Aristoteles die Logik und die Metaphysik (3.6.3.6.).

.... Möglicherweise lieferten die Gespräche in der Akademie den Stoff für die „mittleren Dialoge" Platons, auf jeden Fall finden wir Spuren sowohl der mathematischen und geometrischen Denkweise als auch astronomische Spekulationen in seinen Dialogen (3.6.2.2.4.). Er ließ in seinen Dialogen Fragen der Arithmetik, der Geometrie, Stereometrie, Astronomie und der Harmonielehre diskutieren[671]. Auch seine „Spätdialoge" wie die Gesetze und der Staatsmann reflektieren möglicherweise eine Diskussion (3.6.2.2.6.) in der Akademie nach der 2. und 3. Sizilienreise (366 und 361)[672].

Doch unsere Nachrichten über die Akademie und die Bewertung der Dialektik (3.6.2.2.5.) und der Staatskunst in den Dialogen Platons passen nicht ganz zusammen. Gab es in der Akademie zwei Arbeitsgebiete nebeneinander, oder gar Gruppen, („Politiker" und „Mathematiker") wie unter den Pythagoreern? (2.3.4.2.). Gab es Konflikte zwischen den beiden Gruppen? Oder hat sich das Arbeitsgebiet nach dem

Weggang der Mathematiker, Theaetetus, Eudoxos und Herakleides Pontikos (4.1.1.1. und 4.2.1.1.) von der Mathematik auf andere Gebiete verlagert?

.... Auch Aristoteles hat ein Buch der Astronomie gewidmet[673]. Darüber hinaus finden wir bei ihm auch Spuren dieses akademischen Vorgehens: Kenntnisse der Geometrie und der zeitgenössischen Mathematik, auch er verwendete Methoden der geometrischen Beweisführung. Aristoteles kannte auch die Schriften zu Archytas von Tarent (2.3.4.2.). Insbesondere seine Bewegungslehre (3.6.3.6.) hat auch astronomische Spekulationen geleitet.

.... Ein Zeitgenosse des Aristoteles, Autolycus von Pitane (c. 360 BC – c. 290 BC; 4.1.1.1.), hat seine astronomischen Abhandlungen „Über die Bewegung der Sphären" und „Aufgang und Untergang der Himmelskörper" wohl 335 – 300v.u.Z. in Athen geschrieben[674].

Doch das wissenschaftliche Programm des Lyzeums kontrastiert mit dem der Akademie (3.6.3.6.).

Ausblick: Das Programm der (frühen?) Akademie wurde zum Vorbild des Museions in Alexandria (4.1.1. und 4.1.1.1.). Varo (4.2.7. und 4.3.3.2.) und Cicero (4.2.7.1.) haben als Bildungsreisende die Akademie besucht. Die römischen Kaiser Hadrian und Marcus Antonius haben sie gefördert (4.1.2.2.1.), Kaiser Justinian ließ sie 529 schließen (5.1.6.3.).

Die beiden Schultraditionen: die „rhetorische", nach dem Vorbild des Isokrates (4.1.2.4.) und die „philosophische" (4.2.), nach dem Vorbild Platons standen auch künftig als Alternativen gegenüber.

1.6.2.1.4 Die Natur bei Platon

Der Sophist Antiphon formulierte den Gegensatz Nomos – Physis = Natur (3.2.1.). Auf das Triebleben bezogen hat er die Natur als die eigentlich treibende und Norm gebende Instanz betrachtet. Auch Platon berief sich in seinen Dialogen oft auf die „Natur". Doch der Naturbegriff ist bei Platon schillernd:

.... Die Natur einer Sache ist ihr „Wesen", die „eigentliche" oder „wahre" Beschaffenheit einer Sache, z.B. des Weltalls, des Menschen...u.s.w. Diese ist *von der Betrachtung darüber* unabhängig[675].

.... *Die Natur hat eigene Gesetze, ein Verstoß gegen sie, z.B. in der Ernährung, hat Krankheiten zu Folge*[676].

.... *Im Menschen ist von Natur ein zweifacher Trieb vorhanden, seitens des Körpers nach Nahrung und seitens des Göttlichsten in uns nach Einsicht, die Regungen des stärkeren Teiles siegen und ihren Besitz erweitern, die Seele aber stumpf, ungelehrig und vergesslich machen und so die größte aller Krankheiten, die Unwissenheit, zuwege bringen*[677].

.... Platon kennt den Antagonismus des Antiphon und bezieht diesen auf das Triebleben: *dass nun eben jeder nach dem Recht der Natur zu leben strebt, welches eben darin besteht, dass man nicht unter dem Zwange des Gesetzes stehe und anderen diene, sondern vielmehr die anderen sich unterwerfe*[678]. *Ein wider unsere Natur und in gewaltsamer Weise auf uns ausgeübter starker und plötzlich entstehender Eindruck ist schmerzlich, und derjenige, welcher, ebenfalls stark und plötzlich, unser naturgemäßes Befinden wiederherstellt, ist angenehm, derjenige aber, welcher nur allmählich vor sich geht und mit nur geringer Kraft ausgeübt wird, gelangt überhaupt nicht zur Empfindung*[679]. *Denn alles, was wider die Natur geschieht, verursacht Schmerz, was aber der Natur eines jeden entsprechend, das bereitet ihm Freude*[680].

Der Terminus „Natur" ist bei Platon leitend für alle drei Zweige der Artes, Wissenschaft, Technik und Kunst:

.... Für die philosophische Betrachtung bilden Meinen und Wissen Gegensätze, die durch die sokratischen Fragen geprüft werden: *Wenn jemand kunstmäßig Reden mitteilt, muss er auch das Wesen der Natur dessen genau zeigen können, dem er seine Reden anbringen will*[681]. In seiner Kosmologie berief er sich auf Timaios, *weil er sich unter uns am meisten auf die Sternkunde versteht, und es sich am meisten zur Aufgabe gemacht hat, über die Natur des Alls zur Erkenntnis zu gelangen*[682].

.... Er wendet den Gegensatz Kunst und Natur auch auf handwerkliche und künstlerische Produkte an: *Es behaupten gewisse Leute, dass alle Dinge, welche es gibt und gegeben hat und geben wird, teils von Natur teils durch Zufall und teils durch Kunst entstehen*[683].

.... Insbesondere seine Kunsttheorie (3.6.2.2.1.) ist vom Naturbegriff abhängig: *Es sei klar, sagen sie, dass die größten und schönsten Werke der Natur und dem Zufall ihren Ursprung verdanken und nur die unbedeutenderen der Kunst, welche ja die Elemente ihres Schaffens bereits fertig aus den Händen der Natur empfange und nur nehme was diese bereits Großes hervorgebracht, um daraus alle jene geringeren Werke zu bilden und zu formen, die wir ja eben Kunstwerke zu nennen pflegen*[684].
Erst aus diesen Schöpfungen sei vielmehr späterhin die Kunst entstanden und sei daher auch von niedrigerem Range, nur von Sterblichen erzeugt und daher selber sterblich, und sie habe eben darum auch nur Spielereien hervorgebracht, die wenig Wirklichkeit hätten, sondern nur Schattenbilder von gleicher Art wie sie selber seien, wie denn dies ja von den Werken der Malerei, der musischen Kunst und aller Schwesterkünste von diesen gelte, und wo eine Kunst wirklich etwas Namhaftes hervorbringe, da sei dies doch nur eine solche, welche ihre eigene Kraft mit der der Natur verbinde, so die Arzneikunst, der Landbau und die Turnkunst[685]. Damit hat Platon angedeutet, dass die nachahmende Kunst ontologisch hinter der „Natur" zurückstehe, da sie keine originären Einsichten vermitteln könne (3.6.2.2.1.), - er habe aber nicht den Verismus in der Kunst (3.1.1.8.3.) abgelehnt

1.6.2.1.5   Die Mythen Platons

Platon ist gegenüber den herkömmlichen Mythen kritisch (2.3.1.), doch seine Dialoge sind voll mit mythologischen Erzählungen:

* Dichtung hat bei Plato eine emanzipatorische Komponente, die er mythologisch begründet: *die Götter, des zu Mühsal geborenen Menschengeschlechts sich erbarmend, haben ihm daher nicht bloß zur Erholung von derselben ihrer Feste stete Wiederkehr verordnet, sondern auch die Musen und Apollo den Musenführer und den Dionysos zu Festgenossen gegeben, damit die Menschen so durch das Zusammensein mit den Göttern an den Festen wenigstens die Erziehung wieder in ihren früheren Zustand zurückführen lernten*[686]. Doch er warnt zugleich: *Wir müssen nun aber zusehen, ob das, was unsere Rede nun künden will, wirklich der Natur der Sache gemäß als wahr anzusehen ist, oder ob es anders damit steht.*
Platons Kritik der Dichtung (3.6.2.2.1.) betrifft die überlieferten Mythen des Homer, Hesiod und anderer Dichter: sie *haben für die Menschen unwahre Erzählungen zusammengesetzt und vorgetragen*[687].

* Doch Platon hat in seine Dialoge nicht nur bekannte Mythen eingeflochten sondern diese auch modifiziert und auch neue erfunden. Mythen kommen praktisch in allen seinen Dialogen vor, von den frühen bis zu den späten[688]. Ein bekannter Mythos handelt vom Atlantis und dessen Untergang (3.6.2.3., 10.3.4. und 10.3.4.8.).
Die Mythen sind in seinen Dialogen nicht nur Illustrationen oder „noble Lügen" mit einer didaktischen Funktion für philosophisch wenig Gebildete. Doch für die Erkenntnis der letzten Wahrheiten sind die rationalistischen oder dialektischen Methoden (3.6.2.2.5.) nicht hinreichend[689],[690]. So bilden die Mythen einen wichtigen Teil seiner Philosophie: der Seelenlehre und der Eschatologie, der Lehre von der Wiedererinnerung, der Ideenlehre und auch der Kosmologie.

Manchmal durchschaut ein Dialogpartner Platons Kunstgriff in einem Dialog einen Mythos zur Argumentation einzusetzen[691] (3.6.2.1.2.). Athenaios (4.1.2.5.) bezeichnet manche der Berichte Platons schlicht als Lügen[692]. Für die Komiker (3.6.2.2.2.) war er ein Schöpfer von Wundergestalten (3.6.2.2.2.). Doch, wie wir eingangs gesehen haben, auch er selbst ließ der Verwendung von Mythen gegenüber zugleich auch Skepsis erkennen[693] und bezeichnete den Mythos als ein schönes Wagnis: ... *es lohne sich darauf zu wagen, dass man glaube es verhalte sich so. Denn es ist ein schönes Wagnis ... Darum spinne ich schon so lange an der Erzählung*[694]. Auch seinen Schöpfungsbericht hat er mit einer Einschränkung versehen: *Ihr müsst zufrieden sein, wenn wir sie so wahrscheinlich, wie irgendein anderer geben, wohl eingedenk ... uns eine menschliche Natur zuteil ward ... dass es uns geziemt, in dem wir die wahrscheinliche Rede über diese Gegenstände annehmen, bei unseren Untersuchungen diese Grenze nicht zu überschreiten*[695].

Seine Schöpfungslehre ist auch für unsere Untersuchung interessant[696]: *Gott ist wahrhaft der Verfertiger des wahrhaft Seienden*[697]. Die Welt ist ein *nach einem Vorbild geschaffenes Abbild*[698]. *Der Werksmeister, der es erbaute ... hat sein Blick auf das Unvergängliche Gerichtet*[699]. Der Schöpfer ist ein Werksmeister – wie Ptah in der ägyptischen Mythologie (2.2.4.1.) und als Modell für den Schöpfungsakt dienten auch bei Platon die τέχναί, - wahrscheinlich.

Unsere bisherige Untersuchung hat u.a. auch gezeigt, dass die Entwicklung der Artes in allen Epochen im gesellschaftlichen Diskurs mythologisch gedeutet und von einer Mystik begleitet wurden (so z.B. in: 2.1; 3.1.1.5.; 3.2.1.). Diese symbiotische Polarität werden wir auch im weiteren Verlauf beachten (4.1.1.7.; 4.1.2.5.2.; 8.4.1. 9.1.7.1.6. und 9.2.2.5.1.) Neuplatoniker (4.2.1.3.), die christlichen Platoniker der Antike (5.2.1.) und des Mittelalters (8.4.) und die Platoniker der „Renaissance" konnten an dieses Muster anknüpfen. Auch die frühe Aufklärung war von einer Kontroverse zwischen „Rationalisten" und „Mystikern" geprägt (10.4.)

1.6.2.2 Die Gliederung der τέχναί:

Neben Gott leiten Zufall und Gelegenheit insgesamt durchgängig die menschlichen Angelegenheiten. Doch müsse sich an Beide ein Drittes, die Kunst, sich anschließen[700]*, und alles, was sich richtig verhält, geschieht nach Kunst*[701]*. Viele Künste sind unter den Menschen durch Geschicklichkeit erfunden. Denn Geschicklichkeit macht dass unser Leben nach der Kunst geführt wird*[702]. Platon untersucht gründlich die Spezialisierung der τέχναί und das Verhältnis der einzelnen Künste zueinander. Die zerstreuten Anmerkungen bilden ein geschlossenes Ganzes.

Platon kennt die Vorstellung vom technischen Fortschritt, es ist der Fortschritt der Künste: *Die Künste haben zugenommen, und mit den heutigen Meistern verglichen sind die alten nur schlecht*[703]. *Einen Daidalos* (2.3.1.5.) *würde man auslachen, wenn er jetzt lebte und dergleichen Werke bildete, durch welche er berühmt geworden ist*[704]. Doch der Fortschritt durch die Künste ist auch gefährlich, weil er zur üppigen Stadt führt (3.6.2.3.).

Jede der Künste bewirkt nur eines: die Heilkunst die Gesundheit, die Baukunst das Haus und die lohndienerische Kunst den Lohn[705], d.h. die τέχναί sind spezialisiert[706], *Gott hat jeder Kunst ein Werk angewiesen. Jede Kunst erkennt nur das eigene Spezialgebiet, wer irgendeine Kunst nicht besitzt, der wird auch, was vermöge dieser Kunst geredet oder getan wird, nicht richtig zu beurteilen vermögen*[707].

Doch keine der τέχναί genügt sich selbst, sie sind aufeinander angewiesen. *In ihrer Elendigkeit tut jeder Kunst eine andere Not, welche das ihr Zuträgliche besorgt, und dieser wiederum eine andere solche*[708]. Die Künste bilden zunächst ein Geflecht von Beziehungen.

Und weiter darüber hinaus, die τέχναί bilden, entsprechend ihrem Anteil an Wissen und an Mathematik und ihrer Nähe zur Wahrheit, eine hierarchische Ordnung: In dieser Hierarchie ist es Aufgabe der Übergeordneten τέχναί die Kenntnisse und die Werke der Unteren zu beurteilen. Zu unterst stehen die nachahmenden Künste, darauf folgen die produzierenden und darauf die theoretischen, aber die Staatskunst ist allen anderen übergeordnet (3.6.2.2.6.).

Es sei vorausgeschickt, dass zur Gliederung der τέχναί die Begriffsdiairesis der „Sophistes" nur als dialektische Übung, vielleicht auch als eine ironische Spielerei betrachtet und hier nicht weiter verfolgt wird. Grundlage dieser Untersuchung ist eine Stufenfolge: Die nachahmenden, die produzierenden und die theoretischen Künste.

* Ausblick: Das Stufenschema wurde immer wieder zu Gliederung der τέχναί und auch der Wissenschaften verwendet.

1.6.2.2.1 Die nachahmenden τέχναί und das Schöne

Hat die „Alte Komödie" die Philosophie ihrer Zeit (die Naturphilosophie und die Sophistik) kritisiert so antwortete Platon mit einer Kritik an der Dichtkunst. Doch seine „Kunsttheorie" ist facettenreich:

* Als einen ersten Maßstab zur Bewertung von Kunst haben wir die Warnung der Musen bei Hesiod kennengelernt: *Leicht ist es uns viel Trug zu verkünden, als wäre es Wahrheit....* (2.3.2.2.).
Dichtung ist neben Wahr- und Weissagen auch eine Art göttlicher Wahnsinn. *Alle rechten Dichter alter Sagen sprechen nicht durch Kunst, sondern als Begeisterte und Besessene*[709] *und jeder vermag nur das schön zu dichten, wozu die Muse ihn antreibt, der Dithyramben, der Lobgesänge, der Tänze, der Sagen, der Jamben, und im übrigen ist jeder schlecht. Nämlich nicht durch Kunst bringen sie dies hervor, sondern durch göttliche Kraft, sie sind nichts als Sprecher der Götter*[710]. *Wer aber ohne diesen Wahnsinn der Musen in den Vorhallen der Dichtkunst sich einfindet, meinend, er könne durch Kunst allein ein Dichter werden, ein solcher ist selbst uneingeweiht.*

Und auch seine, des Verständigen, Dichtung wird von der des Wahnsinnigen verdunkelt[711]. Auch die Maler, die Bildhauer, die Flötenspieler und die Rhapsoden sind Spezialisten. Jeder von ihnen kann nur Werke seines eigenen Spezialgebietes beurteilen.

* In der ontologischen Dimension ist die Kunst (in unserem Sinne) eine Nachahmung der Wirklichkeit: Malerei, Tonkunst und *„was da an anderen Künsten mit diesen zusammenarbeitet", täuschen nur wie Träume, sie bringen nur „Schattenbilder" hervor*[712]. *Die Dichter dichten nur Erscheinungen, nichts Wirkliches*[713]. Die darstellenden Künste täuschen eine Wirklichkeit sophistisch nur vor, wie die Gaukler[714]. In diesem Punkt folgt Platon in etwa den Formulierungen des Gorgias und in den „Dissoi Logoi". Natürlich kennt Plato den Begriff der Richtigkeit, *wenn das gemalte Bild den dargestellten Gegenstand für das Auge nach Größe und Beschaffenheit zutreffend wiedergibt*[715]. Darin knüpft er an die Kunstbewertung seiner Zeit an. Wir denken hier an den überlieferten Malerwettbewerb zwischen Zeuxis und Parrhasios (3.1.1.8.3.). Er scheint auch den Kanon des Polyklet zu kennen, ohne ihn direkt zu erwähnen, denn *die Relation vom Größeren zum Kleineren und beider zum Angemessenen vollbringen alles Gute und Schöne*[716]. Die Richtigkeit gestattet ein gutes Werk von einem schlechten zu unterscheiden, aber die Richtigkeit der Wiedergabe begründet die Kunst nicht. Dies kann nur die philosophische Einsicht. Platon artikuliert die Folgen einer Trennung von Ästhetik und Wahrheit, wie Gorgias sie formuliert hat (3.2.1.). *Die Schönheit der Kunstwerke ist nur eine scheinbare, zur wahren Schönheit hat nur derjenige Zugang, der die Ideen kennt*[717]. Dies erläutert Platon an der zu seiner Zeit neu aufgekommenen perspektivischen Darstellung in der Malerei. *Die Perspektive ist eine Illusion, sie lehrt nichts über das Wesen der dargestellten Dinge, z.B. eines Bettes*[718]. *Kunstwerke bleiben selbst bei richtiger Darstellung nur Schattenbilder*[719], *die künstlerische Nachbildung ist eben nur ein Spiel, eine Täuschung und kein Ernst*[720]. *Die Kunst ist ein Traum für Wachende*[721], *sie ist nur zu unserem Vergnügen hervorgebracht, nicht wegen eines Geschäftes, nur zum Spiel gemacht*[722].

* Platon verwendet das Attribut „schön" vielfältig: Schön sind Handlungen, vor allem unter ethischen Gesichtspunkten (2.3.3.), schön ist die Erkenntnis der Wahrheit, die Ideenlehre. Diese attributive Verwendung wird in den folgenden Betrachtungen ausgeblendet, da wir nach dem Ästhetikum in den Kunstwerken fragen.
Das Schöne ist das was uns vermöge des Gehörs und des Gesichtes Vergnügen macht. Uns ergötzen alle Kunstwerke, Gemälde und Bildnereien, wenn sie schön sind, so auch schöne Töne, die gesamte Musik und Reden und Dichtungen bewirken dasselbe[723]. *Schmuck, Malerkunst und was unter Anwendung dieser Kunst und der Tonkunst als Nachbildung zu unserem Vergnügen hervorgebracht wird, ist nur Spielwerk*[724]. *Flötenspiel, Dichtung und Tragödie gehen nur darauf aus, sich den Bürgern gefällig zu machen und behandeln, ihres eigenen Vorteils wegen den gemeinsamen vernachlässigend, das versammelte Volk wie Kinder, indem sie nur Vergnügen zu machen suchen, und sie kümmern sich nicht darum ob sie besser oder schlechter werden*[725]. Das Ästhetikum ist an dieser Stelle für Platon das nur Gefällige.
Platons Begriff der Schönheit hat darüber hinaus eine ethische Konnotation, bewegt sich aber im Bereich des Konventionellen. Er scheint die Kriterien des Polyklet (2.3.3.) zu kennen[726], erwähnt sie aber nirgends direkt. Sie erschienen ihm fachmännisch einseitig oder banausisch. *Wer einen vernünftigen Beurteiler abgeben will, muss bei jeder Nachbildung in der Malerei, in der Musik und überhaupt drei Dinge*

innehaben: Zuerst wissen, was nachgebildet sei, dann wie richtig, sowie drittens, wie schön jede Nachbildung in Worten, Tonweise und Rhythmen ausfiel[727]. In Platons Kunstbetrachtungen ist kein Platz für hedonistisches Zuschauen oder ästhetisierende Betrachtung. Dementsprechend bleiben die „Schaulustigen", die einfachen Kunstliebhaber aus dem Kreis der Wissenden ausgeschlossen. Platon wendet sich gegen eine *schlechte Zuschauerherrschaft im Theater, die sich statt der Herrschaft der Besseren gebildet hat, als verstünde sie das vor den Musen Schöne und Nichtschöne*[728].

Platon, wie vor ihm schon Gorgias (3.2.1.), stellt die darstellenden Künste auf eine Ebene mit der Sophistik (auch der Sophistik wurde der Charakter einer τέχνη abgesprochen.)[729], und sie sind für ihn als sophistisch auch gefährlich. Sie verführen zu einem Kunstschaffen[730] und einer Kunstbetrachtung, die sich nach dem Sinneseindruck statt nach der Vernunft richtet[731], ja beide sind auch eine Volksbearbeitung[732]. Der wohl schwerste Vorbehalt gegen die Kunst ist, dass sie nicht nur Kinder und unkluge Leute[733] täuschen, sondern selbst die Wohlgesinnten und die um die Tugenden Bemühten verderben kann[734]. Mit dieser Kritik an der Kunst, sei es Dichtung, Musik oder Malerei, wird das Primat der Philosophie vor der Kunst etabliert und damit auch die Grundlage für die praktischen Regelungen gelegt (3.6.2.5.). *Die schönste Muse sei wohl die, welche die Besten und genügend Erzogenen erfreut, hauptsächlich aber denjenigen, welcher durch Tugend und Bildung vor allem sich auszeichnet*[735]. *In den Staat sei nur der Teil der Dichtkunst aufzunehmen, der Gesänge an die Götter und Loblieder auf treffliche Männer hervorbringt. Wirst du aber die süßliche Muse aufnehmen, dichte sie nun Gesänge oder gesprochene Verse: So werden dir Lust und Unlust im Staate das Regiment führen statt des Gesetzes und der jeweils von der Gesamtheit für das beste gehaltenen vernünftigen Gedanken*[736]. *Jede ungeordnete Beschäftigung mit den Musen wird, ob auch die Süßigkeit der Musen nicht damit verbunden ist, sobald sie Ordnung erlangt, zu einer tausendhaft besseren*[737].

* Platon lehnte speziell die neue Dichtung seiner Zeit ab, die schon die „Alte Komödie" gerügt hat (3.5.2.). Platon rügte die Kunst des Flötenspielens und die Dichtung des Kinesias und „jene bewunderungswürdige Dichtung der Tragödie" (Ob diese Formulierung eine Anspielung auf Euripides sein soll, kann man hier nicht entscheiden. Möglich wäre es, der Vorwurf entspricht dem des Aristophanes), *weil sie nur dem Vergnügen und der Lust der Hörer, nicht ihrer Veredelung dient*[738].
Des Weiteren nennt Plato die Dichter allgemein Mythologen. Sie sind Erfinder von Erzählungen und Handlungen. Durch die Handlung wird der Mensch den Widerstreit zwischen Vernunft und Leidenschaft gewahr. Jede dichterische Nachahmung des Leidenschaftlichen, Chaotischen oder Bösen aber ist etwas Verwerfliches.
Die Kritik Platons an der Dichtung, hat noch eine weitere Komponente: Denn *die Dichter haben den Göttern viel Schändliches nachgesagt*[739]. Diese Künste sind nicht nur von der Wirklichkeit am weitesten entfernt, sie sind geradezu gefährlich, weil sie durch ihre pathetische Wirkung dazu verführen am Schlechten Gefallen zu finden.
Die Kritik der „Alten Komödie" an Kratinos und an Euripides klingt hier an (3.5.2.).
Schon Aristophanes hat die Neuerer in der Musik karikiert und die Abweichung vom herkömmlichen kritisiert. Auch Plato beklagt, mit Blick auf die herkömmlichen Gesetze der Tonkunst, *die unkünstlerischen Gesetzwidrigkeiten der Dichter, die von Natur zwar begabt, aber des den Musen gebührenden und vom Gesetz vorgeschriebenen unkundig sind*[740], *im bacchischen Taumel die einzelnen Gattungen und Darstellungsweisen regelwidrig vermischen. Gegen die schlechte, nur auf die eigene Belustigung bedachte Zuschauerherrschaft*[741] spricht er ein Urteil über Darbietungen und

Kunstwerke nur den Kundigen zu. *Auch im Gesang muss man sich nicht nach einem Musenerzeugnis richten, welches angenehm, sondern nach einem, welches richtig ist*[742].

Plato rühmte die alt-ägyptische Kunst, welche neuerungsfeindlich an altehrwürdige hieratische Formen gebunden ist (2.2.2.). Sie stellt einen stets gleich bleibenden Kanon des Ewigen und Religiösen dar. Eine solche sakrale Kunst enthält auch die Bereiche Tanz und Musik[743]. *Die Götter haben aus Mitleid den Menschen die Musen und den Musenführer Apollon (2.3.1.2.) zum Reigengenossen und Reigenführer gegeben, damit sie sich im sakralen Chor in die ewige Ordnung eingliedern*[744].

* Das sinnlich wahrnehmbare Schöne hat einen doppelten metaphysischen Aspekt:
.... Es scheint einerseits für Platon die Brücke zur Welt der Ideen zu bilden[745].
.... Andererseits sagt er aber auch: *Wer noch frische Weihung an sich hat, ... wenn er ein gottähnliches Angesicht erblickt oder eine Gestalt des Körpers, welche die Schönheit des Körpers vollkommen darstellt, ... der betet sie anschauend an wie einen Gott*[746].
Diese transzendentalen oder metaphysischen Aspekte der platonischen Ästhetik wollen wir hier nur andeuten aber nicht weiterverfolgen. Ähnliche Argumente wurden später im Oströmischen Reich sowohl von den Ikonodulen als auch von den Ikonoklasten verwendet. (5.3.2.3.)

* Platon schlug in seinen Werken Zensur und andere repressive Maßnahmen vor, die in Athen freilich nicht ganz unbekannt waren (3.5.3.; 3.6.2.4.).

Ausblick: Für die Zukunft, gerechnet ab Platon, muss die Frage gestellt werden: Sind die „Kundigen" die ernannten oder gewählten Zensoren, eine „Inquisition", ein „Officium", eine Überwachungsbehörde, ein Kulturamt, eine Autorität, wie „Richard Wagner" oder ein „Reich-Ranicki", oder eine „Fachpresse", --- mögliche Institutionen, die es zu Platonszeiten noch nicht gab, aber durchaus unter dem Terminus „die Kundigen" subsumiert werden könnten. Die Tür ist einladend offen.

1.6.2.2.2 Platons Kritik der schriftlichen Publikation

Platon kannte auch was die Prosa als Literaturgattung leisten kann: Sie sind Verständnis- und Erinnerungshilfen, denn die geschriebene Logoi *laufen niemandem weg, sondern geben für alle Zeit einem jeden Gelegenheit zur ruhigen Prüfung*[747]. Doch er war gegenüber der *göttlichen Gabe*, „der ersten medialen Revolution"[748] als ein Mittel im gesellschaftlichen Diskurs (3.1.1.5. und 3.2.5.) kritisch eingestellt (ganz anders als Thukydides! 3.3.2.): Im Prozess der Aufzeichnung ist ein Diskurs noch möglich[749], aber die geschriebenen Logoi sind hilflos: *wird sie beleidigt oder unverdienterweise beschimpft, so bedarf sie immer ihres Vaters Hilfe; denn selbst ist sie weder zu schützen noch zu helfen imstande*[750].

* Platon stand mit seiner Kritik der schriftlichen Formulierung nicht alleine. Bereits Protagoras beklagte ein Defizit der Schrift: *wenn einer weiterfragt, die Bücher wissen nichts weiter weder zu antworten noch selbst zu fragen*[751]. Hier sei auch an die Kritik an den Logographen hingewiesen (3.2.3.).

Ähnlich wie Protagoras kritisierte auch Platon die Kulturtechnik der schriftlichen Publikation sowohl aus dem Blickfeld des Philosophen, als auch des Lehrers. Für ihn war das Schreiben eng verwandt mit der Malerei, *es täuscht das Denken nur vor, denn ihre Schöpfungen stehen da wie lebend, doch fragst du sie etwas, herrscht würdevolles Schweigen*[752].

Die Schreibkunst ist ambivalent:
.... einerseits ist sie *ein Mittel für Erinnerung und Weisheit, um für sich selbst einen Vorrat an Erinnerungen zu sammeln auf das vergessliche Alter*[753]
.... andererseits *flößt sie Vergessenheit in die Seelen der Lernenden*, weil sie die Erinnerung vernachlässigen und sich auf die von außen vermittelten fremden Zeichen der Schrift verlassen, obwohl diese *nur den Schein von Weisheit vermitteln*[754]. (Die Früheren, die nicht so weise waren wie die Jüngeren, hatten nur die mündliche Tradition. Die Epen wurden (3.1.1.7.) auswendig gelernt, rezitiert und weitergegeben. *Die Priester von Dodona konnten dem Rauschen der Eichenblätter lauschen, wenn sie nur wahr redeten*[755], um nur zwei Beispiele zu nennen.)

Platon hat die eminente Entlastungsfunktion der schriftlichen Kommunikation, an der er doch selber teilnahm, richtig erkannt[756]. Aber seine Sympathie hing entweder reaktionär am Vergangenen, oder er hat sich in der Tradition pythagoreerischer Geheimbündelei ihr nicht voll anvertraut, möglicherweise auch beides. Auch „Sokrates" hat nichts geschrieben, sein Medium war das gesprochene Wort, denn sein Auftreten lag noch in einer Zeit des Umbruchs. Die Frühdialoge Platons geben zwar einen faszinierenden Eindruck von der Lebendigkeit der sophistischen Auseinandersetzungen und der sokratischen Gesprächsführung, aber er wusste, das Geschriebene *ist nur ein Schatten der lebendigen und beseelten Rede des wahrhaft Wissenden*[757].
Doch er beklagte auch die Ohnmacht der Sprache: *Dieser Ohnmacht wegen wird kein Verständiger es wagen, in ihr seine Gedanken niederzulegen und noch dazu in unwandelbarer weise, was bei dem schriftlich abgefassten der Fall ist*[758]. Ob er dabei an die „Raubkopien" eines gewisser Hermodorus dachte[759], sagt er nicht (10.3.3.1.1.).

Platons „Schriftkritik" hat darüber hinaus noch einen weiteren Aspekt. Platon verglich die Schrift als Schriftgärten mit *Adonisgärten*[760], *die er nur des Spieles wegen besät*[761], *ohne einen Ertrag zu erwarten*. Die wirkliche Saat erfolgt durch das Reden, *nach den Vorschriften der dialektischen Kunst in eine gehörige Seele Einsicht säend und pflanzend und darauf achtend, dass sie nicht unfruchtbar werde, sondern einen Samen trage*[762].

* Platon hat sowohl Briefe als auch Bücher zur Darstellung seiner Lehre für eine lesekundige Öffentlichkeit geschrieben.
Doch bereits Aristoteles erwähnt die „ungeschriebene Lehre" Platons[763]. Er hat in seinen schriftlichen Werken offensichtlich nicht alles mitgeteilt, sondern Wesentliches nur eben angedeutet, aber der mündlichen Unterweisung für ausgewählte vorbehalten hat[764], wohl wissend *zu reden und zu schweigen, gegen wen dies beides soll*[765]. *Wer eine Kunst in Schrift hinterlässt, und auch wer sie aufnimmt in der Meinung, dass etwas Deutliches und Sicheres durch die Buchstaben kommen könne ist einfältig. Sie dienen nur demjenigen zur Erinnerung, der schon das weiß, worüber sie geschrieben sind*[766], also Mittel zur Erinnerung für die Mitglieder der Akademie. Als Beispiele nennt Aristoteles Begriffe aus der Geometrie: Die Bestimmungen für Ort und Raum[767].
Platons Schriftkritik ist eben nicht nur eine hermeneutische, sondern, wegen des darin Verschwiegenen eine deutliche Warnung an den Leser, denn die Wahrheit ken-

nen nur die Eingeweihten. Seine „sokratischen Dialoge" waren nur vorbereitende Schriften für die Öffentlichkeit. Seine wirkliche Lehre, insbesondere zur philosophischen Begründung der Wissenschaften, könne man in einer dialektischen Unterweisung im Lehrbetrieb der Akademie erfahren[768],[769].

Eine Verbindung von Mathematik, Kosmologie und der Lehre von der Wahrheit werden wir unter den theoretischen τέχναί untersuchen (3.6.2.2.4). Die Frage, ob Platon zu den übrigen τέχναί über das Geschriebene hinaus auch ungeschriebene Einstellungen hatte, ist aus den Überlieferungen nicht erkennbar[770].

Fragmentarische Zeugnisse der zeitgenössischen Komödie zeigen, dass in Athen Schriften Platons bekannt waren und diskutiert wurden: Nach Diogenes Laertios *entging* Platon *nicht dem Spott der Komiker*, er zitiert zehn Dichter, die ihn erwähnen[771] (3.5.3. und 3.6.2.1.5.).

* Ob die Trennung der Lehre in exoterische und esoterische eine Reaktion auf eine intolerante Öffentlichkeit und drohende Asebie-Klagen (3.6.1.3.1.) war[772], kann hier nicht beantwortet werden. Möglicherweise war auch eine stets drohende Möglichkeit einer Asebieklage, die negative Stimmung gegen Naturphilosophen und Sophisten, über die bereits Thukydides berichtete (3.3.2.) und insbesondere der Prozess und der Tod des „Sokrates" (3.6.1.3.2.) für ihn eine Mahnung zur Vorsicht. (Wir wissen nicht, wem sonst noch eine Asebieklage angedroht wurde.) Diese Berichte und Ereignisse werfen immerhin ein bezeichnendes Licht für die intellektuelle Atmosphäre seiner Zeit (3.1.1.4. und 3.6.1.3.2.). Der Neuplatoniker Proklos (4.2.1.3.) meinte in seinem Kommentar zum Sonnengleichnis Platon hätte es nicht für richtig gefunden vor den Sophisten wie Thrasymachos (3.2.1.) *die höchsten Mysterien offenzulegen*[773]. Die Trennung von exoterische und esoterische Lehren hat in den großen Religionssystemen (Judentum, Christentum und Islam) eine wichtige Rolle gespielt[774].

* Auch seine prägenden Vorbilder, „Sokrates" und Pythagoras haben keine Schriften hinterlassen. Ob Platon auch in der Kritik der schriftlichen Publikation dem Vorbild der Pythagoreer folgte? Eine Ähnlichkeit der (möglicherweise zurück projizierten) Einstellungen ist nicht zu übersehen. Die Pythagoreer *wiesen angeblich jene Leute von sich, die mit der Wissenschaft Geschäfte machten und die Seele wie eine Wirtshaustür jedem Hergelaufenen aufschlossen ... Pythagoras aber hat, wie es heißt, vieles von dem, was er sagte, verschlüsselt, damit nur diejenigen, die rein und recht erzogen werden, klar erfassen .... Auch wollte er nicht, dass sie so redeten und schrieben, dass die Gedanken jedem Beliebigen klar seien, vielmehr soll Pythagoras diejenigen, welche sich ihm anschlossen, zu allererst gelehrt haben, rein von allen Unbeherrschtheit im Schweigen die Worte zu bewahren*[775]. Hinter dieser Geheimhaltung steckte wohl der Konflikt des Kreises um Pythagoras (2.3.4.2.) mit den Bürgern der Stadt Kroton.

* In dem Stadtstaat Athen war die Kommunikation im gesprochenen Wort zu Platons Zeit nicht mehr ausreichend (3.1.1.5.). Brief und Buch gewannen als Mittel der Kommunikation in der Geschichte der artes eine Bedeutung, die Pythagoreer und Platon gleicherweise falsch eingeschätzt haben: Das Bewahren (4.1.1.) und Weitergeben von Wissen und Bildungsgut (4.1.2.5.). Doch wir müssen auch das Janusgesicht der Sprache und damit auch der Schrift beachten: Dazu gehören in bestimmten Situationen auch das Verbergen, die Andeutungen und das „Lesen zwischen den Zeilen". Die Mehrdeutigkeit der Sprache macht sie möglich.

Die von Platon beklagte „Hilflosigkeit" der geschriebenen Texte wurde durch Entwicklung von textkritischen Methoden der alexandrinischen Philologen und humanistischer Gelehrter relativiert (4.1.1.6.; 5.2.1.7. und 7.6.9.).

* Platons grundsätzliche Schriftkritik finden wir an der Schwelle der Neuzeit beim Dominikaner Thomaso Campanella (1568 – 1639; 10.3.4.2.) wieder: *Die Welt, ein Buch, darin der ewige Verstand selbst-eigene Gedanken schrieb ... Ach unsere Seelen sind an Bücher geheftet / und an tote Tempel. Diese / Kopien des Lebendigen, mit viel Irrtümern behaftet...*[776]

1.6.2.2.3 Die produzierenden τέχναί

* In einem der Mythen Platons erscheint Hephaistos (2.3.1.3.), zusammen mit Athene (2.3.1.1.), als Kulturbringer: beide erhielten Attika, sie teilten *die Liebe und Weisheit zur Kunst* im athenischen Land[777]. Die Τεχνίτης soll man nach ihrer Kunstfertigkeit beurteilen (3.2.1.).
Doch er beschrieb auch die erodierte Landschaft zu seiner Zeit in Attika im Vergleich zu dem zurückliegenden goldenen Zeitalter: *Es sind... mit dem damaligen Zustande verglichen, die Knochen des Erkrankten Körpers noch vorhanden, indem nach dem Herabschwemmen des fetten und lockeren Bodens nur der Hagere Leib des Landes zurückblieb*[778]. Als Ursache dafür nannte er *Naturereignisse... viele und mächtige Überschwemmungen* Er hat aber die Bodenerosion weder mit der Waldrodung für die Landwirtschaft, noch mit der Gewinnung der für die Silbergewinnung notwendigen Holzkohle in Verbindung gebracht. Platon kannte auch eine schädigende Wirkung der handwerklichen Gewerbe: *ihr Leib verkrüppelt ist durch ihre Künste und Gewerbe*[779]. Er erwähnte aber die Gesundheitsgefahren, die mit der Silber- und Bleigewinnung in Laurion verbunden waren, an keiner Stelle (Maßnahmen oder gar gesetzliche Vorschriften zum Arbeitsschutz gab es noch nicht.). Diese zitierte Stelle kann aber nur bedingt als eine intendierte Kritik der produzierenden τέχναί interpretiert werden, eine kritische oder reservierte Einstellung zu den τέχναί steht bei ihm, neben einem aristokratischen Vorurteil (3.4.2.), auch in einem anderen Kontext:

* Die produzierenden Künste sind die, die *„ihre Kraft mit der Natur verbinden"* und *„etwas Ernsthaftes hervorbringen"*: Turnkunst, Heilkunst, Landwirtschaft. Diese Künste werden höher eingeschätzt als die nachahmenden, denn *sie stehen der Wirklichkeit näher*[780]. Ein Handwerker, der ein Bettgestell herstellt ist der Wahrheit und dem Wissen näher als ein Maler, der dieses Bett nur malt. Das Bett auf dem Bild ist damit ein Seinsgrad 3. Ordnung, bezogen auf das wahre Sein: Die „Idee des Bettes", eine Nachahmung der Nachahmung [781]
Jeder Arzt, jeder kunstverständige Handwerker schafft jenes Zieles wegen Jedes[782].
Die produzierenden Künste dienen der Befriedigung von Bedürfnissen, aber nicht alle produzieren für einen Endabnehmer. Sie sind durch die Arbeitsteilung auch aufeinander angewiesen, sie bilden ein Geflecht[783]. Die Bedürfnisse der Menschen, für deren Befriedigung sie letztlich produzieren sind nicht nur die primären, wie Hunger, Schutz vor Kälte, und die sozialen Bedürfnisse, hinzu kommen noch die nicht originären Bedürfnisse der Genüsse und der Bequemlichkeit und das Verlangen nach Luxus. Diese sind schier nicht zu sättigen, und es kommt zu einer luxuriösen Aufblähung des ganzen Geflechtes[784]. Dieser Prozess hat keine natürliche Grenze[785] und die τέχναί setzen ihm auch keinen Widerstand entgegen. Er muss politisch gesteuert werden, so dass alles im bescheidenen Rahmen bleibt und die Stadt nicht zu einer üppigen angeschwemmt wird. Dies ist eine der Aufgaben der Wächter.

Bereits Solon (3.1.1.8.; 2.3.) beklagte die Gier der Bürger nach Gold. *Sie wissen ja niemals die Lüste/ maßvoll zu zügeln und nie sich zu bescheiden beim Mal./ Reichtümer schachern sie all`, achten nicht Gesetz noch Recht*[786]. Platon verband diesen literarischen Topos mit seiner Kritik der produzierenden Künste: Da die Künste (in engerem Sinne) mit den nicht notwendigen Bedürfnissen, mit Genuss und Luxus in Verbindung gebracht werden, wird das Interesse der Wächter auf sie gerichtet sein. Inder Tat, für die Wächter werden enge Grenzen gesetzt.

Ausblick: Variationen zum Thema „τέχναί – Luxus" finden wir bei der Stoa (4.2.5.1.), bei Seneca (4.2.7.3.) und Plinius dem Älteren (4.1.2.2.3., 4.1.2.2.5.), bei den Epikureern (4.2.5.1.1.) – und natürlich bei den Kynikern (4.2.4.) wieder.

* Auch unter den produzierenden Künsten gibt es eine Rangordnung:

.... Zum einen, nach ihrer Nähe oder Ferne zu dem Lebensnotwendigen: Da gibt es eine leitende Kunst, wie die Turnkunst und die Heilkunst und knechtisch dienstbare, wie Koch, Bäcker, Weber, Schuster und Gerber[787].

.... Zum anderen können sie nach ihrer Nähe zur Messkunst gegliedert werden[788]: Ganz oben stehen die Baukunst, Haus und Schiffsbau, welche sich der meisten Maße und Werkzeuge bedienen. *Sie sind durch das, was ihnen die Genauigkeit sichert, auch kunstreicher als die meisten anderen. Das Messen, Zählen und Wiegen sind Hilfsmittel des Verstandes, dass nicht das scheinbar Größere oder Kleinere, Mehrere und Schwerere in uns aufkomme. Das Messen, Zählen und Wiegen trennen die Vernunfterkenntnis aber nicht nur vom Scheinbaren, sondern auch von der bloßen Vorstellung.*
Die Medizin (2.3.4.3.) wird unter die produzierenden Künste eingeordnet. Ihr Produkt ist die Gesundheit. Innerhalb dieser Hierarchie steht die sonst modellhafte Medizin auf der Stufe der empeiria. Sie besitzt nur durch Erfahrung geleitete Kenntnisse und muss sich an ihre Wahrheit erst herantasten. Und sie kann auch missbraucht werden und bedarf spezifischer Regelungen (3.6.2.4.).

Die nachahmenden und die herstellenden Künste zusammen bilden für Plato die Dichtkunst (poiesis), denn sie alle bringen etwas zum Dasein, was vorher nicht war[789] (3.6.3.2.). Im großen Schöpfungsmythos Platons schafft der Demiurg wie ein Werkmeister den Kosmos, die Welt und alles Lebende einzeln und seine Gattungen. Er folgte dabei einem durch Nachdenken und Vernunft zu erfassenden Vorbild[790]. Doch zwischen den beiden Arten der poiesis besteht ein großer Unterschied: Die nachahmenden Künste bedürfen der leitenden Idee des Guten und Schönen während hervorbringende Künste zwar auch einer Vorstellung folgen aber über den Erfolg des werkmeisterlichen Schaffens entscheidet der Gebrauchswert ihrer Produkte[791].

1.6.2.2.4 Die theoretischen τέχναί

Theoria ist bei den Griechen zunächst die zweckfreie müßige Schau des Festgesandten. Solon (2.3.) sagte bei Herodot zu Krösus: *er sei über vieles Land gegangen als einer der Wissen sucht, um der Schau, der Theoria willen*[792].

* Bei Platon sind nach den produzierenden die nächst höheren die theoretischen Künste. Das sind die Wissenschaften, mit der Mathematik an der Spitze[793]. (3.6.2.1.1.): Unter diesen τέχναί gibt es ebenfalls eine Hierarchie nach ihrem *Anteil*

an Rechenkunst, Messkunst, Waagekunst[794], denn *nur diese vermitteln die Kenntnis des immer Seienden*[795]. *Die Zahl, das Rechnen, die Geometrie und Astronomie sind göttliche Gaben zum Nutzen der Menschen, des Gottes Amun an die Ägypter*, wie er erzählt. *Aber Phaidon widerspricht dieser Erzählung: leicht erdichtest uns ägyptische und was sonst ausländische Reden du willst*[796]... *Messung findet bei allem Kunstmäßigen statt*[797].

Platon meint als Kriterium der Unterscheidung der Wissenschaften aber nicht *die nützlichen Rechenkünste der Handelsleute, der Krämer und der Vielen, des Kaufs und Verkaufs wegen, sondern die wissenschaftliche, die um der reinen Erkenntnis willen betrieben wird und bis zur Anschauung der Natur der Zahlen gekommen ist*[798]. Platon beklagt *die lächerliche und schimpfliche Unwissenheit, welche hierin allen Menschen innewohnt*[799].

Wir könnten sagen, er trennte das erste Mal angewandte und reine Mathematik[800], aber diese Trennung war schon bei den Pythagoreern praekonfiguriert (2.3.4.2.)[801]. Der Grund für die Trennung ist, dass *die erstere nicht zur Betrachtung der Wahrheit auffordert*. Es ist nicht die angewandte Mathematik, sondern diese *reine oder höhere Mathematik, an der jede Kunst und Wissenschaft teilnehmen muss*. Erst diese *führt die Seele in die Höhe und nötigt sie mit den Zahlen selbst zu beschäftigen*[802]. Hier ist schon verallgemeinernd die Trennung von Grundlagenforschung, die um der Erkenntnis willen betrieben wird, und angewandte Forschung vorgezeichnet. Die Arbeit der Akademie (3.6.2.1.3.) kann eher als „Grundlagenforschung" angesehen werden. Das Studium der (reinen) Mathematik ist auch für die Bildung der Wächter von Bedeutung[803] (3.6.2.5.)

* Platon hat in der Akademie zu den Mathematikern seiner Zeit Kontakt gehabt (3.6.2.1.3.), er kannte den Stil ihrer Argumentation und diskutierte ihre Probleme und Erkenntnisse in seinen Dialogen[804], so z.B. die Bemühung des Theodoros von Kyrene das Problem der Quadratwurzel aus 2 zu lösen. Hippias von Elis, Timaios, Theaitetos traten als Dialogpartner auf, vom Archytas oder vom Theaitetos hat er möglicherweise die Kenntnis der fünf regulären Körper Tetraeder, Würfel, Oktaeder, Isokaeder und Dodekaeder. Gerade auf diesem für ihn so wichtigen Gebiet der Stereometrie (3.6.2.1.3.) beklagte er die unzureichenden Kenntnisse und regte weitere Forschung an *„nach der zweiten Ausdehnung die dritte in Angriff zu nehmen"*. Er beklagte, dass *kein Staat rechten Wert auf diese Kenntnisse legt, und kein Anführer die Sache in die Hand nimmt*[805]. Ob er einen direkten Einfluss auf die Entwicklung der Mathematik oder der Geometrie gehabt hat mag dahingestellt sein. Wichtig für unsere Betrachtung ist, dass er sich mit den Mathematikern und ihren Problemen auseinander gesetzt hat. Die Untersuchung regulärer Polyeder (Tetraeder, Würfel, Oktaeder, Dodekaeder und Ikosaeder) hat Euklid im Buch XIII seiner „Elemente" behandelt (4.1.1.2.).

Platon hat sich auch mit der Astronomie und Kosmologie seiner Zeit kritisch auseinandergesetzt: *Man müsse die Sternenkunde anders lernen, als jetzt geschieht. Denn die Bewegung der Sterne, in der die Geschwindigkeit und Langsamkeit und die wahrhaften Figuren worin sich bewegen ist nur mit der Vernunft zu erfassen. Die Bewegungen der Sterne zu beobachten ist eine Aufgabe der Messkunst.* (Ausblick: Diese Anregung wurde erst in Alexandria (4.1.1.1. und 4.1.2.1.3.) und an der Schwelle zur Neuzeit (10.3.2.2.) aufgegriffen.) Ob er auf den Fall Anaxagoras (*die Sterne seien ja nichts als Erde und Steine*[806]; 3.6.1.3.1.) anspielte mit der Forderung: es ist eine Aufgabe der Gesetzgeber eine wahrhafte Sternkunde einzurichten[807].

* In seinem großen kosmologischen Entwurf, dem Sternenkundigen Timaios[808] gewidmet, versucht Platon die Lehre des Parmenides vom Sein, die Lehre der Empedokles von den Elementen, die Lehre des Anaximander vom Geist und die Atomistik Demokrit's (3.6.5.) mit den geometrischen und medizinischen Kenntnissen seiner Zeit zu einem konsistenten Weltbild zu fügen[809]. Als Schöpfungsmythos angelegt: Aus einem chaotischen Urzustand schafft der Demiurg die Weltseele und den Kosmos nach einem unvergänglichen Urbild. Platon verwendete das Prinzip der Kausalität: *Alles Entstehende muss notwendig aus einer Ursache entstehen; denn jedem ist es unmöglich ohne Ursache das Entstehen zu erlangen. Wessen Erzeuger mit stetem Hinblick auf das stets sich Gleichverhaltende, nach einem solchen Vorbilde dessen Gestalt und Kraft erschafft, das muss notwendig schön vollendet werden im Ganzen[810]. Der Werksmeister des Weltalls erbaute es mit dem Blick auf das Unvergängliche, nach dem durch Nachdenken und Vernunft zu erfassenden, gerichtet[811]. Diese Welt ist ein Abbild[812].*

In diesem Werk Platons haben wir ein Beispiel für die Anwendung der reinen Mathematik (seiner Zeit) auf kosmologische Vorstellungen: Reichlich spekulativ werden den Elementen vier der vollkommenen Polyeder zugeordnet, dem Feuer der Tetraeder, der Luft der Oktaeder, dem Wasser der Isokaeder und der Erde der Würfel. Dem Weltganzen wird der Dodekaeder, zugeordnet, weil er dem vollkommensten Körper, dem Kugel, am nächsten kommt. Alles ist aus vollkommenen Dreiecken aufgebaut. Die Grenzen dieses Entwurfs sind die Grenzen der Kenntnis dieser Körper zu seiner Zeit: die Polyeder konnten nur nach ihrer Oberfläche nicht aber als Körper durch ihr Volumen beschrieben werden. (Die Beschreibung der Polyederoberflächen im Timaios zeigt, dass der Autor mit diesen Körpern vertraut war) Auch der Mensch ist analog dem Weltmodell konstruiert, er besteht aus Körper und Seele. Die menschliche Seele ist ein Abbild der Weltseele, sein Körper besteht aus den gleichen Elementen wie der Kosmos. Bei der Beschreibung des Körpers werden die verfügbaren medizinischen Kenntnisse mit verwendet. In diesem konsistenten, wenn auch nicht problemlosen Weltbild kann auch die Ethik verankert werden: Die Seele soll über den Körper herrschen, wie die Weltseele über das Weltganze, und die erste mit der letzteren in Einklang sein.

Die Zahlen und Polyeder sind, in pythagoreischer Tradition, nicht frei von qualitativen Eigenschaften wie Schönheit, Vollkommenheit und Wahrhaftigkeit. Eine Verbindung, die, wenn nicht bloß rhetorisch, vielleicht einen Teil der ungeschriebenen Lehre bildete. Diese Relationen begründen immerhin Zuordnungen und Analogieschlüsse, ja den „wissenschaftlichen" Mystizismus im Timaios. Von den späteren Neuplatonikern und Neupythagoreern wird gerade dieser Aspekt gerne aufgegriffen (4.2.1.3.). Die mathematische Untersuchung regulärer Polyeder (Tetraeder, Würfel, Oktaeder, Dodekaeder und Ikosaeder) hat Euklid im Buch XIII seiner „Elemente" behandelt (4.1.1.2.).

Auch andere Elemente seiner Kosmologie hatten eine Nachwirkung: Die Vorstellung einer Weltseele wurde von den nachfolgenden Philosophen, Platonikern und Stoikern verwendet. Das Prinzip der Kausalität spielt bei Aristoteles eine wichtige Rolle. Die Vorstellung der Schöpfung verband sich mit jüdischen Gottesvorstellungen in der Gnosis und im Christentum (5.1.1., 5.1.2. und 5.1.3.).

* Platon (oder einer seiner Schüler?) fasste seine Erkenntnistheorie in seinem Siebenten Brief zusammen: *Jedes von dem, was da ist, umfasst dreierlei, wodurch seine Kenntnis erlangt werden muss. Das vierte aber ist diese selbst, als fünftes muss* man das annehmen, was da erkennbar und wahrhaft ist; das eine von diesen ist der Name, das zweite der Begriff, das dritte das Abbild, das vierte die Erkenntnis. Das Ganze erläuterte er am Beispiel des Kreises[813].

* Doch auch das axiomatische Vorgehen der Mathematiker blieb bei Platon nicht ohne Kritik: *Denn ich denke, du weißt, dass die, welche sich mit der Messkunst und den Rechnungen und dergleichen abgeben, das Gerade und Ungerade und die Gestalten und die drei Arten der Winkel und was dem sonst verwandt ist in jeder Verfahrensart voraussetzend, nach dem sie dies als wissend zugrunde gelegt, keine Rechenschaft weiter darüber weder sich noch anderen geben zu müssen glauben[814].* Diese Kritik leitete Platon mit einem Sonnengleichnis die Ideenlehre ein (3.6.2.1.2). Später knüpften die Neuplatoniker (4.2.1.3.), aber auch die Skeptiker (4.2.3.) an diesem Punkt an.

* Ausblick: Die hohe Bewertung der Mathematik begegnet uns auch an der Schwelle zur Neuzeit, bei Nicolaus Cusanus (9.1.7.3.3.) und Rene Descartes (10.4.4.).

1.6.2.2.5 Dialektik

* Was ist Wissenschaft und Erkenntnis? Beide gehören offenbar zusammen[815]. Theaitetos (3.6.2.1.3.), der Wissenschaftler in den Dialogen par excellence, kann die Frage nach Wissenschaft und Erkenntnis nur beispielhaft am Vorgehen des Mathematikers darstellen, aber nicht definieren[816]. An der spekulativen Grenze der Wissenschaften bietet Platon die Hebammenkunst des „Sokrates" auf[817], aber auch diese Kunst vermag nur wenig helfen, er kann das Problem nur einkreisen, nicht lösen[818].

Die Dialektik ist das Geschäft der Philosophen[819], sie beschäftigen sich mit der Idee des Seienden in einem vernunftgemäßen Verfahren[820]. Sie kann daher Irrationalität hinterfragen und Scheinwissen entlarven.

* In den Dialogen Platons wird diese Dialektik auf die gängigen Ansichten der Sophisten als ein kunstgerechtes Reden (3.1.1.1., 3.2.1. und 3.4.1.) angewandt: *Der Dialektiker versteht zu fragen und zu antworten[821]. Wer kunstgerecht redet, muss das vielfach Zerstreute zusammenführen in eine Gestalt[822]. Er muss nach Gattungen trennen und darauf achten, dass man weder den selben Begriff für einen anderen noch einen anderen für denselben halte[823].*
Dialektik ist also die Kunst der Begriffsbildung: die Kunst der Einteilungen und Zusammenfassungen[824]. *Wenn jemand kunstmäßig Reden mitteilt, muss er auch das Wesen der Natur dessen genau zeigen können, dem er seine Rede anbringen will. Man muss nachdenken über eines jeden Dinges Natur: Zuerst ob das einheitlich ist oder vielgestaltig, dann, wenn es einheitlich ist, seine Kraft untersuchen, und auf was für Dinge sie wirken, und was für Einwirkungen sie aufnehmen. Wenn es aber mehrere Gestalten hat, muss man diese erst aufzählen und von jeder, wie vorher, die Wirkungen und Einwirkungen untersuchen[825].* In den Dialogen Platons spielen die Methoden des Definierens eine ebenso wichtige Rolle, wie im „Forschungsbetrieb" der Akademie[826].

* *Doch unter allem Erkennbaren wird nur mit Mühe die Idee des Guten erblickt, wenn man sie aber erblickt hat, wird sie auch gleich dafür anerkannt, dass sie für alle die Ursache alles Richtigen und Schönen ist[827]. Die Wissenschaftler, die Messkünstler und Rechner und Sternkundigen sind Jagende, die ihre Figuren und Zahlenreihen*

nicht machen, sondern diese sind schon, und sie finden sie nur auf, wie sie sind; sie verstehen auch nicht sie zu gebrauchen, sondern nur zu jagen: so übergeben sie, so viele ihrer nicht ganz unverständig sind, ihre Erfindungen den Dialektikern, um Gebrauch davon zu machen[828].

Platon unterschied zwischen Verstand und Vernunft. *Mit dem Verstand, und nicht mit den Sinnen, müssen die Betrachtenden ihre Gegenstände betrachten*[829]. *Der Verstand ist die Fertigkeit der Messkünstler, und was dem ähnlich ist zu nennen, als etwas zwischen der bloßen Vorstellung und der Vernunfterkenntnis zwischeninne Liegendes*[830]. Mit einem Hinweis auf das Vorgehen der Geometriker (vielleicht meint er im Liniengleichnis die Arbeiten von Eudoxos und Theaitetos in der Akademie, (3.6.2.1.3.)) zeigt er, dass dieser aber nicht über die eigenen Voraussetzungen hinauf steigen kann[831] und keine Kriterien für den wissenschaftlichen Beweis nennt. *Die Vernunft aber ergreift mittels des dialektischen Vermögens, indem sie die Voraussetzungen nicht zu Anfängen, sondern wahrhaft zu Voraussetzungen macht, gleichsam als Zugang und Anlauf, damit sie, bis zu Nichtvoraussetzungshaften an den Anfang von allem gelangend, diesen ergreife, und so wiederum, sich an alles haltend, was mit jenem zusammenhängt, zum Ende hinabsteige, ohne sich überhaupt irgendeines sinnlich Wahrnehmbaren zu bedienen, sondern nur der Ideen selbst an und für sich, und so bei Ideen endigt*[832]. Von diesem Punkt an verlief Platons Denken auf einen atechnischen Attraktor zu: Das wahrhaft Seiende.

Wir können darin Platons Antwort auf das Bemühen der Mathematiker im Umkreis der Akademie (2.3.4.2. und 3.6.2.1.3) erkennen, ihre Beweisgänge von der platonischen Ideenlehre frei zu halten und sie lieber axiomatisch zu begründen. Oder wir könnten auch umgekehrt, die Axiome der Mathematiker als eine mathematische Instrumentalisierung der platonischen Ideenlehre betrachten. Die Münze hat zwei Seiten, aber der Konflikt des Dialektikers Platon mit den Mathematikern in der Akademie hat eine ungeahnte Fernwirkung, in der der Führungsanspruch des „Philosophen des wahrhaft Seienden" verabsolutiert wird.

Genau dies aber, die Erkenntnis der Ideen des wahrhaft Seienden, des Guten und des Schönen aus einer begrifflich argumentativer Abgrenzung als eine Grundlagen- oder Basiswissenschaft, ist nach Platon die Aufgabe der Philosophen (3.6.2.1.2.). Nur dieses Basiswissen kann Erkenntnis und Wissen überhaupt begründen. Diese Aufgabenteilung zwischen Philosophie und den Wissenschaften war immer wieder umstritten: Haben die Wissenschaften einen eigenen Wahrheitsanspruch? (4.2.5.1.2., 5.2., 6.2.2., 8.3.3.6., 8.4.3., 10.3.2.2.5.).

* Doch Platon erkannte auch die Grenzen der sokratischen Dialektik:

.... Einerseits kann die Hebammenkunst ein Problem nur einkreisen, auf *dass man das nächste Mal Besseres bei sich tragen kann, vermöge der gegenwärtigen Prüfung*[833],

.... Andererseits weist seine Kritik an der Sprache (3.6.2.1.2.) der dialektischen Methode eine markante Grenze. Erst Aristoteles löste das Dilemma: Er charakterisierte die durch die dialektischen Übungen gewonnenen Fähigkeiten als „Organe", Werkzeuge für die Erkenntnis und für die philosophische Klugheit (3.6.3.6.)[834]. Die dialektische Methode zur Prüfung von Aussagen wurde im 13. Jahrhundert von der Scholastik aufgegriffen und vollendet (8.1., 8.1.1. und 8.3.3.6.).

1.6.2.2.6 Die Staatskunst

* Die politische Philosophie Platons war ein Beitrag zur Diskussion um die πολιτική τέχνή, welche die Sophisten angezettelt haben (3.2.).

Ein erster Höhepunkt dieses Diskurses war die Verfassungsdiskussion der Sophisten, z.B. des Thrasymachos (3.2.1.).

Der verlorene Peloponnesische Krieg hat den Schwerpunkt des Diskurses verlagert. Die nüchternere Analyse des Thukydides (3.3.2.) über die sozialpsychologischen Auswirkungen des Peloponnesischen Krieges scheint Platon zwar gekannt zu haben (3.6.2.1.1.), doch gegenüber den Folgen der Niederlage Athens im Peloponnesischen Krieg und den nachfolgenden Kriegen scheint er blind gewesen zu sein.

Isokrates analysierte in seinen Reden die Ursachen der Schwäche Athens, geißelte die Zerrissenheit der griechischen Stadtstaaten. Das Bildungsprogramm des Isokrates sollte eine Vorbereitung auf eine politische Aktivität zum Wohle der Stadt sein (3.2.4.).

Weitere Beiträge zu dem Diskurs kamen von Xenophon (3.6.6.) und Aristoteles (3.6.3.).

Die politischen Bücher Platons sind Beiträge zu diesem gesellschaftlichen Diskurs. Sein Ausgangspunkt war die Diagnose des Aristophanes, und es genügte ihm an Stelle der verderblichen Sophisten die heilsame Wirkung der wahren Philosophen zu empfehlen. . *„Oh ihr Götter ... / Schenkt der Stadt zum erfreulichen Heil heilsame Gedanken! / So nur mögen von Jammer und Not wir gründlich genesen...*(3.5.2.3.). Platons Beitrag waren die Entwürfe eines utopisch-idealen Staatsgebildes und Gesetzgebung.

* Im dritten Buch der Gesetze untersuchte Platon die Entstehung und Umgestaltung der Staaten. *Am Anfang mussten die Menschen viele Vernichtungen erleiden durch Überschwemmungen, durch Seuchen und vieles anderes, bei welchen nur ein kleiner Teil der Menschen überlebte*[835]. *Die damals der Vernichtung entronnen waren dürften aus auf Bergen hausenden Hirten gewesen sein. Sie waren in den Künsten unerfahren. Die Künste des Formens und Flechtens hat Gott den Menschen verliehen, damit sie in ihrer Notlage des Gedeihens und der Zunahme sich erfreue. Doch reich wurden sie wohl, als Gold- und Silberlose, nicht*[836]. *Auch der Gesetze bedurften sie nicht, sie waren der Gewohnheiten und den Gesetzen des Herkommens gehorsam*[837]. Platon unterscheidet für die Weiterentwicklung fünf Arten von Verfassungen: Die erste war das Königtum, die zweite die Aristokratie, dann die Timokratie, die Oligarchie und die Demokratie. Sie unterscheiden sich in den Menschenarten[838]. Bei der Umgestaltung der Staaten war ihr Verhältnis zum Reichtum, Geld und die Lüsternheit Fremdes zu verwenden eine treibende Kraft[839]. Keine von diesen sagt einer philosophischen Natur zu. Aber welcher Staat ist den Philosophen angemessen? [840].

* Die Staatskunst ist eine königliche Kunst, die alles regiert[841], sie ist allen anderen Künsten übergeordnet, wie bei Protagoras (3.2.1.), Sophokles (3.4.2.) und auch Isokrates (3.2.4.). War noch Protagoras (3.2.1.) der Meinung, an der πολιτική τέχνή soll ein jeder beteiligt werden[842], so übt Platon Kritik an der politischen Isonomie und fordert, nach dem τέχνή-Modell, die einschlägigen Kenntnisse, als Voraussetzung für eine sinnvolle politische Tätigkeit. Herrschen soll der mit Einsicht königliche Mann. Man schließt damit die τεχνίτης, Zimmermann, Schmied, Schuster usw., ohne einschlägige Kenntnisse und Meisterschaft[843], nach dem Vorbild Spartas und wie die Metöken in Athen, aus der Gesetzgebung am besten aus. Die Gesetzgebung ist eine Aufgabe der wahren Philosophen, oder der Hüter und Wächter und sie dürfen sich dieser Aufgabe nicht entziehen. Letztere sind zunächst als Krieger gedacht[844]. Das

Verhältnis der Philosophen und der Wächter zueinander ist dadurch bestimmt, dass die besten und bewährten Krieger zum wahrhaften Philosophen weitergebildet und dann zu den Hütern des Staates bestellt werden sollten[845]. *Die königliche Kunst vollendet das Gewebe der ausübenden Staatskunde*[846]. Die Sophisten geben nur ein Abbild von der wahren Staatskunst, sie vermitteln diese nicht. Modell bildend für die Staatskunst und die Gesetzgebung ist die Medizin: diese sorgt für die Gesundheit des Körpers, jene für die Gesundheit der Seelen und des Staates.
Keine Kunst besorgt ihren eigenen Nutzen, auch nicht die Kunst der Regierung. Diese letztere hat den Nutzen der Regierten zu besorgen[847]. Darum soll auch ein Lohn da sein für die Regierenden, sei es nun Geld oder Ehre, oder eine Strafe, falls sie es nicht tun[848].

Das Primat der πολιτική τέχνή konnte sich auch gegen die Philosophen wenden, wie ein Dekret zur Vertreibung der Philosophen aus Athen gezeigt hat (4.2.). Das Verhältnis der πολιτική τέχνή zu den übrigen τέχναί und zu den τεχνίτης ist ein spieltheoretisch wichtiger Aspekt dieser Untersuchung (s.a. Kapitel 5, 6, 7, 8 und 10).
Religiöse Praktiken stehen zunächst etwas außerhalb dieser Gliederung. Doch zur Staatskunst gehört wohl auch die Gerechtigkeit. Diese besteht nach Platon aus zwei Teilen: der eine bezieht sich auf die Menschen, der zweite auf die Götter. Dieser Teil des Gerechten ist das Gottesfürchtige und Fromme[849]. Die Frömmigkeit selber wird auch als *eine Art von Kunst* bezeichnet: *Sie ist die Kunst des Handels zwischen Menschen und Göttern*[850], dazu gehört auch das Dämonische und die Weissagung[851]. Die Kunst der Priester bezieht sich auf Opfer, Weihungen, Besprechungen, Wahrsagungen und Bezauberung[852]. Platons politische Schriften enthalten auch eine Reihe praktischer Regelungen[853], die den Diskurs um die τέχναί und den τεχνίτης betreffen; sie werden weiter unten behandelt (3.6.2.4.). An der aktuellen Diskussion um die Sanierung der zerrütteten Staatsfinanzen hat er sich merkwürdigerweise nicht beteiligt.

1.6.2.2.7 Die Verwendung der Bezeichnung banausisch

Die Künste sind für Platon ambivalent: *in allen Künsten wohnt eine Anständigkeit und eine Unanständigkeit. Die Unanständigkeit und Unangemessenheit und Mißtönigkeit sind dem schlechten Geschwätz und der Übelgesinntheit verschwistert, das Gegenteil aber ist mit dem Gegenteil, dem besonnenen und guten Gemüt, verschwistert und dessen Darstellung*[854]. Die Bezeichnung banausisch wird aber nicht auf den Minderwertigeren dieser Pole bezogen.

* Künste, die in der Hierarchie der Ziele anderen untergeordnet sind, sind nur *dienstbar, knechtisch und unedel*. Als Beispiele dienen Koch, Bäcker, Weber und Schuster auf der einen Seite. Sie versorgen zwar unseren Leib, aber in Wahrheit tun dies die Heilkunst und die Turnkunst, und die anderen sind diesen letzteren untergeordnet[855], und *die Knechte haben ihre Herren zu bedienen*[856].

* Platon kennt und verwendet für Handwerker und Künste die Bezeichnung „banausisch" auch noch in einem anderen Sinne. *Die Künste sind insgesamt unedel*[857]. Wie passt eine solche Bezeichnung zu der obigen Gliederung? Schauen wir einmal die Stellen an, wo der Terminus vorkommt, und achten wir auf die dort benannten Defizite:
Schimpflich geltender Handwerkssinn stößt eine edle Gesinnung ab[858]. *Wer sich nur auf Künste und Handarbeiten versteht, nicht aber auf die Weissagung der Götter, der*

ist ein Gemeiner[859]. Wahre Erkenntnis und Meisterschaft bezieht sich auf die Gerechtigkeit Gottes, jegliche andere dafür geltende Meisterschaft in den Künsten ist etwas Niedriges und Unfreies und in der Verwaltung etwas Gemeines[860]. Niedriges Handwerk aber und Tagelöhnerei, weshalb meinst du, liegt darauf ein Schimpf? Weil der Göttliche Seelenteil in ihnen von Natur so schwach ist, dass es über die anderen Tiere in ihm nicht herrschen kann[861]. Eine Bildung, die den Gelderwerb bezweckt, Vernunft und Recht nicht berücksichtigt ist nur handwerksmäßig, unedel und des Namens Bildung nicht Wert[862]. Im Vergleich zur Rechenkunst, welche die Seele vom Werdenden zum Seienden führt, dünken uns die Künste doch insgesamt unedel zu sein[863].

Die Philosophie lockt viele von unzulänglicher Natur, und die, wie schon ihr Leib verkrüppelt ist durch ihre Künste und Gewerbe, so auch das Unedle darin der Seele nach ganz verweichlicht und gedrückt sind[864].

Die erwähnten Defizite sind: Mangelnde Sensibilität für das Dämonische, falsche Gottesvorstellung, Schwäche des „göttlichen Seelenteils", ungenügende Bildung der Vernunft und des Rechtsgefühls, ungenügende mathematische Kenntnisse, durch die berufliche Tätigkeit verkrüppelte körperliche und/oder seelische Konstitution. Wir finden eine Mischung von Motiven.

Es mag ein gesellschaftliches Vorurteil bei diesem Urteil nachklingen, es mag ein Widerhall des sophistischen Bildungsoptimismus sein oder Arroganz des Philosophen, dass in der Hierarchie der τέχναί die nachahmenden und die produzierenden Künste niedriger stehen als die theoretischen und diese wiederum niedriger stehen als die Kunst der Dialektik. Wer in seiner Bildung auf der Stufe seiner Kunst hängen bleibt und nicht darüber hinaus zu einer philosophischen Schau der Wahrheit und des wahrhaft Seienden kommt, ist, zumindest aus der Sicht des Philosophen, ein Banause. Doch wahrhaft banausisch ist, wer ein falsches Bild von Gott hat (3.6.2.2.7.).

Ausblick: Diese Einschätzung wurde vom Neuplatonismus aufgegriffen und an die die spätantiken Religionen (das Christentum (5.1.2.) und den Islam (6.2.)) weitergegeben (4.2.1.2.). Aber eben diese Einschätzung hat den Platonismus für die monotheistischen Religionen attraktiv gemacht; sie ist die Intonation des Themas: Wahre Weisheit und wahres Wissen besitzt nur die Theologie (und folglich nur der Theologe).

1.6.2.2.8 Atechnische Attraktionsbereiche

Das Bisherige zusammenfassend wollen wir festhalten:

.... Erstens, dass der Versuch ein über weite Strecken bemerkenswert konsistentes Bild der Einstellung Platons zu den τέχναί ergibt, eine bislang wenig beachtete Seite seiner Philosophie.

.... Zweitens, dass Platon sich mit seinen Anmerkungen zum Thema τέχναί an einer kritischen Auseinandersetzung unter den Intellektuellen seiner Zeit, Dichter, Sophisten und Philosophen, beteiligte, seine Schriften sind Beiträge zu einem gesellschaftlichen Diskurs.

.... Ein Drittes ist die Nichtigkeit jeder Meisterschaft in irgendeiner Kunst vor dem Göttlichen, aber auch vor der eigentlichen Aufgabe des Menschen, sich primär um seine Seele zu sorgen.

Damit ist ein atechnischer Attraktionsbereich der Philosophie Platons angedeutet.

Bei Platon zeichnen sich insgesamt drei atechnische Attraktionsbereiche ab: Neben der Seelenlehre und Eschatologie haben wir noch die Lehre vom wahren Sein und die Gotteslehre gefunden. Alle drei spiegeln sich in den praktischen Regelungen wieder.

* *Alle τέχναί, Ackerleute, Handwerker, Arzt und Gymnastiklehrer, kennen nur das dem Leib zugehörige und sorgen nur für den Leib, aber unser eigentliches Selbst ist die Seele. Unsere eigentliche Aufgabe ist es für die Seele zu sorgen, denn tugendhaft und besonnen wird man nicht mit Hilfe einer Kunst. Darum werden auch die Künste für niedrig gehalten und nicht für die Beschäftigung eines edlen Mannes. Er überlässt das Sorgen für Leib und Vermögen anderen*[865].

* *Selbst die Wissenschaften, die sich mit dem Seienden befassen, die Meßkunde und was mit ihr zusammenhängt, träumen zwar von dem Seienden, vermögen es aber nicht ordentlich wachend und wirklich zu erkennen*[866]. *Alle anderen Künste (beziehen sich) entweder auf der Menschen Vorstellungen und Begierden oder haben es mit Hervorbringen und Zusammensetzen oder mit der Pflege des Hervorgebrachten und Zusammengesetzten zu tun*[867].

* Die wahre Erkenntnis ist auf Gott gerichtet. *Das Wahre aber wollen wir so vortragen: Gott ist niemals und auf keiner Weise ungerecht, sondern in höchstem Masse vollkommen gerecht und nichts ist ihm ähnlicher, als wer unter uns ebenfalls der Gerechteste ist. Und hierauf geht die wahre Meisterschaft eines Mannes, so wie seine Nichtigkeit und Unmännlichkeit. Denn die Erkenntnis hiervon ist wahre Weisheit und Tugend und die Unwissenheit hierin die offenbare Torheit und Schlechtigkeit. Jegliche andere dafür geltende Meisterschaft und Erkenntnis aber ist, wenn sie in der bürgerlichen Verwaltung sich zeigt, nur etwas gemeines, wenn in den Künsten, etwas Unfreies und Niedriges. Wer also Ungerechtes und Gottloses redet und tut, dem ist es bei weitem am besten, man gebe ihm nicht zu, er habe es zur Meisterschaft gebracht mit arglistigem Wesen* [868].

* Doch diese wahre Erkenntnis sollte bei Platon nicht zu einer geruhsamen vita contemplativa missbraucht werden. Im Anschluss an sein berühmtes Höhlengleichnis[869], nach dem Hinaufsteigen zum Licht, *soll es nicht erlaubt sein dort zu bleiben*, die die Wahrheit geschaut haben, *müsse in die Höhle zurückkehren zu den Gefangenen und Anteilnehmen an ihren Mühseligkeiten und Entbehrungen. Gerade die vollkommen erzogenen Philosophen müssen gegen ihre Neigung zum Regieren genötigt werden*[870]. Ja selbst die Philosophie *ist eine ganz artige Sache, wenn man sie mäßig betreibt in der Jugend; wenn man aber länger als billig dabei verweilt, gereiht sie dem Menschen zum Verderben*[871]. Ihre Aufgabe ist die Erziehung der Jugend (3.6.2.5.).

1.6.2.3 Die Erwerbskunst bei Platon

Anders als in der „Alten Komödie", wurde der Einfluss des Reichtums einer systematischen Prüfung unterzogen. Dabei geriet die τέχνη der Erwerbskunst ins Blickfeld, insbesondere die Geldwirtschaft, aber auch die τέχναί allgemein wurden verdächtig. Auch Plato sieht τέχνη dichotomisch, ja selbst die Schreibkunst bildet keine Ausnahme -- nur anders als die herkömmliche Dichotomie. Die τέχναί werden soziologisch oder sozialpsychologisch bewertet: Aufgabe der τέχναί ist es die Bedürfnisse der Bürger an Lebensnotwendigem zu befriedigen, aber die τέχναί erzeugen über das Notwendige hinaus vieles nur zur Unterhaltung und Putz, sie tragen auch dazu bei eine Stadt zu einer üppigen anzuschwemmen. Die rechte Stadt aber ist nicht die üppige, sondern die gesunde, die sich auf das Notwendige beschränkt, und nicht der Zügellosigkeit verfällt. Hintergrund dieser Sozialkritik bilden die in der Komödie karikierten Zustände. Die Untersuchung Platons ist zwar systematisch, aber doch einseitig. Es fehlen in der Untersuchung Platons die Einsichten und Argumente des Thukydides (3.3.2.) völlig, Platon kennt nicht die Bedeutung der Wirtschaft (nicht zu verwechseln mit persönlichem Reichtum) und der Flotte als Grundlage der politischen Macht und der kulturellen Blüte der Stadt. Oder, wenn er sie kennt, unterschlägt er sie. Für ihn bilden Grundlage des richtig organisierten Staatwesens die alt hergebrachten Tugenden einer Agrar-Aristokratie. Darin ist seine Untersuchung konservativ, wie die Alte Komödie (3.5.2.).

* *Handel und Gelderwerb erzeugen in den Seelen eine veränderliche und unzuverlässige Gesinnung und macht sie unzuverlässig.* Durch Reichtum verkümmern die τέχναί, weil der Künstler durch Reichtum immer nachlässiger und fauler wird (den Topos kennen wir schon aus der „Alten Komödie", (3.5.1.))[872]. Dies gilt auch für den Seehandel, mag er für das tägliche Bedürfnis angenehm sein, doch gerade der Seehandel lässt den Gelderwerb gedeihen, lässt die Stadt mit Gold- und Silbergeld überschwemmen [873]*und erzeugt vielfältige abgefeimte und schlechte Sitten.* Er beklagt, dass Athen mit achtzig Stadien näher am Meer liegt, als sollte. *Es täte der Stadt ein gewaltiger Retter und Gesetzgeber göttlicher Art Not um das Unheil für das Erlangen einer edlen und redlichen Gesinnung zu verhindern*[874].

* *Weder Gold noch Silber sei im Staate noch ein eifriger Erwerb durch ein handwerkmäßiges Treiben und Wucher*[875]! *Die Stadt solle eine Genügsame sein. Die Wächter müssen darauf achten, dass nicht unbemerkt Reichtum und Armut sich in die Stadt einschleiche.* (Ist es eine indirekte Kritik an der Gesellschaft seiner Zeit?).

Platon erzählt einen Mythos von einer goldenen Vorzeit (wie schon Hesiod, 2.3.2.2.), als Besitz und Gold die Menschen noch nicht verdorben haben. Es ist der Mythos von Atlantis, den er dem weisen Gesetzgeber der Vorzeit Solon (2.3.) zuschreibt, der sie bei den Ägyptern gehört haben soll: Die Bürger dieses Landes beschäftigen sich mit *Gewerben und Ackerbau*[876]. Diese Insel *brachte alles in reicher Fülle hervor*[877] ... wie die ägyptische „*Insel des Ka*" (2.2.2.) oder die Insel der Seligen bei Hesiod (2.3.2.2.).
Doch Platon hat diese Erzählungen um eine sozialethische Komponente erweitert: die Bürger *legten auf Besitz, den der Tugend ausgenommen, geringen Wert und ertrugen als eine Bürde die Fülle des Goldes und des anderen Besitztums. Üppigkeit berauschte sie nicht, noch entzog ihnen ihr Reichtum die Herrschaft über sich selbst oder verleitete sie zu Fehltritten; vielmehr erkannten sie nüchtern und scharfen Blicks, dass selbst diese Güter insgesamt nur durch gegenseitige mit Tugend verbundene Liebe gedeihen, dass aber durch das eifrige Streben nach ihnen und ihre Wertschätzung diese selbst sowie jene mit ihnen zugrunde gehe*[878]. *Als das menschliche Gepräge ihres Wesens die Oberhand gewann, entarteten sie und erschienen in schmachvoller Gestalt. Zeus hat sie büßen lassen, damit sie zur Besonnenheit gebracht verständiger würden*[879], *und ließ sie im Meer versinken*[880] ... wie auch die ägyptische „*Insel des Ka*" (2.2.2.).
Die Erzählung von der Insel Atlantis, wie auch Platons andere Dialoge über den (besten) Staat und die (besten) Gesetze, war ein rationalistisch-puristischer Nachtrag, vielleicht (3.6.2.1.5.) den Diskurs der Sophisten über die beste Verfassung (3.2.1.) karikierend.

Doch dieser Entwurf wurde zu einem Leitbild moderner utopischen Entwürfe im 16. und 17.Jahrhundert (4.1.2.1.2., 9.1.5.3., 10.3.4. und 10.3.4.8.).

* Auch in der, zumeist als unecht angesehenen, Schrift „Hipparchos"; über die Erwerbskunst ist das Gewinnstreben unehrenhaft. Die Tüchtigkeit der Seele ist von äußeren Gütern zu trennen[881].

* Wir können für Platons Vorstellungen zwei Bezugsrahmen heranziehen:

…. Erstens zurückgewandt, ob Platon an die Solon zugeschriebenen Antiluxusgesetze (ursprünglich Aufwandsbeschränkungen für Brautgabe und Begräbnis[882], 3.1.1.2.) anknüpfen will, sagt er nicht. Doch die Frage Armut und Reichtum hat auch nach seiner Meinung mit der solonischen Grundfrage nach Gerechtigkeit, eunomia, mit der guten Ordnung zu tun. Aber die Frage nach Gerechtigkeit ist nur das eine, worauf die Wächter zu achten haben, das andere ist die Frage der Genügsamkeit. Die Grenze zwischen Notwendigem und Überflüssigem ist weich: *Ackermann, Rinderhirten, Schäfer Werkzeugmacher, Schmiede, Holzarbeiter und „viele andere Handwerker" werden als notwendig angesehen, man braucht Nahrung, Wohnung und Bekleidung, aber Dichter, Schauspieler, Tänzer, Rhapsoden, Maler, Schaukünstler, viele, die es mit Gestalten und Farben zu tun haben, Putzmacher und Bartscherer sind nicht mehr des notwendigen wegen in der Stadt. Ja selbst Ärzte wird man häufiger bei der üppigen Lebensweise benötigen, als bei der genügsamen Lebensweise.*

…. Zweitens: Platon stand mit seiner Kritik nicht alleine, er war an einem gesellschaftlichen Diskurs beteiligt. Das Aufblühen des privaten Wohlstandes und den Gegensatz von privatem Reichtum und öffentlichem Armut hat auch der Redner und Politiker Demosthenes (384 - 322) beklagt: *Jeder von Euch weiß, wie das Haus des Themistokles, des Miltiades und anderer berühmter Männer jenerzeit aussieht, kann sehen, dass sie nicht großartiger waren als üblich, während die Bauwerke und Gebäude des Staates – diese Propyläen hier, die Kais, die Säulenhallen, der Piräus und die anderen Bauten, mit denen ihr die Stadt ausgestattet seht – von solcher Größe und Schönheit sind, dass keine spätere Zeit sie übertreffen kann. Aber heutzutage ist jeder Politiker so reich, dass manche von ihnen ihre Häuser viel großartiger bauen als viele öffentliche Gebäude, während andere mehr Grundbesitz erworben haben als ihr alle zusammen in diesem Gerichtshof. Was ihr aber öffentlich baut und mit Stuck verziert, das ist so dürftig und schäbig, dass es eine Schande ist*[883].

1.6.2.4 Die praktischen Regelungen:

* Im Gegensatz zur gesellschaftlichen Wirklichkeit in Athen seiner Zeit (immerhin ein Teil der Handwerker gehörte zum Bürgerstand), aber in Anlehnung an Sparta, *soll sich kein Einheimischer handwerkmäßigen Beschäftigungen widmen*[884]. *Wer die Krämerei betreiben will, muss ein Fremder oder Schutzgenosse sein*[885]. *Die Waren, die an Fremde verkauft werden sollen, sollen diejenigen Fremden oder Sklaven, die dazu den Auftrag haben, zu Markte bringen*[886].

…. *Jeder soll sich nur auf ein Handwerk spezialisieren, es ist unmöglich, dass einer viele Künste zugleich gut ausüben könne*[887].

…. *Die Handwerker sollen sich in Innungen zusammenschließen. Die Innung derjenigen Handwerker, die durch ihre Künste die Einrichtung unseres Lebens begründen halfen, ist dem Hephaistos und der Athene geweiht, dem Ares und der Athene dagegen die schützenden Künste.*

…. *Kein Handel soll um des Gewinns willen stattfinden.*

.... *Keinem Nichtbeamten sei es gestattet, irgend Gold und Silber zu besitzen, wohl aber die Landesmünze des täglichen Umsatzes willen, den zu betreiben für Handwerker fast unumgänglich ist sowie für alle, deren Geschäft es ist, Lohn darin an gemietete Sklaven und Fremde zu bezahlen*[888]. In Timaios wird selbst den Wächtern im Staate *der Besitz von Gold und Silber oder irgendein anderes Besitztum* verweigert[889].

.... Platon sah den Interessenkonflikt zwischen Käufer und Verkäufer, den die Gesetzeswächter ausgleichen müssen. *Zur Festsetzung der Preise sollen die Gesetzeswächter mit den in jeder Art Krämerei Erfahrenen zusammen kommen und in solchen Zusammenkünften erwägen, welche Geldanlage und welcher Verkaufspreis wohl dem Verkäufer einen mäßigen Gewinn bringt, das sich ergebende, Geldanlage und Verkaufspreis, niederschreiben, damit die Merktaufseher, aber auch die Stadt- und Feldaufseher darauf halten. So etwa dürfte die Krämerei für jeden erspießlich und den von ihr Gebrauch Machenden am wenigsten nachteilig werden*[890]. Die Wächter sollen die Einhaltung der so festgesetzten Preise kontrollieren.

.... *Rechtsverdreherei und ungehöriger Rechtsbeistand sollen von einem Gerichtshof belangt werden*[891].

.... Es gibt eine Grenze für die Medizin: es ist *die über die gewöhnliche Übungen hinausgehende übermäßige Sorgfalt für der kranken Körper in kleinlicher Lebensordnung. Wer nicht in seinem angewiesenen Kreise zu leben vermag, den glaubte er (bezieht sich auf Asklepios) auch nicht pflegen zu müssen, weil er weder sich selbst noch dem Staate nützt*[892]. Schließlich sei Asklepios, der sich für Geld hat gewinnen lassen, einen reichen Mann, der schon im Sterben gelegen, zu heilen, wofür er auch vom Blitz erschlagen worden sei. *Die Heilkunde soll diejenigen unter den Bürgern, die gutgeartet sind an Leib und Seele pflegen, die es aber nicht sind, wenn sie nur dem Leibe nach solche sind, sterben lassen, die aber der Seele nach bösartig und unheilbar sind, selbst umbringen*[893].

.... *Es muss verboten sein für die Dichter schändliches über die Götter zu erzählen. Nur die wahre Götterlehre* [894] *darf verbreitet werden und nicht, dass die Götter an irgendeiner Schönheit oder Tugend Mangel leiden, oder irgendein Göttersohn oder Heros Ruchloses oder Frevelhaftes ausübten*[895]. Wer dergleichen von den Göttern behauptet, *soll keinen Chor erhalten*[896]. Auch soll, um der Tapferkeit willen verboten werden *die Schrecken der Unterwelt darzustellen*[897] oder *das Jammern und Wehklagen ausgezeichneter Männer*[898]. *Es soll auch verboten sein über die Menschen verkehrt zu reden und zu spotten*[899], zu behaupten, dass Ungerechte glückselig wären und Gerechte elend, oder dass Unrechttun Vorteil bringe, wenn es nur verborgen bleibe. Es sind die Musen, die den Dichter zur Wahrheit führen. *Der Dichter hat keine Einsicht in das, was er dichtet*[900]. *Es ist eine Aufgabe des Staates festzulegen, in welcher Weise die Dichter über das Gute und Gerechte sich zu äußern haben*[901]. Platon befürwortet die Zensur: *Wir müssen die Dichter in Aufsicht halten und sie nötigen, der guten Gesinnung Bild ihren Dichtungen einzubilden oder überhaupt nicht bei uns zu dichten. Auch alle anderen Werkleute müssen unter Aufsicht stehen und abgehalten werden Bösartiges und Unbändiges, Unedles und Unanständiges in Abbildung des Lebenden oder in Gebäuden oder an irgendeinem anderen Werk anzubringen*[902]. *Die Stadt müsse Aufsicht führen über die, welche Märchen und Sagen dichten*[903], und welches sie gut gedichtet haben, dieses einführen, welches aber nicht, das ausschließen. Sie sollen die Dichter auch nötigen notfalls das Gegenteil zu erklären, und die sich nicht fügen bestrafen. *Es sei auch nicht gestattet, das Gedichtete einem Bürger zu zeigen, bevor er es dem dazu bestellten Richtern und Gesetzeswächtern zeigte und ihren Beifall erlangte*[904]. Allein die Darstellung des Männli-

chen, Besonnenen und Guten ist erlaubt, und man muss solche Künstler suchen, welche eine glückliche Gabe besitzen die Natur des Schönen und Anständigen überall nachzuspüren[905].

.... Nur die zugelassenen Tonarten sollen gepflegt werden[906]*, die klagenden Tonarten, die schon den Weibern nichts nützen, oder weichliche Tonarten, die schlaff machen, sollen verboten werden. Apollon und seine Instrumente sollen dem des Marsyas (2.3.1.1.) und den Seinigen vorgezogen werden*[907].

.... „Die Lachlust ist schändlich"[908]*. Aber das Lustspiel ist aus erzieherischen Gründen notwendig, denn das Ernste ist ohne das Lächerliche nicht zu begreifen*[909]*. Dem Dichter eines Lustspiels oder den Musen geweihter Verse sei es nicht gestattet irgendwie irgendeines Bürgers zu spotten. Die Nachbildung des Lächerlichen aber muss man Sklaven und um Lohn gedungenen Fremdlingen übertragen, nie darf ein Freier, weder Frau noch Mann sich ernsthaft damit beschäftigen*[910].

* Der ideale Staat ist eine Standesgesellschaft. *Wenn ein Handwerker oder einer, der sonst ein Gewerbsmann ist, seiner Natur nach, hernach, aufgebläht durch Reichtum oder Verbindungen oder Stärke oder etwas dergleichen, in die Klasse der Krieger überzugehen sucht, oder einer von den Kriegern in die der Berater und Hüter, ohne dass er es wert ist, und diese dann ihre Werkzeuge und ihre Ehrenstellen gegeneinander vertauschen, oder einer und derselbe dies alles zu verrichten unternimmt, solcher Tausch und Vieltuerei wird der Stadt zum Verderben gereichen*[911].

* Platon entwarf die erste umfassende Standes- und Gewerbeordnung, die literarisch überliefert ist. *Die Vorsteher der Stadt müssen darauf achten, dass es nicht unvermerkt in Verfall gerate und verhüten, dass irgendetwas geneuert werde gegen die Einrichtungen, vielmehr diese aufs möglichste aufrecht halten*[912].

Hinter der Vorstellung von der Führungsrolle der Philosophie stand die Praxis der Akademie, in der ja die Wissenschaften der Zeit nicht nur diskutiert, sondern auch gepflegt wurden. Aber zwischen Programm und Praxis ist ein Spannungsverhältnis zu beobachten: Die Idee des Guten bzw. der Wahrheit (Apollonische Prinzipien) sollen die für sich ambivalenten musischen Künste und die Redekunst führen. Aber diese Ideen sind, bezogen auf Athen zu seiner Zeit, rückwärtsgewandt, wie auch die Kunstkritik der „Alten Komödie", sie sind konservativ repressiv zur Stabilisierung längst überholter Positionen einer militarisierten Adelsschicht. Sie Schielen eher auf das rückständige Sparta, ohne Ansatzpunkte zur Lösung der aktuellen Probleme in Athen seiner Zeit. Dionys und Dion von Syrakus waren wohl beraten nicht auf ihn zu hören. Historisch wirksam wurde die Praxis der Akademie im Peripatos und in Alexandria und die schriftlich tradierten Einstellungen für die literarisch gebildeten aller Zeiten. Diese Wächterfunktion wird später im lateinischen Westen durch ein Sacrum Officium, durch Kontrollstellen, Revolutions- und Volkskommissariate aller Art ausgeübt.

1.6.2.5 Bildungsideal bei Platon

Von den frühen Sophisten wurde eine öffentliche Diskussion um Fragen der Bildung und Erziehung angeregt (3.1.1.7. und 3.2.2.). Welchen Standpunkt vertrat Platon in diesem Diskurs?

* Bildung und Erziehung sind mit Platons Seelenlehre aber auch mit seiner Vorstellungen vom (idealen) Staat verknüpft: diese sind keine Privatangelegenheit sondern

eine wichtige politische Aufgabe. Platon forderte für den wohlgeordneten Staat eine allgemeine Schulpflicht und eine Aufsicht über das Erziehungswesen:

.... Es müssen *um Lohn gedungene fremde Lehrer ... den Unterricht in allen auf den Krieg und den musischen Kunst bezüglichen Unterrichtgegenständen erteilen, doch nicht so, dass der eine, weil der Vater es will, kommt, der andere, mit Aufgabe der Unterweisung, nicht, sondern wenn möglich jeder, groß und klein, wie man zu sagen pflegt, muss notwendig ihn empfangen, da die Kinder mehr dem Staate als ihren Erzeugern angehören[913]. Die erste Erziehung der Menschen erfolgte durch die Musen und Apollon[914]. Der Gesetzgeber darf nicht geschehen lassen, dass die Erziehung der Kinder als ein Zweites und als Nebensache betrachtet werde[915].*

.... *Sein Gesetz sah die gleiche Bildung für das männliche und das weibliche Geschlecht vor[916]. Eine Obrigkeit ist uns noch für das ober Erwähnte übrig, diejenige, welche für die gesamte Erziehung der Knaben und Mädchen Sorge trägt[917].*

Bildungsvorstellungen spiegeln auch die Einstellungen zu den τέχναί. Insbesondere in den „Frühdialogen" wird die Frage nach der Lehrbarkeit der Tugend gestellt. Dabei verweist er auf eine Analogie zu den τέχναί[918]. *Die Erziehung soll sich mit der Naturanlage verbinden* [919] und auf das Alter abgestimmt sein. Doch die Frage, die uns interessiert ist eine andere: Gehörten bei Platon irgendwelche Komponenten der τέχναί zu Bildung? Welche und in welchem Maße?

* Bildung und Erziehung bedeutete für Platon (wie auch für die Sophisten, „Sokrates" und Isokrates auch) nicht den Erwerb berufsspezifischer Kenntnisse[920]. *Die Künste dünkten uns doch insgesamt unedel zu sein[921]*. Letztere sind notwendig auf ein Spezialgebiet bezogen[922] und *der Fachmann kann nur die Leistungen auf seine Fachgebiet beurteilen und umgekehrt, die Leistungen einer Kunst kann nur der Sachverständige beurteilen. Ein Kunstverständiger wird man nur durch Übung und tüchtige Lehrer[923]*. Bildung und Erziehung bedeuten auch für Platon etwas anderes, ihre Aufgabe ist es die jungen Menschenkinder zu vollwertigen Staatsbürger heranzuziehen – wie bei den Sophisten. *Die Bildungsvorschriften für die Seele sind Recht und Gesetz, vermittels deren sie rechtlich werden und anständig[924]*.

Erziehung ist *eine Kunst der Umlenkung[925], die gesamte Seele muss gleich von dem Werdenden abgeführt werden, bis es das Anschauen des Seienden und des Glänzendsten unter den Seienden aushalten kann[926]. Die trefflichsten Naturen unter den Bewohnern sollen genötigt werden, dass sie zu jener Kenntnis zu gelangen suchen, ... nämlich das Gute zu sehen und die Reise aufwärts dahin anzutreten; aber wenn sie dort ober zur Genüge geschaut haben, darf man ihnen nicht erlauben ... Dort zu bleiben und nicht wieder zurückkehren zu wollen zu jenen Gefangenen[927]*..

Eine der wiederkehrenden Fragen insbesondere der „sokratischen Dialoge" ist die Lehrbarkeit der Tugend. Diese war Aufgabe der herkömmlichen Bildung (3.1.1.7.), Muster für soziales Verhalten bot die epische Dichtung: Homer (2.3.2.1.) und Hesiod (2.3.2.2.).

* Platons Kritik an der Dichtung und der von diesen erzählten Göttergeschichten (3.6.2.2.1.) betraf auch das herkömmliche Bildungswesen (3.1.1.7.). Diese wollte er von der Erziehung der Wächter ausschließen. Denn diese *müssen Aufsicht führen über die, welche Märchen und Sagen dichten, und welches Märchen sie gut gedichtet haben, dieses einführen, welches aber nicht, das ausschließen[928]*. Er stellte Homer und die epische Dichtung nicht nur als Reservoir von Kenntnissen sondern auch als ethisches Leitbild in Frage[929]. *Vom Homeros an, seien alle Dichter nur Nachbild-*

ner von Schattenbildern der Tugend und der andern Dinge, worüber sie dichten, die Wahrheit aber gar nicht berühren[930].
Doch in seinen Schriften griff er auch auf homerische Mythen zurück[931].

Platons Bildungsideal ist: gut gerüstet zu sein für das häusliche und öffentliche Leben. Schon die Sophisten, *Protagoras* (3.2.1.), *der Abderit* (Demokrit; 3.6.5.) *der koische Prodikos* (3.1.1.6. und 3.2.1.) *und viele andere*[932] haben den Anspruch erhoben, durch ihre Unterweisung die Bürger für die Teilnahme am politischen Leben vorzubereiten[933].
Platons Anmerkungen zu Fragen der Bildung und Erziehung sind Beiträge zu einem gesellschaftlichen Diskurs, den bereits die Sophisten angestoßen haben (3.2.2.). Einerseits, was das zu vermittelnde Wissen angeht, andererseits was die Bildung der Ausbilder angeht. Diesem Anspruch versucht Platon gerecht zu werden, in dem er die Lücken schließt, welche die Sophisten, aber auch der Gesetzgeber, offen gelassen haben. Denn *jede ungeordnete Beschäftigung mit den Musen wird, sobald sie Ordnung erlangt zu einer tausendfach besseren*[934], und die Führung gebührt dem „rationalen Seelenteil", seine Aufgabe ist es zu erkennen und zu herrschen.

* Die Curricula sind im Detail in den Werken „Politeia" und „Nomoi" unterschiedlich[935], doch die für unsere Untersuchung wichtigen Merkmale sind gemeinsam:

Die zu Erziehenden sollen in Gymnastik, Musik und allen ihnen angemessenen Wissen unterrichtet werden[936], auch in den Anfangsgründen des Wissen, des Laierspiel, das Rechnen , *in Bezug auf den Krieg,… das Hauswesen und die öffentlichen Geschäfte sich anzueignen nötig sei … und was da für eben dieses nützlich ist von den Umläufen der göttlichen Wesen, der Sterne, der Sonne und des Mondes, was darüber jeder Staat feststellen muss. Ebenso über die Verteilung der Tage auf den Kreislauf der Monate auf jedes Jahr, damit für die Jahreszeiten, für die Opferungen und Feste die jedem derselben der Natur gemäß zukommende Zeit bestimmt werde. Das alles ist vom Gesetzgeber noch nicht zur Genüge dargelegt*[937]. *Wie es einem Freien zukommt*[938].

Dazu gehört auch *das Gemeinsame, dessen alle Künste und Verständnisse und Wissenschaften bedürfen ist die Kenntnis der Zahl und der Rechnung*[939]. Platon zog als Vorbild Pythagoras den Dichtern Homer und Hesiod vor[940]. An der Spitze der Kenntnisse stehen also: die Arithmetik, die Geometrie, die Astronomie und die Musik - das mathematische Fächerkanon des Pythagoreers Archytas von Tarent (2.3.4.2.). Diese Fächer wurden später als Quadrivium der artes liberales[941] zusammengefasst. Es ist ein Versuch die Teilbereiche zu integrieren. Allerdings sollen auch diese Kenntnisse *nicht als τέχνη*, erworben werden *um ein Gewerbe daraus zu machen, sondern zur Bildung, wie es einem von freier Herkunft, der sich selbst leben will, geziemt*[942]. Diese Begrenzung folgt sowohl der sophistischen Tradition (3.2.2.).als auch der des „Sokrates" (3.6.1.2.1.), kontrastiert aber mit dem Programm der Akademie (3.6.2.1.3.). Auch die neue sophistische Kunst muss geübt werden, bevor einer sich an *die öffentlichen Geschäfte* wagt[943].
Diesen Fächern kommt den Kenntnissen und geübten Fertigkeiten nur eine propädeutische Funktion zu – wie bei Isokrates (3.2.4.): Bei Platon sind sie Vorstufe zu einer geläuterten Dialektik[944] (3.6.2.2.5.), sie sind die Instrumente, welche die Seele von den sinnlichen Eindrücken reinigen, und den rationalen Seelenteil auf den höchsten Lehrgegenstand, die Anschauung der Ideen, des Guten und Wahren, vor-

bereiten. *Eine mit Genauigkeit verbundene Kenntnis von diesem allen hat aber nicht die Mehrzahl sich zu erwerben, sondern nur einige Wenige*[945].

* Die Wissenschaften sind nur eine Vorübung auf die Dialektik (3.6.2.2.5.) bzw. Theologie[946], als Wissenschaft von dem, was ist[947]. *Was nun zum Rechnen und zur Meßkunde und zu allen den Vorübungen gehört, die vor der Dialektik hergehen sollen, das müssen wir ihnen als Knaben vorlegen*[948]. *Die Dialektik ist die Endstufe der Ausbildung zum Philosophen, sie ist wie der Sims über alle anderen Kenntnisse über die keine anderen Kenntnisse aufgesetzt werden können*[949]. Doch diese Dialektik ist nicht mehr die sophistische Spitzfindigkeit, auch nicht die isokratisch geläuterte (3.2.4.), sondern der Weg zur „wahren Lehre" vom Sein[950], d.h. zur Lehre vom wahrhaft Seienden um zur Anschauung der Ideen zu gelangen. Diese Schau der Ideen wirkt wieder leitend auf den Erkenntnisprozess zurück. Erst durch diese wird alles andere brauchbar und förderlich.

* Ausblick: In seinen Werken sind Arithmetik, Geometrie und Astronomie zum damals aktuellen Stand ihrer Entwicklung präsentiert. Doch die Instrumente des „rationalen Seelenteils" waren voll mit pythagoreischer Zahlenmystik und Symbolismus. Einmal im Bildungskanon festgeschrieben und mit seiner Lehre vom wahren Sein verknüpft, wurden sie mit dieser Struktur weitervermittelt. Dabei verloren diese Fächer schnell den Kontakt zu den sich weiter entwickelnden Wissenschaften (4.1.1.), blieben als leere Worte zurück und in einer ontologischen Spekulation verstrickt, von der Realität abgehoben. So wirken sie in der Rückschau eher wie Instrumente eines sophistischen Bluffs, natürlich intellektuell auf hohem Niveau, obwohl sie eigentlich zu deren Entlarvung beitragen sollen (3.6.2.1.1.).

Die Philosophie Platons hat erst im Neuplatonismus der Spätantike (4.2.1.3.) eine Breitenwirkung gehabt[951]. Seine Bildungsvorstellung eines Philosophen[952] wurde zum Leitbild religiös geleiteter Bildung, sowohl für Christen (5.2.1. und 8.1.3.) als auch für Muslime (6.2.1.4.).

1.6.3 Aristoteles

Aristoteles (384 – 322) arbeitete 20 Jahre in der Akademie Platons, schied nach dessen Tode aus. Er wurde 343-335 vom Philipp II von Makedonien als Erzieher für Alexander an seinen Hof berufen. (Die makedonischen Herrscher sind uns schon einmal als Förderer der Künste begegnet (3.4.3.), die Ptolemäer in Alexandria werden diese Tradition fortsetzen (4.1.1.).)
Als Alexander die Nachfolge seines Vaters übernahm, ging Aristoteles nach Athen zurück und gründete, wohl mit königlicher Unterstützung, im Bezirk des Apollon Lykeios eine eigene „Schule": das Lyzeum. In dieser Zeit schrieb er seine uns bekannten Werke. Die von ihm veröffentlichten Abhandlungen sind verloren gegangen, erhalten geblieben sind unveröffentlichte Notizen, die erst später geordnet und redigiert wurden. Doch wir finden auch in diesen Spuren eines Diskurses mit Platon, Demokrit, Xenophon und den Dichtern.
Wie fern Aristoteles in der Trennung der Lehre in eine exoterische und esoterische früheren Beispielen des Pythagoras (2.3.2.4.), Protagoras und Platons (3.6.2.2.2.) folgte oder sich an die seinerzeit aktuelle öffentliche Meinung angepasst hat, mag hier offen bleiben[953]. Im Jahre 323 flüchtete Aristoteles vor einem drohenden Asebie-Prozess nach Chalkis, wo er auch starb. Seine Nachfolger wurden Peripatetiker genannt, auf die wir im nächsten Kapitel eingehen werden (4.2.2.).

* Die wichtigsten Schriften des Aristoteles wurden nicht von ihm selber zur Publikation vorbereitet, sie waren Skizzen und Entwürfe für den internen Schulgebrauch[954], die erst später zu Büchern gestaltet wurden und ihren Platz im Oeuvre erhalten haben. Die Texte, wie wir sie heute kennen, wurden vom Andronikos von Rhodos im 1. Jahrhundert v.u.Z. zusammengestellt[955]. Sie weisen eine Menge Auffälligkeiten auf: Thematisch zusammengehörendes ist auseinander gerissen, Nichtzusammengehörendes grob aneinandergerückt. Auch das Nachdenken über die τέχναί wird in seinen Werken, so wie wir sie kennen, nirgends geschlossen dargestellt. Viele vereinzelte Ansatzpunkte findet man zerstreut in praktisch allen seinen Werken, eingebettet in jeweils andere Kontexte: Einführung in die Philosophie, Ethik, Politik, Poetik, Zoologie, Psychologie, Physik, Kosmologie, Organon, Metaphysik. Die hermeneutische Textinterpretation kann diese Fragmente, wenn überhaupt, nur in ihrem spezifischen Kontext erhellen, fügt aber nicht die Bruchstücke zu einander und so bleibt die Struktur seines Nachdenkens über die τέχναί nur schwer erkennbar.

Hier wird ein Versuch gewagt, die zerstreuten Elemente des aristotelischen Nachdenken über die τέχναί aus ihrem tradierten und uns bekannten Stellen herauszulösen und in „Sachzusammenhänge" zu ordnen. Um unsere Untersuchung durchzuführen gehen wir ähnlich vor wie bei Platon (3.6.2.) Dazu müssen wir auch hier den uns vertrauten Textzusammenhang aufgeben. Im Folgenden werden wir Aristoteles befragen, ihn so viel wie möglich sprechen lassen. Um von der zufälligen Auswahl von mehr oder weniger „bedeutenden" Einzelstellen unabhängig zu sein und die Konsistenz der verstreuten Aussagen zu prüfen müssen die Belege in ihrer Fülle möglichst vollständig berücksichtigt werden. Die Zitate müssen „schonend behandelt", d.h. sie dürfen zunächst interpretatorisch möglichst wenig „gepresst" oder zurechtgebogen werden. Dazu wird die Fülle des Materials zunächst thematisch geordnet, locker neu aneinandergefügt und erst das sich ergebende Muster wird interpretiert. Wir wollen sehen ob der Versuch ein einheitliches Bild ergibt, oder disparate Ansätze nebeneinander vorliegen.

Zur Gliederung und Bewertung der τέχναί und zur Bewertung von Besitz finden wir in den Werken verschiedene Kriterien. Dies zeigt durchaus eine Inkonsistenz der Einstellungen an, die wir nicht mit einem Hinweis auf eine „wahre Lehre" unterschlagen dürfen. Wir können aber angesichts der Überlieferung der Texte auch nicht über Früher und Später entscheiden, also eine innere Entwicklung erkennen; so lassen wir die verschiedenen Ansichten nebeneinander stehen. Doch in einem Punkt ging Aristoteles deutlich über Platon hinaus: in der Untersuchung der sozioökonomischen Dimension der τέχναί.

Die Schriften des Aristoteles gelangten im Mittelalter auf verschlungenen Wegen in den lateinischen Westen und haben von der Spätantike bis ins Mittelalter einen breiten Diskurs unter den christlichen Apologeten, den Kirchenvätern, den muslimischen Gelehrten und den Gelehrten des Mittelalters ausgelöst (5.1.3.3., 5.2.1.12., 6.2.1.3., 7.3.1., 7.4.4., 7.5.1.3., 7.5.2., Kapitel 8 und 9.1.2.2.).

* Ausblick: Einen Diskurs um die „Öffentlichkeit" wissenschaftlicher Diskussionen gab es auch in Rom (4.1.2.5.), und in Europa an der Schwelle zur Neuzeit (10.1.4., 10.2., 10.3.4.8.4. und 10.4.1.

1.6.3.1 Die Natur und die τέχναί

Das erste was uns auffällt ist, dass das Bild der τέχναί des Aristoteles eng mit seinem Naturverständnis verbunden ist. Beide Komplexe, Natur und die τέχναί werden nicht statisch, wie noch bei Platon (3.6.2.1.4.), sondern als zielgerichtete Prozesse gesehen. Unsere Belege sind zerstreut in den Büchern Protreptikos, Bücher der Ethik, der Politik, der Physik und der Metaphysik.

* *Die Natur ist die Ursache dessen, was sich entweder immer oder doch im Großen und Ganzen auf die gleiche Weise verhält*[956]. Die Natur hat bei Aristoteles mehre Bedeutungen:
Natur heißt in einer Bedeutung die Entstehung des Wachsenden, in einer anderen der immanente Grundstoff, aus welchem das Wachsende erwächst; ferner dasjenige, wovon bei einem jeden natürlichen Dinge die Grundbewegung ausgeht, welche ihm selbst zukommt, insofern es das ist, was es ist[957]. Das eigentliche Charakteristikum der Natur ist die Prozessualität[958]. Naturgebilde sind Prozesshaft[959], und die Natur macht nichts vergebens[960]. *Natürliche Prozesse nennen wir die, deren Quelle jeweils im Gegenstand selbst liegt*[961]. Die Natur ist einerseits ein Prinzip und ein Grund für Prozess und Beharrung[962]. Andererseits ist Natur aber auch das, was seine Vollendung erreicht hat[963]. *Für uns (Menschen) sind Vernunft und Geist das Ziel der Natur*[964].

* *Bei jedem Prozess ändert sich etwas, und zwar entweder seiner wesentlichen Bestimmtheit nach*, oder seiner Quantität nach, oder seiner Qualität nach oder seinem Ort nach[965]. Prozess heißt *die Verwirklichung eines Möglichkeitsmomentes an einem Gegenstand*[966]. In allen Prozessen, in natürlichen Vorgängen und menschlichem Herstellen liegt Finalität vor[967]. Es gibt zwei Arten von Prozessen: *Wie die Bezeichnung „Handwerksstück" nur dasjenige enthält, was nach den Gesetzen des Handwerks hergestellt und ein Handwerksprodukt ist, so heißt auch nur dasjenige ein Naturstück, was den Naturbedingungen gehorcht und ein Naturprodukt ist*[968].

* *Alle Künste und die hervorbringenden Wissenschaften sind Vermögen; denn sie sind Prinzipien der Veränderung in einem anderen, insofern dies ein anderes ist*[969]. *Jede Kunst betrifft ein Entstehen und ist das Erproben und Betrachten, wie etwas Bestimmtes im Bereich dessen, sein oder nicht sein kann, zu entstehen vermag; und zwar ist der Ursprung im Hervorbringenden und nicht im Hervorgebrachten*[970]. *Keines der Artefakte hat das Prinzip seiner Herstellung in sich*[971], denn alles, was richtig entsteht, entsteht um eines Zweckes willen[972].

* *Es ist augenscheinlich anzunehmen, dass die Pflanzen der Tiere wegen da sind und die Tiere der Menschen wegen, die zahmen zur Verwendung und zur Nahrung, von den Wilden, wenn nicht alle, so doch die meisten zur Nahrung und sonstigem Nutzen, sofern Kleider und andere Ausrüstungsgegenstände aus ihnen verfertigt werden. Wenn nun die Natur nichts unvollkommen und nichts zwecklos macht, so muss die Natur all dies um der Menschen willen gemacht haben*[973]. *Das naturgemäße Ziel ist dasjenige, was im Werde-Prozess als das letzte erreicht wird*[974]. *Der Handwerker tut in der gegebenen Lage stets das Beste, so fertigt der Schuster aus gegebenem Leder den schönsten Schuh an*[975].

* *Das menschliche Können hat einen doppelten Bezug zur Natur. Einerseits gilt es ganz allgemein: Das Menschliche Können existiert, um die Natur zu unterstützen und das zu ergänzen, was diese unfertig gelassen hat*[976], oder anders formuliert, *das menschliche Herstellen bringt Gebilde der Natur teils zum Abschluss, nämlich dort,* *wo sie die Natur selbst nicht einem Abschluss zu bringen vermag, teils bildet es Gebilde der Natur nach.* [977] *Jeder Prozess, so auch das Herstellen, ist die Verwirklichung einer Möglichkeit an einem Gegenstand* [978]. *Das heißt, die τέχναί haben eine gestaltende Dimension: sie vollenden, was die Natur unvollendet gelassen hat* [979]. *Denn das eine schein die Natur allein aus sich selber vollenden zu können, ohne einer Hilfe zu bedürfen, beim anderen vermag sie es nur mit Mühe oder ist ganz unfähig dazu* [980]. *(Ein Gegenstand ist dann vollendet, wenn es seinem Wesen entsprechende Werthaftigkeit erreicht hat. Z.B. das Rad ist vollendet, wenn es Kreisform besitzt* [981]*).* *Was aber gemäß der Natur entsteht, entsteht um eines Zweckes willen, und zwar ist ein Naturprodukt stets zweckmäßiger als ein Produkt der Kunst.*

Doch auf der anderen Seite: Nicht die Natur ahmt das menschliche können nach, sondern diese die Natur [982]. *Alle klugen Ärzte und die meisten Lehrer der Gymnastik erklären einmütig, dass derjenige, der ein guter Arzt und Gymnastiker werden will, über die Natur Bescheid wissen muss* [983]. *In den anderen handwerklichen Berufen werden die besten Werkzeuge durch Beobachtung der Natur entdeckt; so z.B. im Zimmerhandwerk Senkblei, Lineal und das Werkzeug, mit dem man einen Kreis vorzeichnet.... In derselben Weise muss auch der Staatsmann gewisse Richtmarken haben, die er von der Natur selbst und von der Wahrheit nimmt, mit deren Hilfe er beurteilen wird, was gerecht, was schön und was förderlich sei* [984].

* Diese Bewertung der τέχναί ist zunächst wertfrei. Sie ist potentiell positiv, zum einen nur metaphysisch und betrifft wahrscheinlich den natürlichen, den Gebrauchswert der Produkte. Die Bewertung kann aber auch potentiell ins Negative umschlagen: dasselbe Produkt, aus derselben Produktion, vom selben Produzenten mit dem Ziel zum Verkauf auf dem Markt hergestellt, wird negativer beurteilt, weil es nicht seine natürliche Bestimmung ist zur Gewinnerwirtschaftung hergestellt zu werden. Entscheidend ist das Ziel, mit dem etwas gemacht oder hergestellt wird (3.6.3.4.).

Ausblick: Diese Einstellung finden wir an der Schwelle zur Neuzeit bei Paracelsus zur Bewertung der *Alchimie* wieder (9.1.4.)

* Es gibt Lebensformen, bei denen natürliche Arbeit geleistet wird und die Nahrung nicht durch Tausch und Handel beschafft wird: *das Leben der Nomaden, der Bauern, der Räuber, der Fischer und der Jäger. Manche vermischen auch diese Lebensformen und leben insofern angenehm, als sie das allzu dürftige Leben ergänzen, soweit es zur Autarkie nicht ausreicht* [985]. *Die naturgemäße Erwerbskunst ist auf die notwendigen und nützlichen Gegenstände gerichtet und diese Art von Erwerbskunst der Natur nach ein Teil der Hauswerwaltungskunst* [986]. (3.6.3.4.)
Ein weiterer Teil der Erwerbskunst betrifft die Güter, die in der Erde sind oder von der Erde hervorgebracht werden, und zwar keine Früchte bringen, aber doch nützlich sind, wie der Holzschlag und jede Art von Bergbau. Dieser umfasst wiederum viele Unterabteilungen. Denn es gibt viele Arten der aus der Erde geförderten Metalle [987].

1.6.3.2 Die Gliederungen der τέχναί

In den Schriften des Aristoteles zeichnet sich die beginnende Trennung ab, die drei Zweige der τέχναί: Wissenschaft, Technik und Kunst haben ihre eigenen Regeln [988]. Technik, in unserem heutigen Sinne, und Kunst werden, wie schon vom Platon (3.6.2.2.2.), unter der Kategorie des Hervorbringens, Poiesis, zusammengefasst (3.6.2.2.3.), während die Wissenschaften eine Kategorie für sich bilden (3.6.3.6.). Doch auch Technik und Kunst haben ihre eigenen Regeln. Technik ist derjenige Teil der Poiesis, der das von ihr Geschaffene im Hinblick auf einen Grund hervorbringt. Der andere Teil der Poiesis ist die Dichtung, diese werden wir in 3.6.3.7. betrachten. Doch die Trennung ist nicht stringent, die Technik hat eine Nähe zu den Wissenschaften und die Dichtkunst hat ihre eigene τέχνη an der sie auch gemessen wird. An anderen Stellen trennt Aristoteles das erste Mal die Begriffe Technik (d.i. Handwerk) und Wissenschaft: *die Technik hat ihren Platz im Bereich des Hervorbringens und der Handlung[989], als rationale Einstellung zu Dingen, die für den Menschen gut oder schlecht sind, die Wissenschaft dagegen beschäftigt sich mit Dingen, die sich nur so und nicht anders verhalten[990].*

* Die Grundlage aller Kunstfertigkeit ist bei Aristoteles die aus der Erfahrung und der Beobachtung gewonnene Ansicht über allgemeine Erscheinungen. Denn *der Mann der Erfahrung trifft das Richtige zuweilen eher als der Theoretiker, der keine Erfahrung hat.* [991]
Wissenschaft und Kunst gehen für den Menschen aus der Erfahrung hervor. *Die Kunst entsteht dann, wenn sich aus vielen durch die Erfahrung gegebene Gedanken eine allgemeine Annahme über das Ähnliche bildet[992]. Wissen und Verstehen schreiben wir mehr der Kunst als der Erfahrung zu und sehen den Künstler für weiser an als die Erfahrenen, indem Weisheit (σώφια) einem jeden vielmehr nach dem Maßstabe des Wissens zuzuschreiben sei. Und dies deshalb, weil die einen die Ursache kennen, die anderen nicht. Denn die Erfahrenen kennen nur das Dass, aber nicht das Warum; jene aber kennen das Warum und die Ursache[993]. Die kunstvollsten aber sind die Tätigkeiten, bei denen es am wenigsten auf den Zufall ankommt, die banausischsten jene, die den Körper am meisten schädigen, die sklavischsten jene, bei denen der Körper die meiste Arbeit zu verrichten hat, die niedrigsten jene, bei denen es am wenigsten der Tüchtigkeit bedarf[994].*

Die τέχναί können nach verschiedenen Gesichtspunkten geordnet werden, sowohl hierarchisch als auch dichotomisch:

1.6.3.2.1 Hierarchische Gliederungen:

* *Τέχνη ist ein planmäßiges Vorgehen[995].* In der arbeitsteiligen Welt bilden bei Aristoteles die τέχναί nicht nach abstrakten Kriterien eine hierarchische Ordnung, etwa ihre Nähe oder Ferne zur Wahrheit oder zur Mathematik, wie bei Platon, sondern gemäß ihren natürlichen Zielen ein Geflecht, die eine produziert für die andere, d.h. die Ziele der einen werden den Zielen der anderen untergeordnet. Entsprechend führt er den Begriff „leitende Kunst" ein[996], den auch Platon schon kannte (3.6.2.2.3.). Da es nun viele Handlungen, Künste und Wissenschaften gibt, ergeben sich für Aristoteles auch viele Ziele: *Ziel der Medizin ist die Gesundheit, der Schiffsbaukunst das Schiff, der Strategik der Sieg, der Ökonomik der Reichtum. Wo nun immer solche Künste einer einzigen Aufgabe untergeordnet sind, wie etwa der Reitkunst die Sattlerei und die anderen der Reitkunst dienenden Künste, und wie die Reitkunst wiederum und die gesamte Kriegskunst der Strategik untergeordnet ist und so andere unter anderen, in allen diese Fällen sind die Ziele der leitenden Künste sind insgesamt vorzüglicher als die der untergeordneten[997].* Denn *diese werden um jener willen verfolgt[998].* Die wichtigste leitende Kunst ist die Staatskunst (wie bei Platon), *denn sie bestimmt, welche τέχναί im Staat unbedingt vorhanden sein müssen, welche und bis zum welchen Grad man sie lernen muss und Gesetze darüber erlässt was man zu tun und zu lassen habe.[999]. Der Oberste aller praktischen Ziele ist die Glückseligkeit, und die Leute setzen dafür das Gut-Leben und das Sich-gut-Verhalten[1000].*

* Doch es gibt neben der Finalität auch eine durchgehende hierarchische Ordnung der Künste, wie wir sie bei Platon kennen gelernt haben und zwar nach ihrem Anteil an Weisheit. *Alle τέχναί sehen als Gegenstand der so genannten Weisheit die ersten Ursachen und Prinzipien an. Der Erfahrene gilt für weiser als der, welcher irgendeine Sinneswahrnehmung besitzt, der Künstler für weiser als der Erfahrene, und wieder der leitende Künstler vor dem Handwerker, die betrachtenden Wissenschaften vor denen, die sich auf ein Hervorbringen beziehen, die theoretischen Künste vor den praktischen*[1001]. Sicher, ganz unten werden diejenigen Handwerke angesiedelt, *welche ohne eine eigene Lehre, ohne ihr Tun begründen zu können warum, nur auf Gewöhnung aufbauen*[1002].

1.6.3.2.2 Dichotomische Gliederungen

Aristoteles kennt, neben dieser natürlichen Ordnung der Hierarchie der Ziele und eine Hierarchie nach ihrer Anteil an Weisheit, noch verschiedene dichotomische Trennungen der τέχναί in jeweils zwei Gruppen (obwohl er dichotomische Klassifizierungen an einer anderen Stelle als schematisch und willkürlich ablehnt[1003]).

* Ohne Handwerkskünste kann ein Staat nicht existieren[1004]. Sie werden nach dem Gesichtspunkt Notwendigkeit und Luxus zwei geteilt:
.... die einen sind unentbehrlich,
.... die anderen dienen dem Luxus und dem höheren Leben.[1005].
Die Künste wurden erfunden teils für die notwendigen Bedürfnisse, teils für den Genuss des Leben [1006]. *Auf die notwendigen Dinge brachte die Menschen offenbar das Bedürfnis selbst, was aber zur Vornehmheit und zum Reichtum des Lebens gehört, entwickelte sich vermutlich erst als jenes schon bestand*[1007]. (n.b. Archäologische Funde an Malerei und Plastiken aus dem Paläolithikum und Schmuck aus dem Neolitikum widersprechen dieser Stufenfolge der Entwicklung.)
In diesem Schema der dichotomischen Gliederungen werden die Wissenschaften nicht erwähnt, da sie sich weder auf die notwendigen Bedürfnisse, noch auf das Vergnügen des Lebens beziehen. Sie bildeten sich zuerst in den Gegenden, wo man Muße hatte. Daher bildeten sich in Ägypten zuerst die mathematischen Wissenschaften (Künste), weil dort dem Stande der Priester Muße gelassen war[1008].

* Ein anderes Kriterium der Unterscheidung ist das Leben in Muße[1009], und die Teilhabe an den Tugenden[1010]:
.... Auf der einen Seite sind die banausischen Künste und Handwerke: *das sind diejenigen für die man am meisten den Körper benutzt und die einen körperlich in schlechtere Verfassung bringen, als auch die Lohn bringende Arbeit, da sie den Geist der Muße beraubt und ihn erniedrigt*[1011]. *Der banausische Handwerker lebt in einer Art Sklaverei*[1012]. *Die Banausen gehören nicht zum Staate*[1013], denn *wer das Leben eines Banausen oder Tagelöhners führt, hat keine Möglichkeit, sich um die Tugend zu kümmern*[1014]. Der Terminus „banausisch" bezieht sich wohl nicht auf die „Hilfsarbeiter" in Abgrenzung zum „Facharbeiter" und Spezialisten (3.6.3.4.).
.... Auf der anderen Seite sind die freien Künste und Wissenschaften: *das sind diejenigen, die eines freien Mannes würdig sind*. Diese sind in erster Linie *die theoretischen Beschäftigungen auch die unschädlichen Vergnügungen, sodann die Handlungen den Tugenden entsprechend*[1015]. Politisches Engagement ist schon durch Ehrsucht gefährdet[1016].

1.6.3.3 Der sozioökonomische Ansatz einer Bewertung der τέχναί

Der Mensch wird an Schärfe der Sinneswahrnehmung und an natürlichen Instinkten von vielen Tieren weit übertroffen[1017], doch er ist die intelligenteste Schöpfung der Natur, seine Hände sind vielseitige Instrumente[1018]. Sicher, für die Menschen sind die τέχναί lebensnotwendig, denn durch τέχνη beherrschen wir das, dem wir von Natur aus unterlegen sind: der Mensch ist zunächst barfuß, nackt und ohne jede natürliche Waffe zur Verteidigung, doch er kann sich vielfältig Werkzeuge und Waffen schaffen und seine Hände sind zu deren Benützung geeignet[1019]. Der Mensch bedarf einer Reihe von Kunstfertigkeiten zu seiner Erhaltung, zuerst bei seiner Geburt und später wiederum zu seiner Ernährung[1020].

Es gibt eine Einteilung der Grundformen des Lebens, und *dabei sind solche, die nicht einmal den Anspruch darauf erheben, als Glückszustand zu gelten, sondern nur im Gedanken an die Beschaffung des Unterhalts mit Betriebsamkeit erfüllt werden, z.B. die auf den groben, geldraffenden und servilen Berufen beruhenden – von grob spreche ich, wenn lediglich auf Protzentum hingearbeitet wird; als servil bezeichne ich die im Sitzen betriebenen Handwerke und die Lohnarbeit; als geldraffend die Praktiken des Marktes: die Kauf und Verkaufsgeschäfte der Krämer - . Davon hebt sich ab die Dreizahl der einer glückvollen Lebensführung zugeordneten Güter: Tugend, theoretisches Wissen, und Lust. Und so sehen wir denn, dass es auch drei Grundformen des Lebens gibt, für die sich alle entscheiden, denen eben die Möglichkeit dazu gegeben ist: die Tätigkeit in der Polis, das Leben des Philosophen und das Genuss leben*[1021]. *Es ist edel: keinerlei Handwerk zu betreiben, es ist Kennzeichen eines unabhängigen Mannes, nicht in Abhängigkeit von anderen zu leben*[1022].

Doch die τέχναί haben bei Aristoteles neben der anthropologischen und auch eine soziale Dimension: Der Mensch ist zwar von Natur auf staatliche Gemeinschaft hin angelegt, doch *auch der gemeinsame Nutzen hat sie zusammengeführt, soweit ein jeder an einem würdigen Leben Anteil besitzt*[1023], denn *der Mensch bedarf zum Leben vieler Hilfsmittel*[1024]. *Das Geschlecht der Menschen lebt in Kunst (τέχνη) und Überlegung*[1025], und *der richtig eingerichtete Staat müsse das Gemeinwohl im Auge haben*[1026].

Der Komplex Besitz, Bedürfnis, Produktion, Tauschwirtschaft und Geldwirtschaft werden sowohl unter ökonomischen, als auch unter ethischen Gesichtspunkten untersucht, und auch bewertet. (Bereits der Sophist Antiphon hat wirtschaftliche Fragen unter dem Begriff der Gerechtigkeit subsumiert (3.2.1.)). Aristoteles unterscheidet den Gebrauchswert und den Tauschwert von Produkten, so wie die doppelte Funktion des Geldes, je nach intendiertem Ziel: *Eine Kunst kann auf natürliche Weise betrieben werden, aber auch zum Geldverdienen missbraucht werden, um Vermögen zu akkumulieren.* Diese Position ist ähnlich der Position des Hippias (3.2.1.). Als Beispiele werden genannt: ein Schmied, der zum Geldverdienen produziert, ein Arzt, der die Patienten behandelt um Geld zu verdienen, und der Philosoph, der mit seiner Philosophie Geld verdienen will. Alle drei werden negativ bewertet. Das Geld hat einerseits eine vermittelnde Funktion beim Tausch, diese ist natürlich und wird positiv bewertet, aber es kann sich auch verselbständigen, und in dieser selbständigen Form wird es negativ bewertet. Besonders verwerflich ist das Zinsgeschäft, weil es eine besonders unnatürliche Methode ist mit Geld umzugehen, nämlich mit Geld zusätzliches Geld zu verdienen. So ist *der Wucherer hassenswert, der aus dem Geld selbst Erwerb zieht und nicht aus dem, wofür das Geld da ist.* [1027]

Die Entartung liegt aber nicht nur in der persönlichen Unvollkommenheit der Menschen sondern, wie wir noch sehen werden (3.6.3.4.), ist auch in der Natur des Tauschhandels und des Geldes mit angelegt. Es gibt also, je nach Intention, zwei Arten der Erwerbskunst: die eine ist natürlich und die andere nicht.

Ausblick: Die scholastischen Philosophen Thomas von Aquino, die „Schule von Salamanca" und Luis Molina (9.2.1.3.3.), aber auch Bernhard von Mandeville, die schottischen Moralphilosophen David Hume und Adam Smith konnten an die aristotelische Verbindung von Ethik und Ökonomie[1028] anknüpfen (10.3.4.5..).

1.6.3.4 Der Besitz und der Umgang mit Besitz

* Auch der Besitz und die Kunst Besitz zu erwerben werden unter dem Gesichtspunkt der Muße betrachtet: ohne die notwendigen Mittel ist es ausgeschlossen, sein Leben zu fristen und in vollkommener Weise zu leben.

.... Ohne die notwendigen Güter kann man weder leben, noch vollkommen leben. Zur Glückseligkeit bedarf man der Äußeren Güter. *Es ist nämlich unmöglich oder doch nicht leicht, das Edle zu tun, wenn man keine Mittel zur Verfügung hat*[1029]. *Dem Hausverwalter ist der Besitz im Einzelnen ein Werkzeug zum Leben*[1030]. Besitz und Erwerbskunst sind ein Teil der Hausverwaltungskunst, und zwar sowohl in der Gemeinschaft des Staates als auch des Hauses. Ihr Ziel ist es, *die notwendigen und nützlichen Dinge zur Verfügung zu stellen und aufzuspeichern*[1031]. *Der Bedarf an Besitz zur Autarkie eines vollkommenen Lebens ist nicht unbegrenzt.* [1032]Doch weder der Mangel, noch das unbegrenzte Streben nach Besitz sind mit Muße vereinbar.

.... *Die größte Zahl der Menschen lebt vom Ertrag der Erde und vom Anbau der Früchte. Wo sie nicht ausreicht, trachten Sie eine kärgliche Lebensform aufzubessern*[1033]. *Wer sich mit der Notdurft plagt, der ist entweder Sklave eines Einzelnen oder arbeitet für die Gemeinschaft und heißt dann Banause und Tagelöhner*[1034], *und hat an der Muße keinen Anteil. Auch alle Handwerke werden banausisch genannt*[1035]. *Der vollkommene Staat wird keinen Banausen zum Bürger machen.* (Hierunter fällt auch ein Teil der vom Notdurft geplagten: genannt werden die Bauer[1036].)
.... *Der Tausch ist bei allem möglich, anknüpfend an die naturgemäße Tatsache, dass die Menschen von den notwendigen Gütern hier zu viel und dort zu wenig haben. Ein derartiger Tauschhandel ist weder gegen die Natur, noch ist es eine besondere Form der Erwerbskunst* (denn er dient nur der Erfüllung der naturgemäßen Autarkie) [1037] (In dieser Einteilung fehlt wohl auch ein Teil der angesehenen Wohlhabenden: die mit Mienenanteilen oder Seefahrtsdarlehen reich geworden sind) *Für jedes Besitzstück gibt es eine doppelte Verwendung: die eine ist dem Besitzstück eigentümlich, die andere nicht, so die Verwendung zum Tausch*[1038]. Mit Letzterem korrespondiert eine andere Art von Beschaffungskunst, die man gewinnsüchtig nennt. Dieser Form der Kunst (des Gelderwerbs) ist keine Grenze gesetzt, denn die Natur des Begehrens ist unbegrenzt. [1039]
.... Zwischen diesen beiden Extrempositionen gibt es ein richtiges Maß: der mittlere Besitz oder anders formuliert der Bedarf an solchem Besitz zur Autarkie. Er ist nicht unbegrenzt[1040]. (Wenn er erreicht ist) *richtet sich die Aufmerksamkeit der Hausverwaltung mehr auf die Menschen als auf den unbeseelten Besitz, und mehr auf die Tüchtigkeit von jenen, als auf den Vorzug des Besitzes, den man Reichtum nennt.* [1041] *Die Tugend des Bürgers gehört nur jenen, die von der Arbeit für die Notdurft des Lebens befreit sind. Auch für den Staat ist das größte Glück, wenn die Bürger einen mittleren und ausreichenden Besitz heben.*

…. In seiner Ethik sind es zwei Tugenden, welche den Umgang mit Vermögen und Besitz regeln: die Freigiebigkeit [1042]und die Großartigkeit[1043]. *Die Freigiebigkeit ist bezogen auf das Geben und Empfangen vom Vermögen[1044]. Auf der Seite des Gebens ist die Freigiebigkeit der Mittelweg zwischen Verschwendung und Geiz. Sie wird nach dem Vermögen beurteilt, nicht nach der Menge der Gaben, sondern nach der Haltung des Gebenden. Auch auf der Seite des Nehmens gibt es ein Übermaß: wie jene, die niedrige Gewerbe treiben, die Bordellwirte und dergleichen und die Wucherer, die kleine Summen zu hohen Zinsen ausleihen. Alle diese nehmen, wo man nicht soll, und mehr, als man soll[1045]. Die Großartigkeit betrifft den angemessenen Aufwand im Großen[1046]*, also eher die Teilnahme am öffentlichen Leben und die Liturgien (3.1.5.), das Stellen eines Kriegsschiffes, die Ausstattung einer Festgesandtschaft, als die private Lebensführung.

1.6.3.5 Kriterien einer Kritik der τέχναί

Aristoteles hat sich von den Sophisten und der „Philosophie" des Isokrates (3.2.4.) abgegrenzt: *Nur die in Einzelheiten Erfahrenen können das Geleistete richtig beurteilen und wissen wodurch und wie es zustande kommt und was mit was zusammenstimmt. Der Unerfahrene muss damit zufrieden sein, wenn er begreift, ob ein Werk gut oder schlecht geraten sei, wie etwa in der Malerei oder in der Musik. Bei den τέχναί gibt es eine vollendete Stufe[1047]*, aber *nur die Sachkundigen können beurteilen ob diese erreicht ist oder am Werk etwas fehlt, etwas zu viel enthält oder die Harmonie der Teile gestört ist[1048]. Darum sind auch die Sophisten weit davon entfernt, z.B. die Staatskunst richtig beurteilen und lehren zu können[1049]*. Er meint nicht nur die Widerlegung von Fehlschlüssen, sondern das Trennen von Schein und Wahrheit[1050]. *Die Dialektik hat es nicht auf den Wissenden abgesehen, sondern auf den Unwissenden, der sich aber den Schein des Wissens gibt[1051]*.

*Auch bei der menschlichen Arbeit gibt es Fehlleistungen, z.B. der Arzt macht einen Fehler bei der Verabreichung eines Medikaments. Auch unter den Artefakten gibt es Fehlprodukte, bei denen eine Zweckmäßigkeit versucht wurde, aber der Versuch misslang. Solche *Fehlleistungen kommen auch bei den Naturprodukten, z.B. Missbildungen, vor[1052]*.
Es gibt praktische Künste (und wohl auch Künstler), *die minderwertig sind, z.B. das gemeine Handwerk, und dennoch ist τέχνη nichts minderwertiges, sondern gattungsmäßig ein Gut. Wie man auch die Qualität eines Bildhauers nicht beurteilen kann nach dem, was ihm misslungen oder mangelhaft ausgeführt ist, sondern nach dem, was er trefflich gearbeitet hat, so muss man auch Qualität einer τέχνη nicht nach dem Schlechten, sondern nach dem Trefflichen beurteilen[1053]*.

* *Jedes Ding kann sowohl zu seinem eigentlichen Zweck als auch in einer uneigentlichen Weise gebraucht werden[1054]*. Dies ist für Aristoteles ein wichtiges Kriterium der Bewertung der τέχναί: ihre naturgemäße oder entartete Verwendung (3.6.3.2. und 3.6.3.3.).

* *Die hauptsächlichsten Formen des Schönen sind Ordnung, Ebenmaß und Bestimmtheit, was ja am meisten die mathematischen Wissenschaften zum Gegenstand ihrer Beweise haben[1055]*. Eine damals wohl vorherrschende Ansicht, wie im „Kanon" des Polyklet (2.3.3.), scheint hier durch. Aristoteles hat an dieser Stelle die Mathematischen Wissenschaften direkt im Visier. Auf den Polyklet beruft er sich an einer anderen Stelle (3.6.3.7.). *Da aber Ordnung und Bestimmtheit sich als Ursache*

von vielem zeigt, so handeln die mathematischen Wissenschaften in gewissem Sinne auch von einer solchen Ursache, welche als das Schöne Ursache ist.
In der Poetik werden Architektur und Bildhauerei, τέχναί, bei denen die Proportionen eine eminente Rolle spielen, nicht angesprochen; doch das Schöne (vergl. 2.3.3.) besteht auch in diesem Werk aus Teilen (Anfang, Mitte und Ende), *die in einer bestimmten Weise angeordnet sind, es hat auch eine bestimmte Größe* [1056]*und eine Einheit des Gegenstandes. Die Teile des Geschehens müssen so zusammengefügt sein, dass sich das Ganze verändert und durcheinander gerät, wenn irgendein Teil umgestellt oder weggenommen wird*[1057].

* Die Richtigkeit in der Dichtkunst ist nicht so beschaffen wie in irgendeiner anderen Disziplin. Er nennt zwei Arten von Fehlern, beide betreffen die Fabel des Stücks: *Die Unfähigkeit etwas richtig Vorgestelltes richtig nachzuahmen, oder Unmögliches darzustellen.* Doch letzteres wird milder beurteilt, es hat seine Richtigkeit, wenn die Dichtung dadurch den ihr eigentümlichen Zweck erreicht. Dabei kann der Dichter an allgemein gängige oder glaubwürdige Vorstellungen anknüpfen. Der Dichter darf auch übertreiben, auch dem Wunderbaren Einlass gewähren. Dem Dichter ist wie auch dem Maler die Idealisierung gestattet. Aristoteles erwartet vom Dichter keine wirklichkeitsgetreue Darstellung, er sagte: *Sophokles hat erklärt, er habe die Menschen dargestellt, wie sie sein sollen, Euripides, wie sie seien.* Doch auf das Ganze gesehen muss der Dichter Unwahrscheinliches oder Unmögliches rechtfertigen. *Der Dichter soll nicht erzählen, was wirklich geschehen ist, sondern was geschehen könnte, also das nach den Regeln des Wahrscheinlichen oder Notwendigen Mögliche*[1058]. *Eine gute Fabel muss eher einfach sein*[1059], *unter den Fabeln sind die episodischen am schlechtesten. Solche Handlungen sind von schlechten Dichtern aus Unvermögen gedichtet*[1060]. *Auch Veränderungen in der Sprache gestehen wir ja den Dichtern zu*[1061]. *Und wenn ein Wort etwas Widersinniges auszudrücken scheint, muss man prüfen, wie viele Bedeutungen es an der betreffenden Stelle haben kann.* [1062]

Der Wirklichkeitsbezug ist auch für die Malerei relevant, doch auch die Malerei hat Freiheiten in der Gestaltung ihrer Werke: sie könne porträtieren (Dionysios), karikieren (Pauson), charakterisieren (Polygnot) und idealisieren (Zeuxis)[1063].

1.6.3.6 Das wissenschaftliche Denken

Das wissenschaftliche Denken des Aristoteles darzustellen würde ein eigenes Werk erfordern, doch wichtige Züge sollen hier skizziert werden.

* Der Mensch gehört zu den Wissenden und Wissenschaft besitzenden Wesen[1064].
Aristoteles hat seine Wissenschaftstheorie in seiner Seelenlehre verankert, doch hier ist das wissenschaftliche Denken des Aristoteles unser Thema, seine Seelenlehre ist nicht Gegenstand unserer Untersuchung. An dieser Stelle sei auf diese nur hingewiesen denn *Sinneswahrnehmung erzeugen die Vorstellungsbilder und die Erinnerung und diese und das Denken sind die Grundlagen des Wissens*[1065]. Doch *von den Sinneswahrnehmungen gewähre keine Weisheit, doch geben sie gewisse Kenntnis des Einzelnen, aber das Warum geben sie von keinem Dinge an, z.B. von dem Feuer geben sie nur an, dass es brennt, nicht warum es brennt*[1066].
Es gibt beim Aristoteles einen Stufengang von der Wahrnehmung über Erinnerung, Erfahrung, τέχνη, bis hin zum Wissen (σώφια). *Τέχνη liegt dann vor, wenn sich aus den vielen Gedanken der Erinnerung eine allgemeine Annahme, Hypothese, über ähnliche Fälle bildet. Die Kunst ist die Kenntnis des Allgemeinen, so etwa in der Me-*

dizin, wenn der Mediziner weiß, dass ein bestimmtes Mittel nicht nur in konkreten Einzelfällen, sondern generell hilft. Die Wissenschaften unterscheiden sich von den anderen τέχναί durch die Kenntnis der Ursachen[1067].

* Platon hat versucht die Wissenschaften dialektisch zu begründen (3.6.2.2.4.). Aristoteles ging, zwar an Platon anknüpfend, einen anderen Weg. In der Einleitung der Schrift „Meteorologie" gab er einen Überblick über sein Programm:
Die ersten Ursachen der Natur, die gesamte natürliche Bewegung, ferner die Ordnung der am Himmel kreisenden Gestirne, dazu Zahl und Art der Elementarkörper sowie ihr Übergang ineinander, auch das allgemeine Werden und Vergehen sind also früher dargestellt. Nun ist von diesem Lehrgang noch das restliche Teilstück zu betrachten, das alle Früheren „Meteorologie" nannten[1068]. ... Teils finden wir für sie keinen Weg zur Erklärung, teils können wir sie einigermaßen in den Griff bekommen[1069]. .... Nach Darstellung dieses Sachgebietes wollen wir untersuchen, ob sich auf der gegebenen methodischen Grundlage ein Bericht über Tiere und Pflanzen, allgemein und speziell, geben lässt; ist dies nämlich vorgetragen, so dürfte unser ursprünglicher Plan seine völlige Verwirklichung gefunden haben[1070].

* Das wissenschaftliche Denken des Aristoteles ist im VI. Buch des Organon (Logik II) und in der Metaphysik dargestellt. Das erst genannte Buch handelt vom Beweis, das zuletzt genannte von der ontologischen Begründung der Wissenschaften. Als Modell dienen die mathematischen Wissenschaften[1071]. In beiden Werken werden die Untersuchungen wirkliches, d.h. wissenschaftliches Wissen zu begründen mit dem Vorgehen der Geometriker, Arithmetiker und Physiker beispielhaft belegt. Daneben müssen wir auch Anmerkungen in den Ethiken und in den naturwissenschaftlichen Schriften berücksichtigen.

* Jedes auf vernünftige Argumente gründende Lehren und Lernen vollzieht sich ausgehend von einer bereits vorhandenen Vorkenntnis. Man sieht das, wenn man es im Einzelnen betrachtet. Denn wie die mathematischen Wissenschaften auf diese Weise erworben werden, so auch jede der übrigen Künste[1072]. Aristoteles hat sich mit den Lehrmeinungen der Früheren auseinandergesetzt. Er setzt für wissenschaftliches Arbeiten eine Bibliothek (3.1.1.5.) voraus: Man muss seine Sätze auch aus geschriebenen Ausführungen nehmen und die Angaben so machen, dass man sie gesondert über jede Gattung anbringt[1073].

* Wir glauben etwas zu wissen, schlechthin, nicht nach der sophistischen, akzidentellen Weise, wenn wir sowohl die Ursache, durch die es ist, wie auch die Einsicht uns zuschreiben, dass es sich unmöglich anders verhalten kann[1074]. Wir nehmen alle an, dass das, was wir wissen, sich nicht anders verhalten kann. Der Gegenstand des Wissens besteht auf Grund von Notwendigkeit[1075]. Die Wissenschaft steht auf zwei Beinen: einerseits die Induktion, andererseits die Schlussfolgerung[1076].

.... Einerseits ist die Induktion das Prinzip des Allgemeinen, während die Schlussfolgerung vom allgemeinen Ausgeht[1077]. Die Induktion geht vom Einzelnen aus, die durch die Erfahrung bekannt ist[1078]. Man muss die Meinungen und Behauptungen der Erfahrenen Älteren und Klugen beachten. Denn weil sie das Auge der Erfahrung haben, sehen sie richtig[1079]. Das Allgemeine aber hat man dann, wenn es sich von jedem Beliebigen nachweisen lässt und dabei so, wie es ihm ursprünglich zukommt[1080]. Man darf aber nicht übersehen, dass man hier oft irrt und kein zuerst bewiesenes Allgemeines hat, wo man es doch zu haben glaubt[1081]. Aristoteles kannte die Prinzipien, *Lage, Gestalt und Konstellation*, so wie die Gegensätze *Voll und Leer* des Demokrit[1082]. Doch er wirft Platon vor, *dass er allgemeine Behauptungen formuliert, ohne die Einzelfälle hinreichend untersucht zu haben*[1083]. Für die richtige Einsicht ist also gründlicher Zweifel förderlich, indem die später sich ergebende Einsicht die Lösung der früheren Zweifel ist[1084].

…. Andererseits wissen wir durch den Beweis[1085]. *Die Wissenschaft ist ein beweisendes Verhalten*[1086]. *Jede wissenschaftliche Erkenntnis ist mit einem Schlussverfahren verbunden; das Schlussverfahren aber wurzelt in dem denkerischen Teil der Seele*[1087]. Beweis nennt er einen wissenschaftlichen Schluss. Wissenschaftlich aber nennt er ihn, *sofern wir in seinem Besitze sind, wissen. Ein Beweis setzt notwendig Vordersätze voraus*[1088]. *Wenn nun das Wissen die behauptete Beschaffenheit hat, so muss auch die apodiktische, auf Beweise beruhende Wissenschaft aus Prämissen entspringen, die wahr sind, die ersten und unvermittelt sind und bekannter und früher sind als der Schlusssatz und Ursache von ihm*[1089]. *Das Prinzip des Beweises ist eine unvermittelte Prämisse und unvermittelt ist eine solche, die keine andere vor sich hat*[1090]. *Die unvermittelten Prinzipien sind Thesen und Axiome*[1091].

…. *Wenn es sich um Vorgänge handelt, die der Sinneswahrnehmung nicht offenliegen, glauben wir der Forderung einer vernunftgemäßen Erklärung genug getan zu haben, wenn wir sie auf mögliche Ursachen zurückführen*[1092].

…. Metaphorisches Denken hat Aristoteles abgelehnt: *Die Metapher gehört zu den dichterischen Mitteln, aber der Aufgabe eines Naturforschers ist er nicht gemäß*[1093].

…. Aristoteles hatte Kenntnisse der Geometrie und der zeitgenössischen Mathematik aus seiner Zeit in Platons Akademie und verwendete selber Methoden der geometrischen Beweisführung[1094]. In der mathematischen Beweisführung sah er eine Zäsur zu den Ansichten der Früheren: *Hätten sie wohl nach dem Studium der mathematischen Nachweise, wie sie jetzt hinreichend vorliegen, hätten sie kindische Anschauungen aufgegeben*[1095]. Doch er folgte den „Mathematikern" in der Akademie (3.6.2.1.3.) und hat die Mathematik von der Ideenlehre getrennt[1096].
Er hat die *Physik, die Mathematik und die Theologie* zu den theoretischen Wissenschaften gezählt[1097]. Weder Aristoteles, noch die meisten seiner Nachfolger in der Leitung des Lyzeums hatten eigenen Aktivitäten auf dem Gebiet der Geometrie und der Arithmetik, doch das kontemplative Leben soll sich nur mit diesen Wissenschaften beschäftigen (3.6.3.8.). Eine Ausnahme war sein Schüler Eudemos von Rhodos, der eine Istoria der mathematischen Wissenschaften schrieb[1098] (4.1.1.2. und 4.2.2.).

* Die wissenschaftliche Methode des Aristoteles finden wir in den zoologischen Schriften, konkret auf die Fragen der Zoologie angewandt. *Erstens müssen wir uns die gesicherten Fakten über den untersuchten Gegenstand vorliegen haben, dann müssen wir die spezifischen Unterschiede feststellen und versuchen ihre Ursachen herauszufinden. Es muss eine klare Begründung gefunden werden, die auf angebbaren Prinzipien beruhen*[1099].

* *Wie alle τέχναί, haben auch die Wissenschaften als Gegenstand der so genannten Weisheit (σώφια) die ersten Ursachen und die Prinzipien*[1100]. *Unter Prinzipien der Beweise verstehe ich nämlich die allgemeinen Annahmen, von denen wir alle beim Beweisen ausgehen, z.B. dass man notwendig alles entweder bejahen oder verneinen muss, dass unmöglich etwas zugleich sein und nicht sein kann, und was derglei-*

chen Voraussetzungen mehr sind[1101]. Diese Prinzipien werden in der Mathematik Axiome genannt[1102]. Einfältige Leute glauben die Prinzipien richtig zu fassen, wenn die Prämisse probabel oder wahr ist, wie es die Sophisten machen[1103]. Das sicherste unter allen Prinzipien ist dasjenige, bei welchem Täuschung unmöglich ist[1104]. Dass nämlich Dasselbe Demselben in derselben Beziehung (und dazu mögen noch die anderen näheren Bestimmungen hinzugefügt sein, mit denen wir logischen Einwürfen ausweichen) unmöglich zugleich zukommen und nicht zukommen kann, das ist das Sicherste unter allen Prinzipien; denn es passt darauf, die angegebene Bestimmung, da es unmöglich ist, dass jemand annehme, dasselbe sei und sei nicht [1105]oder dass sich etwas so und auch nicht so verhalten kann[1106]. Wenn zugleich alle Widersprüche über denselben Gegenstand wahr sind, so müsste offenbar alles eins sein. Denn es würde dasselbe Schiff und Mauer und Mensch sein, wenn man von jedem Dinge etwas bejahend oder verneinend prädizieren kann[1107]. Wäre es dem nicht so, so wäre die Möglichkeit der Unterredung mit anderen aufgehoben, in Wahrheit auch die Möglichkeit der Unterredung mit sich selbst[1108], ja alle würden die Wahrheit sagen und alle würden im Irrtum sein[1109].

* Offenbar kommt – in platonischer Tradition, (3.6.2.2.4.) - die Untersuchung der Axiome einer Wissenschaft den Philosophen zu. *Alle bedienen sich ihrer, weil sie vom Seienden als solchem gelten, sie bedienen sich aber ihrer nur insoweit, als es für sie nötig ist, d.h. soweit die Gattung reicht, auf welche ihre Beweisführungen gehen. Da sie von allem gelten, insofern es seiendes ist, so kommt ihre Untersuchung dem zu, der das Seiende als solche erkennt. Deshalb unternimmt denn auch keiner von denen, die eine spezielle Wissenschaft behandeln, von ihnen insofern zu handeln, ob sie wahr sind oder nicht, weder der Geometer noch der Arithmetiker, ausgenommen einige Physiker[1110].* Diese Ausführungen schließen sich unmittelbar an Platons Kritik der Spezialwissenschaften an[1111]. (3.6.2.2.4.)

Jedes beweisende Vorgehen hat drei Stücke: Das allgemeine Objekt, um das die Beweisführung sich bewegt, die Sätze, die sie beweist, und die Sätze, aus denen sie Beweist[1112]. Jedes Ding lässt sich aber nur aus seinen jeweiligen eigentümlichen Gründen beweisen[1113]. Es ist aber nicht Sache der jeweiligen Wissenschaft, ihre eigentümlichen Prinzipien zu beweisen. Denn dazu sind Prinzipien erforderlich, die für alles gelten, und die Wissenschaft, die sie ergibt, muss die leitende Wissenschaft sein. Denn es weiß in höherem Grade wer aus den höheren Ursachen weiß[1114]. Es sind aber von den Prinzipien, die man in den beweisenden Wissenschaften verwendet, die einen der jeweiligen Wissenschaft eigentümlich, die anderen allgemein, aber allgemein im Sinne der Analogie, oder des gleichen Verhältnisses, indem jedes in der Gattung nützlich ist, mit der es die betreffende einzelne Wissenschaft zu tun hat. Zu den eigentümlichen Prinzipien gehört z.B., dass die Linie oder das gerade die und die Wesensbeschaffenheit hat, zu den allgemeinen Prinzipien der Satz, dass Gleiches vom Gleichen abgezogen, Gleiches lässt[1115]. Das Gewusste muss mit den Prämissen zu einer Gattung gehören[1116].

* *Der apodiktische Satz (Prämisse in dem wissenschaftlichen Beweis) unterscheidet sich von dem dialektischen (Vordersatz in Disputationen) dadurch, dass der apodiktische Satz die Annahme des eines Gliedes des Widerspruchs ist – denn der Beweisende fragt nach ihm nicht, sondern nimmt ihn an - , während der dialektische Satz die Frage stellt (und beantwortet) ob das eine oder das andere Glied des Widerspruchs gelten soll[1117]. Ein Schluss ist eine Rede, in der, wenn etwas gesetzt wird,* *etwas von dem Gesetzten Verschiedenes notwendig dadurch folgt, dass dieses ist[1118].*

* *Begriff* (lateinisch Terminus) nennt Aristoteles die Bestandteile, *in die der Satz als in Prädikat und Subjekt der Prädizierung sich auflöst, mag nun das Sein bei der Bejahung hinzugesetzt oder bei der Verneinung, wo es Nichtsein wird, ausgeschieden werden[1119]. Die Begriffe sind keine Voraussetzungen, denn sie sagen ja über Sein und Nichtsein nichts aus[1120].*

* *In jeder Kunst und Wissenschaft gibt es falsche Schlüsse, in der Geometrie den geometrischen in der Medizin den medizinischen Fehlschluss, wo ich mit dem Ausdruck Schluss in einer Kunst einen Schluss meine, der auf Grund ihrer Prinzipien gezogen wird. Ihre Widerlegung ist ein Schluss auf das Gegenteil. Die Widerlegung in der Einzelwissenschaft soll der Fachmann untersuchen, dagegen haben es mit den Widerlegungen, die aus den Gemeinsamen, unter keine einzelne Kunst fallenden Gesichtspunkten gewonnen werden, die Dialektiker zu tun[1121].*

Aristoteles übernahm von Platon die Bedeutung des Naturbegriffes als wahres Sein oder Wesen einer Sache (3.6.2.1.4.). Er erkannte Umstände und intern Bewegendes als Ursachen von Prozessen, Bewegung und Werden. Aber in der Kette der Vorgänge stand auch für ihn nicht die Natur sondern der „Unbewegte Beweger" am Anfang und am Ende eine Vollendung des naturgemäßen Wesens (3.6.3.1.).

Die ganzheitliche Betrachtung des Kosmos ist verwandt mit derjenigen Platons, aber er befreite sich vom Primat der Ideen, und geht in seinen naturwissenschaftlichen Schriften problemorientiert von den beobachtbaren Phänomenen aus und setzt sich mit anderen Ansichten und Lehrmeinungen auseinander. Wissenslücken schließt er, nicht wie Platon durch erfundene Mythen, sondern durch spekulative Gedankengänge. An Stelle der Ideenlehre Platons haben Grundsätze oder Kategorien den Vorrang: Stoff und Form, Potenz und Aktualität, Bewegung und Veränderung bilden die Grundlage aller Wissenschaften.

Es würde zu weit führen seine naturwissenschaftlichen Schriften, wie: Physik, Himmelskunde, Meteorologie, Zoologie, Biologie einzeln abzuhandeln. Sie wurden jeweils für sich spezifisch gegliedert und methodisch untersucht, sie haben alle ihre spezifischen Methoden der Beweisführung und bestimmte Maßstäbe, nach denen man die Art einer Untersuchung beurteilen wird [1122]– und die einzelnen Teile fügen sich zu einem System und zu einem rationalen Weltbild[1123]. Damit wurden eine Verflechtung von Theorie und Empirie und eine Annäherung der Philosophie an die Naturwissenschaften seiner Zeit erreicht.

* Einerseits betonte Aristoteles, dass *jede τέχνη ein Erproben und Betrachten sei*[1124]. Doch trotz der Liebe zu Details der Beobachtung, auch einmal die Bereitschaft eine Theorie aufgrund beobachteter Fakten zu korrigieren[1125], finden wir bei Aristoteles auch eine ablehnende Einstellung gegenüber Experimenten. Wie auch bei Plato vor ihm. Ja Aristoteles macht sich lustig über Demokrit's Experiment mit dem Aschegefäß, mit dem dieser die Existenz von Hohlräumen in fester Materie beweist[1126] oder das Experiment mit dünnen Metallplättchen, die auf dem Wasser schwimmen und die Existenz der Atome beweisen soll[1127]. Die logische Untersuchung von Aussagen soll ausreichen, um die Nichtexistenz des Vakuums oder der Atome zu beweisen.

In seine wissenschaftstheoretischen Schriften, in das Buch der Physik und in die Metaphysik, fanden die erwähnten Anmerkungen zu möglichen Fehlerquellen des induktiven Vorgehens und eine Methode diese Fehler zu korrigieren, keinen Eingang. Aristoteles sah in diesen Werken ebenso wenig die Notwendigkeit wie Platon, dass Behauptungen und Theorien außer auf ihre verbale Korrektheit und logische Geschlossenheit auch auf ihre Haltbarkeit geprüft und gegebenenfalls verworfen oder neu formuliert werden müssten: Platon und Aristoteles, beide blieben mit ihrer Fixierung auf die sprachliche Formulierung von Aussagen Gefangene der Sophistik. Damit wurde eine wichtige Treibkraft der wissenschaftlichen Weiterentwicklung philosophisch unterschätzt. Als im lateinischen Mittelalter die Schriften des Aristoteles, darunter auch die Physik und die Metaphysik, wieder entdeckt wurden (8.3.), wurde diese Einstellung von vielen, doch nicht allen, Philosophen und Theologen übernommen. Die Lücke wurde an den Universitäten in Oxford und in Padua erkannt und geschlossen (9.1.5.).

* Ausblick: Im Lyzeum wurden auch von seinen beiden Nachfolgern Theophrast und Strabon wissenschaftliche Spezialgebiete wie Botanik, Ökonomie und Mechanik gepflegt (4.2.2.). Die Gelehrten in Alexandria konnten an die naturwissenschaftlichen Schriften des Aristoteles und seiner Schule anknüpfen (4.1.1., 4.1.1.4. und 4.1.2.1.) Ein Bindeglied zwischen Alexandrien und dem Peripatos war Straton (4.2.2.). Von den späteren Philosophen ging nur die Mittlere Stoa einen vergleichbaren Weg (4.2.5.1.2.). Die Philosophie des Aristoteles wurde von den christlichen Apologeten und apostolischen Vätern mit Skepsis betrachtet (5.1.3.3.; 5.1.5.; 5.2.1.8. und 5.2.1.11.) Nur Teile der Logik und der Analytik wurden von Boethius und Johannes Philiponus an das Mittelalter vermittelt (5.2.1.12. und 5.2.1.13.). Die Philosophie des Aristoteles wirkte anregend auf die arabische Philosophie (6.2.2.3.; 6.2.2.6. und 6.2.2.9.). Die Übersetzung dieser Werke löste im 13. Jahrhundert den „Streit um Aristoteles" aus (7.3.). An die Kategorienlehre konnte im Mittelalter die „Schule der Mechaniker" anknüpfen (9.1.7.1..8).

1.6.3.7 Die Dichtkunst und die Ästhetik

Die Dichtkunst hat bei Aristoteles eine sehr weite Bedeutung, wenn auch nicht ganz so weit wie bei Platon. Sie umfasst neben der Epik, die tragische Dichtung, die Komödie, das Flöten und Zitherspiel, Rhythmus, Sprache und Melodie. Aber auch die Farben und Formen gehören dazu[1128]. Von der Lyrik wird nur die Dithyrambendichtung, ein Kultlied zu Ehren des Dionysos, erwähnt, die eigentliche nicht erzählende Lyrik wird nicht erwähnt. Sie sind allesamt mimetisch, sie stellen menschliche Leiden, Handlungen und Charaktere dar[1129]. Mimesis, Darstellung oder, wie es zumeist übersetzt wird: das Nachahmen, *hat einen Grund in der menschlichen Natur, und ist uns angeboren – es zeigt sich von Kindheit an, und der Mensch unterscheidet sich dadurch von den übrigen Lebewesen, dass er in besonderem Maße zur Nachahmung befähigt ist und seine ersten Kenntnisse durch Nachahmung erwirbt – als auch die Freude, die jedermann an der Nachahmung hat*[1130]. *Die Charaktere, die in der Kunst dargestellt werden, aber sind notwendigerweise gut oder schlecht, die eine Kunst oder Künstler, tendiert mehr zur Darstellung des einen, die andere zur Darstellung des anderen*[1131]. Wegen ihres mimetischen Charakters werden die Künste in den aristotelischen Schriften nicht abgewertet. Wir finden bei Aristoteles, im Gegensatz zu Platon (3.6.2.2.1.), auch keine Anschuldigungen, die Dichter hätten über die Götter die Unwahrheit gesagt, keine Vorschläge zur Gängelung der Dichtkunst oder Vorschriften über die Darstellung von Charakteren und keinen Hinweis auf eine Zensur.

Für einen Flötenspieler, einen Bildhauer und überhaupt für jeden Künstler und für jeden, der eine Leistung und ein Handeln hat liegt in der Leistung das Gute und das Rechte[1132]. Bei Aristophanes, im Wettstreit des Aischylos und des Euripides (3.5.2.), zeichnete sich das erste Mal ab, dass die Tragödie eigenen Gesetzen in der Komposition und im Versbau zu folgen hat. Auch bei Aristoteles folgen die Künste ihren eigenen Gesetzen und es gilt die Kategorien „gut" und „schlecht", „richtig" und „falsch" nach spezifischen, eben der τέχνη eigenen, Kriterien anzuwenden (3.6.3.5.). *Es ist nicht Aufgabe der Dichter mitzuteilen, was wirklich geschehen ist, sondern was geschehen könnte, d. h. das nach den Regeln der Wahrscheinlichkeit oder Notwendigkeit Mögliche*[1133].
Demnach muss, wie in den anderen nachahmenden Künsten, die Einheit der Nachahmung auf der Einheit des Gegenstandes beruhn, auf die Fabel, da sie die Nachahmung von Handlungen ist, die Nachahmung einer einzigen und zwar einer ganzen Handlung sein. Ferner müssen die Teile der Geschehnisse so zusammengefügt sein, dass sich das Ganze verändert und durcheinander gerät, wenn irgend ein Teil umgestellt oder weggenommen wird[1134]. Vergleichbare Regeln finden wir auch bei Horaz (4.3.3.3.).

Bei der Kunst gibt es eine Vollkommenheit[1135]. *Weisheit schreiben wir in den Künsten denjenigen zu, die sie am vollkommensten beherrschen, also dem Pheidias als Steinmetzen und dem Polyklet als Bildhauer; hier meinen wir als Weisheit nichts anderes, als dass sie die Vollkommenheit der Kunst sei*[1136]. *Die hauptsächlichen Formen des Schönen sind Ordnung und Ebenmaß und Bestimmtheit*[1137].

Erhalten ist nur das erste Buch der Poetik. Es behandelt, neben einem einleitenden allgemeinen Teil, hauptsächlich die Tragödie. Das zweite Buch, wahrscheinlich über die Komödie, ist verloren gegangen. *Gegenstand der Tragödie sind die menschlichen Handlungen als Möglichkeiten menschlicher Lebenspraxis und nicht primär die Charaktere.* Er verwarf die Forderung Platons nach Apathie in der Kunstbetrachtung und widersprach der Vorhaltung Platons, die Dichtung würde menschliche Begierden und Affekte nähren und anstacheln, statt sie auszutrocknen. Die Musik dient bei Aristoteles nicht bloß einem einzigen Zweck, sondern mehreren: Der Bildung, der Reinigung und dem geistigen Leben, der Lockerung und der Erholung von der Anspannung[1138]. *Durch die nachahmende Darstellung haben die Tragödie und die Musik eine reinigende, eine kathartische Wirkung*[1139], *die durch das Vergnügen und den ästhetischen Genuss noch eindringlicher wird*[1140]. *Die reinigenden Gesänge verschaffen dem Menschen eine unschädliche Freude*[1141]. Kunstgenuss und Katharsis sind miteinander verbunden. Diese erschütternde Wirkung spricht er in einem gesteigerten Maße dem Euripides zu: Euripides erscheint als der tragischste Dichter. Es ist wie eine abschließende Stellungnahme zur Kritik des Aristophanes an Euripides (3.5.2.).

* Bei Aristoteles ist die Kunstkritik nicht die Aufgabe der Wächter oder der Philosophen, *denn die Menge beurteilt die Werke der Musik und der Dichtung besser (als der Einzelne); der eine beurteilt diese, der andere jene Seite und so urteilen sie alle über das Ganze*[1142]. Dies ist in klarem Widerspruch zu dem im Abschnitt 3.6.3.5. festgestellten Vorrang des Sachkundigen.

Das Theater muss sich auch auf das Publikum einstellen, denn es gibt verschiedene Theaterbesucher: *Der eine ist frei und gebildet, der andere ordinär, ein Banause und Taglöhner. Man muss auch diesen Leuten Wettkämpfe und Schaustellungen zur Erholung anbieten. Man muss die Mitwirkende dieser Unterhaltungskunst entschuldigen, wenn sie dieser Art von Zuschauern eben mit solcher Musik (gemeint ist wohl die orgiastische und ekstatische, die an die Affekte appelliert und dadurch Entspannung verschafft) unterhalten*[1143].

1.6.3.8 Atechnische Attraktionsbereiche

Wir finden bei Aristoteles zwei Lebensformen: die praktisch- politische und die Lebensform der Betrachtung[1144].
Ähnlich wie bei Platon zeichnen sich auch bei Aristoteles dieselben drei atechnischen Attraktionsbereiche ab: die Seelenlehre, die Lehre vom wahren Sein und das Göttliche. Alle drei Ansätze führen zur vita contemplativa.

* Eine von den Grundformen des Lebens (vergleiche: 3.6.3.3.) nämlich die philosophische, hat als ihr Ziel das theoretische Wissen, das heißt die Betrachtung des wahren Seienden[1145]. *Die vollkommene Glückseligkeit ist eine betrachtende Tätigkeit. Von den Göttern glauben wir, dass sie die glücklichsten und seligsten Wesen sind*[1146].

* Wie schon Platon, so verwendet auch Aristoteles das Göttliche als Bezugspunkt. *Jene Wahl und jede Erwerbung der natürlichen Güter, seien es körperliche oder Geld oder Freunde oder die sonstigen Güter, welche am meisten das betrachtende Verhalten des Gottes ermöglicht, die ist die Beste, und dieser Maßstab ist der Schönste*[1147].
Ist nun der Geist im Vergleich mit dem Menschlichen etwas Göttliches, so muss auch das Leben nach dem Geiste im Vergleich mit dem menschlichen Leben göttlich sein[1148]. *Es gibt für den Menschen nichts Göttliches oder Seliges außer jenem Einen, das allein der Mühe wert ist, nämlich das, was in uns an Verstand und Geisteskraft vorhanden ist. Von dem, was unser ist, scheint dies allein unvergänglich, dies allein göttlich zu sein*[1149].
* *Wenn wir die verschiedenen Funktionen der Seele miteinander vergleichen, gibt es nichts wählenswerteres als die philosophische Einsicht*[1150]. *Was einem Wesen von Natur eigentümlich ist, ist auch für es das Beste und Genussreichste. Für den Menschen ist dies das Leben nach dem Geiste*[1151]. *Diese Glückseligkeit bedarf der äußeren Güter nur wenig oder doch weniger als derjenige gemäß den ethischen Tugenden*[1152]. *Wer glücklich werden will muss philosophieren*[1153]. *Es gibt nichts Höheres als das philosophische Leben*[1154]. *Doch die philosophische Einsicht ist nicht ein produktives Wissen*[1155].

* Platon wollte die Philosophen zum Regieren nötigen (3.6.2.2.8.). Bei Aristoteles finden wir davon keine Spur. Das philosophische Leben ist Selbstzweck, es ist das höchste Glück. Reelle Wirklichkeit war das philosophische Leben in der Akademie und im Lyzeum.

1.6.3.9 Die Bildungsvorstellung

* *Alles vernünftige Lehren und Lernen geschieht aus einer vorangehenden Erkenntnis*[1156]. *Doch faktisch ist man über die Lehrgegenstände uneinig*[1157]. Die konkreten

Bildungsvorstellungen des Aristoteles stehen durchaus in der sophistischen Tradition:

.... Lesen, Schreiben, Grammatik, Gymnastik und Leibesübung, Zeichnen, Musik bilden die Grundlagen einer jeden Bildung.

.... *Von den nützlichen Dingen soll man das Notwendige und Unentbehrliche lernen, doch nur soweit, dass man durch sie nicht zum Banausen wird*[1158].

.... *Auch für das Leben in der Muße muss man bestimmte Dinge lernen. Spiel, Musik, Tanz, Grammatik, Zeichnen haben auch einen Erholungswert*[1159].

* *Die vornehmen Wissenschaften soll man*, ähnlich wie bei Platon, *bis zu einem gewissen Grade, und nicht spezialisiert oder berufsmäßig kennen lernen*[1160]. Die Philosophen haben bei Aristoteles keinen besonderen Status, sie sind nicht als Hüter und Wächter, eine Art Ordnungsmacht oder Zensoren, im Staate für die politische Laufbahn vorgesehen.

* Ein Bildungskanon ist bei Aristoteles nicht erkennbar, Fächer des Quadriviums, die Mathematik, Geometrie, Astronomie und Musik genießen keine erkennbare Sonderstellung.

Aristoteles hat Fachwissen und Bildungswissen unterschieden: das eine ist banausisch, das andere ist um der Sache, der Freude und Tugend willen[1161]. *Der wissenschaftlichen Betrachtung gegenüber gibt es zwei Arten des Verhaltens: die eine ist die wissenschaftliche, die andere aber eine Art von Bildung. Es ist nämlich Sache des Gebildeten zutreffend zu beurteilen, was der Redende richtig sagt und was nicht*[1162]. Wo die Grenze zwischen den beiden Arten des Wissens genauer zu ziehen wäre, ist nicht deutlich erkennbar: gebildet ist der Kenner, nicht der Spezialist. *Der Gebildete ist daran zu erkennen, dass er, ohne Einzelheiten des Gegenstandes zu beherrschen, doch den Blick dafür besitzt, wie ein Gegenstand methodisch richtig angepackt werden muss und ob er in einem bestimmten Falle methodisch auch richtig angepackt worden ist*[1163]. Weiter, *der Gebildete verwendet gegenstandspezifische Argumente*[1164], *gegenstandsabhängige Begründung*[1165] *und verlangt in jedem Gebiet nur so viel (begriffliche) Präzision, wie es die Natur des Gegenstandes zulässt*[1166]. *Auch für die Naturwissenschaft muss es bestimmte Maßstäbe dieser Art geben, nach denen man die Art der Untersuchung beurteilen wird*[1167].

Hier erscheint, wie bei Plato, die Bildung einerseits als Prüfstein sophistischer Kunstfertigkeiten, andererseits als ein Versuch die verschiedenen kulturellen Teilräume durch kommunikative Grundstrukturen zu integrieren oder zumindest durchlässiger zu machen.

Wir müssen an dieser Stelle bedenken, dass Kenntnisse „im Grundriss", die einen zu einem Urteil befähigen sollen, ob vorgebliche Kenner der Wissenschaften tatsächlich solche sind, einen schließlich selbst in den Stand setzen eine Kenntnis der Wissenschaften vorzutäuschen, ohne die Gefahr der Entdeckung seiner Unwissenheit zu laufen. Man könnte das ein Programm der Halbbildung nennen[1168].

* Die bisher betrachteten Philosophen, Platon und Aristoteles, standen in direkter oder indirekter Erbschaft der Sophisten, aber es gab auch andere denen man den sophistischen Einfluss nicht, oder kaum anmerkt. „Sokrates", Platon und Aristoteles waren in ihrer Wirkung zwar mächtig, aber sie waren nicht die Einzigen, die am gesellschaftlichen Diskurs über die τέχναί und ihre Bedeutung für das menschliche Leben beteiligt haben, und deren Lehren uns wenigstens in Bruchstücken erhalten geblieben sind. Aristoteles hat, wie auch Platon, erst im Mittelalter in der Scholastik ei-

ne Breitenwirkung entfaltet. Als Vorläufer der hellenistischen Philosophien gelten eher die Kyniker (4.2.4.), Stoiker und Epikureer[1169] (4.2.5.).

Die σώφια hat noch etwas vom alten Klang, ohne den sophistische Überbau, sowohl bei Demokrit (3.5.6.), als auch bei Xenophon (3.6.6.) behalten[1170].

1.6.4 Diogenes von Apollonia

Diogenes von Apollonia (um 440) *war ein sehr berühmter Naturforscher[1171]*. Er hat sich für die Physiologie des Menschen, Kosmologie und teleologische Reflexionen interessiert. Für unsere Betrachtung ist die methodische Reflexion *am Anfang seiner Schrift* von Bedeutung: *Bei Beginn jeder wissenschaftlichen Darlegung scheint es mir nötig, von einem Prinzip auszugehen, das keinem Zweifel Raum lässt, und sich einer einfachen und würdevollen Sprache bedient[1172].* Im gesellschaftlichen Diskurs war er umstritten: Vom Aristophanes wurde er in den „Wolken" auf die Schippe genommen, Aristoteles hat ihn kommentiert und Theophrast (4.2.2.) hat seine Arbeit fortgesetzt[1173].

1.6.5 Demokrit

* Demokrit von Abdera (ca. 460- ca. 370 v.u.Z.) gilt als der erste Vertreter einer atomistischen Weltvorstellung. Nach Diogenes Laertios war Demokrit im Reiche der Philosophie ein Fünfkämpfer; denn er beherrschte nicht nur die Physik und die Ethik, sondern auch die Mathematik und die Kenntnisse, die zur allgemeinen Bildung gehören, wozu noch die volle Bekanntschaft mit den Künsten kam. Demokrit schrieb Werke über Kosmologie, die Natur, Mathematik, die musischen und andere Künste und Ethik. Leider sind sie alle verloren, nur einige Fragmente sind erhalten. Epikur und die Epikureer (4.2.5.2. und 4.2.7.2.) griffen seine Atomtheorie auf.

In Verbindung mit Demokrit gibt es Nachrichten über Fehden der Philosophen:

.... Es wird über ihn berichtet, er sei Anaxagoras feindlich gesonnen, weil er keine Aufnahme bei ihm gefunden habe[1174]. Er verspottete seine Weltordnung und seine Lehre vom Geist.

.... Platon soll die Absicht gehabt haben, alle Schriften des Demokrit, die er überhaupt aufbringen könne, zu verbrennen[1175]. Während Platon fast aller älteren Philosophen gedenkt, erwähnt er Demokrit nirgends[1176]. Nur in der Kosmologie im Timaios hat Platon die Atomtheorie Demokrit aufgegriffen, ohne ihn zu nennen[1177].

.... Auch Aristoteles hat sich über die Experimente Demokrit lustig gemacht (3.6.3.6.).

Kooperation gehört wohl nicht zum Werkzeugkasten der Philosophen, Fehden unter ihnen werden wir auch später finden, so zwischen den Stoikern und Epikureern (4.2.5.2.). Solche Kontroversen sind für diese Untersuchung nur interessant, sofern diese auch unser Thema betreffen.

In den Fragmenten aus den Schriften zur Ethik, die ihm zugeordnet werden, spürt man kaum sophistische Einflüsse[1178]. Er hat sich aus der Auseinandersetzung mit den Sophisten wohl herausgehalten:

Nach Demokrit *soll man dem Gerede der Streithähne und Wortverdreher keine Beachtung schenken[1179]. Falschmünzer und Heuchler sind solche, welche alles in Theorie, aber in der Praxis nichts zustande bringen[1180].*

Weder Kunst noch Wissenschaft sind ohne Studium erreichbar[1181]. Gerade die Politik, die πολιτική τέχνή*, die ja die wichtigste ist, soll gründlich erlernt werden[1182].* Darin dürfte er mit Protagoras (3.2.1.), aber auch mit Thukydides (3.3.2.), Platon

(3.6.2.2.6.) und Isokrates (3.2.4.) übereinstimmen. Schade, dass wir die Bildungsinhalte, die er für notwendig hielt, nicht kennen.

Technische Begabung sprach er auch den Tieren zu, in den wichtigsten Dingen sei der Mensch ihr Schüler: *der Spinne im Weben und Stopfen, der Schwalbe im Hausbau, und der Singvögel im Gesang – auf dem Wege der Nachahmung*[1183]. Es scheint, Demokrit vertrat eine dichotomische Gliederung und eine Stufenweise Entwicklung der τέχναί: *Die Musik ist eine jüngere Kunst. Denn sie ist nicht aus der Not hervorgegangen, sondern konnte erst bei einem gewissen Überfluss entstehen*[1184].

In den Fragmenten des Demokrit fehlt die sophistische Geringschätzung der Künste, allein *unsittliches Gewerbe* (was dazu gehört, wissen wir nicht) *und der Reichtum, der daraus gezogen wird*, ist in den Fragmenten gebrandmarkt[1185].
Er kannte die Unzuverlässigkeit der menschlichen Sinnesorgane und stellte die „echte" Erkenntnis des Verstandes ihnen gegenüber[1186], subjektiv empfundene Eigenschaften, *wie warm, kalt, Farbe und Geschmack gibt es nur dem „Anschein" nach*[1187].

Er scheint das Experiment als Forschungsmethode gekannt zu haben. Aristoteles macht sich lustig über Demokrit's Experiment mit dem Aschegefäß, mit dem dieser die Existenz von Hohlräumen in fester Materie beweisen will[1188], oder das Experiment mit dünnen Metallplättchen, die auf dem Wasser schwimmen und die Existenz der Atome beweisen soll[1189].

* Schüler des Demokrit waren:
.... Nausiphanes von Theos (360 – 300), der die Kenntnis der Atomtheorie an Epikur vermittelt hat[1190]. Von ihm haben wir nur die Notiz seiner späteren Feindschaft mit Epikur[1191].
.... Anaxarchos von Abdera (ca. 380 – 320) begleitete Alexander auf seinem Feldzug nach Asien und Indien (4.1.), wo er mit den „Gymnosophisten" in Kontakt kam. In seiner Ethik knüpfte er an Demokrit an, betonte aber die Anspruchslosigkeit und Apathie. Der Skeptiker Pyrrhon von Elis (4.2.3.) galt als sein Schüler.

* Nach einer Bemerkung unseres römischen Zeitzeugen Aulus Gellius (4.2.5.) hatte Demokrit in Rom in bestimmten Kreisen ein hohes Ansehen[1192] (4.2.7.1., 4.2.7.2.):
.... Horaz (4.3.3.3.) schrieb in seinen „Gedanken zur Literatur": *Wenn Demokrit auf der Erde noch weilte, wie würde er lachen, / dass heut die Menge bald Zwitter, aus Panthern gekreuzt und Kamelen, / oder bald Elefanten von weißer Farbe bewundert. / Mehr als am Schauspiel hinge sein Blick an der Zuschauer Runde, / da sie ihm übergenug an Spektakel zu bieten vermöchte;*[1193]
.... Seneca (4.2.7.3.) kannte noch die Schrift des Demokrit und berief sich auf sie[1194].
.... Für Petronius (4.3.3.4.) war Demokrit ein Vertreter einer unverdorbenen Zeit *als noch das schlichte Können Anerkennung fand, gediehen die freien Künste, und unter den Menschen galt es als der vornehmste Wettstreit, nicht lange verborgen zu halten, was künftigen Zeitaltern zum Nutzen gereichen könnte. Darum, beim Herkules, hat Demokrit den Saft aller Pflanzenarten ausgepresst, und damit die Kraft der Steine und Sträucher nicht verschlossen bliebe, verbrachte er sein ganzes Leben mit Experimenten*[1195].
.... Aulus Gellius hat Demokrit als einen *vor allen anderen wegen seiner Tugend und Weisheit höchst verehrungswürdigen* erwähnt[1196].
.... Für Lukian (4.3.3.7.) war Demokritus ein Mann, *der eine diamantene Festigkeit des Sinnes gegen solche Dinge hat und nichts glaubt, sondern sogleich die wahre*

Beschaffenheit der Sache vermutet oder, wenn er auch das Wie nicht ausfindig machen kann, doch davon gewiß versichert ist, daß ihm nur die Maschinerie, wodurch sie bewerkstelliget wird, verborgen und nichtsdestoweniger alles lauter Betrug sei und unmöglich das sein könne, was es scheint[1197].

.... Insbesondere von den Apologeten, so auch von Irenäus von Lyon[1198]., wurden die Lehren des Demokrit als eine Quelle für Irrlehren (5.1.5.) abgelehnt.

1.6.6　Xenophon

Der Schriftsteller Xenophon (um 426- nach 355 v.u.Z.) nahm im Jahre 401 v.u.Z. als griechischer Söldnerführer am Feldzug des Kyros gegen seinen Bruder, den Perserkönig Artaxerxes Teil. Er wurde dafür von Athen in die Verbannung geschickt. Die Spartaner haben ihm als Dank ein Landgut in Skillus, südlich von Olympia, zugewiesen[1199]. Xenophon hat sich als ein Schriftsteller und nicht als ein systematischer Philosoph am gesellschaftlichen Diskurs beteiligt. An metaphysischen Konstruktionen, an naturkundlichen Spekulationen und an einer Seelenlehre hatte er kein Interesse. Von seinen Werken sind für unser Thema wichtig:

.... Die Apologie des „Sokrates", die Memorabilien, das Symposion, diese haben wir in Zusammenhang mit „Sokrates" schon betrachtet, weiterhin

.... die Verfassung der Spartaner, die Kyrupädie, Hieron, Ökonomikos und Über die Staatseinkünfte (Poroi).

.... Die übrigen Werke des Xenophon sind: ein Loblied auf den Spartaner Agesilaos; Über den Kommandanten der Kavallerie; Über die Reiterei und Über die Jagd. Sie sind der spezialisierten Fachliteratur zuzuordnen, doch sie haben für seine pädagogischen Vorstellungen interessante Aspekte.

* Bei Xenophon überlappen sich die Termini σώφια und technisches „know how". *Dädalos wurde vom König Minos wegen seiner Klugheit zurückgehalten und gezwungen ihm zu dienen. Und wie viele andere ... wurden wegen ihres Könnens zu einem König verschleppt und mussten bei diesen dienen?* [1200] Die zitierte Stelle wirft auch ein Licht auf „Akquisition" und „Schutz" „geistigen Eigentums". Der Schutz geistigen Eigentums wird erst an der Schwelle zur Neuzeit zum Politikum (10.3.3.1.1.).

Xenophons Untersuchungen zu den τέχναί sind vielschichtig. Die Schrift über die Staatseinkünfte wurde wohl als „Gutachten" für den athener Staatsmann Eubulos (405-330 v.u.Z., zunächst Vorsteher der für die „Schaugelder" zuständigen Behörde, später Vorsteher der gesamten Finanzverwaltung Athens) verfasst. Die Kyrupädie, über die Erziehung des Kyros, schildert die Erziehung zu einem Fachmann der Umfassenden τέχνη des Herrschens über Menschen[1201]. Auch der Feldherr ist ein Fachmann, der seine Werkzeuge kennen muss[1202].

Auch das fingierte Gespräch zwischen dem sizilianischen Dichter Simonides und dem Tyrannen Hieron von Syrakus handelt von der weisen Herrschaft. Der Ökonomikos handelt von der Hauswirtschaft, oder besser: Verwaltung eines Landgutes. Doch die Aufgabe des Politikers und eines Haushaltsvorstandes sind ähnlich, sie unterscheiden sich nur in ihrem Umfang[1203], beide Aspekte sollen im Folgenden betrachtet werden.

* Ob Xenophon ein Schüler des „Sokrates" war (3.6.1.1.) oder ihn nur gelegentlich gehört hat, ist kaum noch zu entscheiden. Er war auf jeden Fall weniger von den Auseinandersetzungen mit den Sophisten geprägt, als Platon. Er hat wohl auch eigene Erfahrung sowohl als auch als Reiter und Offizier, aber auch als Grundbesitzer,

(nicht in der lärmenden Großstadt Athen, sondern in Skillos, in einer ländlichen Gegend auf dem von Sparta dominierten Teil des Peloponnes) um Können und Tüchtigkeit als etwas Wertvolles anzuerkennen. *Das Reden und Bluffen alleine reicht nicht, man kann ohne Fachkenntnisse nicht tüchtig sein, Schein und Sein müssen übereinstimmen.* Daher reicht weder „humanistische" Bildung noch das sophistische Geschwätz weder aus um sein Gut, noch einen Staat richtig zu führen, *es gehören auch Kenntnisse dazu*[1204]. Für Xenophon ist die Ökonomie eine τέχνη, wie Medizin, Schmid und die Arbeit des Zimmermanns, die man lernen kann[1205]. Welche Kenntnisse es sind, werden von ihm in der Ökonomie und der Kyrupädie dezidiert dargestellt, aber diese Ausführungen hier darzustellen würde über das Ziel dieser Untersuchung hinausführen. Wichtig für uns ist, dass er keine Berührungsängste mit den τέχναί zeigt.

Auch sonst soll man sich möglichst gute Kenntnisse von dem verschaffen, was man ausführen will[1206]. Also muss man zum Lernen bereit sein, und lernen kann man nur von den Fachleuten. Nach seiner Einschätzung ist die Kunst der Ackerbau leichter zu erlernen als die anderen Künste, denn *die Handwerker pflegen ihre Künste geheim zu halten, während sich die Bauern überall gern beobachten und befragen lassen*[1207]. *Der Tüchtige beherrscht aber nicht nur das erlernte, sondern erfindet auch Neues hinzu*[1208]. In der Kyrupädie werden die τέχναί als die Quellen alles Schönen[1209] geschildert. Für den „normal Sterblichen" werden in der Schrift „Über die Jagd" die Vorzüge der Jagd als eine Schule für die Wahrheit der sophistischen Erziehung (3.2.2.) gegenübergestellt[1210].

* In einem fingierten Gespräch zwischen dem Tyrannen Hieron und den Dichter Simonides lässt Xenophon den letztere die Ansicht äußern, *der Herrscher soll die Stadt reicher machen und nicht seinen privaten Reichtum mehren, und er wird hoch geachtet, wenn er auf die wirtschaftliche Prosperität seiner Stadt achtet*[1211]. Die Landwirtschaft ist zwar *von allen Beschäftigungen am wichtigsten*[1212], doch *wichtig für das steigende Einkommen und das nüchterne Denken der Bürger sind Handel und Handwerk* [1213] und *ihre Förderung steigert die Leistung und fördert die Kenntnisse*[1214]. In seiner Schrift über die Staatseinkünfte pries Xenophon die Standortvorteile Athens, die Milde der Jahreszeiten und als Handelszentrum, seine Hafenanlagen für Export und Import. Für Handel und Handwerk empfiehlt Xenophon die Lockerung administrativer Vorschriften, eine fremdenfreundlichere Politik, die Förderung der Silberminen von Laurion (3.1.1.2.), das Verleihen von Sklaven, die Verbesserung des Minenmanagements als Beschäftigungsprogramm[1215] - und auf der Ausgabenseite eine Friedenspolitik hinzu. Die nationale Selbstbehauptung und kulturelle Blüte beruhen auf der wirtschaftlichen Prosperität und diese setzt Frieden voraus und nicht Krieg[1216]. Erst im Anbruch einer neuen Zeit können wir vergleichbare Überlegungen im lateinischen Westen, bei Erasmus von Rotterdam vernehmen (7.6.7.).

Welch ein Kontrast zu Platons Bewertung der τέχναί, dass sie die Stadt mit Üppigkeit anschwemmen (3.6.2.3.)!

Für Xenophon gibt es aber einen kleinen Unterschied zwischen Mikro- und Makroökonomie: Für den Privatmann wird das bedarfsorientierte Wirtschaften und der rechte Gebrauch dessen was man hat empfohlen. Für den Haushaltsvorstand wichtig ist auch die geschickte Menschenführung[1217].

* Doch mit diesem Bild kontrastiert seine Hochschätzung der spartanischen Verfassung, die er auf den sagenhaften Lykurgos zurückführt, der den Besitz von Gold und Silber verboten hat, und entsprechen niedrig die Motivation sich um einträgliche Geschäfte zu bemühen[1218]. Auch seine Lobesrede auf den Spartanerkönig Arkesilaos

kontrastiert mit seinen Empfehlungen in der Kyrupädie. In seiner Analyse der Ursachen des Verfalls der Macht Spartas erwähnt er unter anderen gerade das Streben nach Gold und Silber in Abweichung von den Vorschriften[1219]. Diese Einstellung kennen wir als Topos auch aus der „Alten Komödie", in der die Ursache des Verfalls ebenfalls in der Abweichung vom Althergebrachten besteht (3.5.1.).

* In allen seinen Werken ist die Landwirtschaft die Mutter aller τέχναί[1220], nur sie ist eines freien Mannes, selbst eines Großkönigs von Persien, würdig[1221]. Die Einschätzung der übrigen Künste als banausische Beschäftigung bleibt im Rahmen der konventionellen Einstellung eines Agrariers und Offiziers (vergleiche auch Sophokles, 3.4.2., Platon, 3.6.2.2.7. und Aristoteles, 3.6.3.2.): sie ruinieren den Körper, schwächen den Geist, lassen keine Zeit für den Umgang mit den Freunden und sind für die Verteidigung der Stadt wenig geeignet (s.a. 3.1.2.)[1222].

* Ausblick: Xenophon wurde vom römischen Feldherren und Politiker Scipio, Cornelius Aemilianus Africanus (4.1.) und nach Auskunft Ciceros auch von Cato (4.2.7.) geschätzt.

1.6.7 Alkidamas von Elaia

Alkidamas von Elaia, Rhetor und Sophist in Athen (1. Hälfte 4. Jahrhundert v.u.Z.), war ein Schüler des Gorgias und ein Gegner des Isokrates (3.2.4.)[1223]. Bezüglich der Schriftlichkeit verfolgte er eine mittlere Linie: Er bevorzugte die freie Rede, Aufbau der Gedanken bereitete er vor, Wortwahl und Ausdruck überließ er dem Augenblick. Alkidamas war der erste, der in seiner einzigen erhaltenen Rede den Gedanken aussprach, dass die Sophistik für den Fortschritt etwas Hemmendes sei: *Während die übrigen τέχναί das Leben der Menschen zum Besseren führen, stehen sie* (d.h. die Rhetorik der Sophisten) *dem Erfolg entgegen*[1224]!!!

1.7 Zusammenfassung und Ausblick

Unsere Untersuchung des gesellschaftlichen Diskurses in Athen des 5. und 4. Jahrhunderts v.u.Z. hat gezeigt, dass dieser facettenreicher war, als es die Formel „Querelle des anciens et des modernes" es erwarten ließ. Auch das „Spiel der politischen Kräfte" und der Eingriff der Politiker in den Diskurs waren komplex.

* Sicher haben Politiker, etwa Themistokles oder Perikles, auch „Kulturpolitik" betrieben, doch neben ihnen spielten im kulturellen Leben Athens auch der Ratsentscheidungen und die „Wohltäter" eine wichtige Rolle. Es gab in Athen im 5. und 4. Jahrhundert v.u.Z. einen breitgefächerten und lebendigen gesellschaftlichen Diskurs über die τέχναί und ihre Komponenten (3.2 -3.6). Nicht nur die Sophisten, auch die Dichter der Tragödien, der Komödien, die Historiker und die Philosophen haben sich an diesem Diskurs beteiligt. Spieltheoretisch betrachtet war dieser Diskurs relativ frei von herrschaftlicher Parteinahme oder steuernden Eingriff seitens der Oligarchien zugunsten der „anciens" oder der „modernes". Eine markante Grenze für den Diskurs war allein durch eine mögliche Asebieklage gesetzt, die aber auch diskursiv gehandhabt wurde. Auf den gesellschaftlichen Diskurs über die τέχναί hatte eine Asebieklage nur im Falle des „Sokrates" eine Auswirkung.

Philosophen, Mathematiker und Astronomen wurden von der altem Komödie auf die Bühne gezerrt, doch die Spezialwissenschaften (: Mathematik, Medizin, Geschichtsschreibung) blieben von einem gesellschaftlichen Diskurs relativ unberührt.

* Nicht nur Frevel gegen die Götter und heterodoxe Äußerungen über die Götter, sondern auch naturphilosophische Lehren konnten Asebie-Prozesse provozieren: Anaxagoras (3.6.1.3.1.) wurde wegen Gottlosigkeit angeklagt, weil er die Sonne für eine glühend heiße feurige Eisenmasse erklärt hatte. Auch im Prozess gegen „Sokrates" spielte eine unterstellte Beschäftigung mit naturphilosophischen Fragen eine Rolle: *„Sokrates" frevelt und treibt Torheit, indem er unterirdische und Himmlische Dinge untersucht.* Nur dieser Prozess endete mit einem Todesurteil.
Auch die Künste und das künstlerische Schaffen konnten Gegenstand einer Asebieklage sein. In den Asebie-Prozessen können wir bereits den Konflikt zwischen Glaube und Vernunft erkennen, ein Konflikt, den wir in Kapitel 5 bis 10 weiter behandeln werden.

* Die Sophisten haben einen breit geführten gesellschaftlichen Diskurs zu Reform des Bildungswesens ausgelöst. Doch über die Lehrgegenstände gingen die Meinungen weit auseinander:
.... Die τέχναί und ihre Zweige, Kunst, Wissenschaft und Technik, waren keine Bildungsfächer. Sowohl die sophistischen, wie auch die sokratische Einstellungen zu Geometrie und Astronomie sahen in diesen Fächern nur geringen Nutzen.
.... Die „Neue Bildung" der meisten Sophisten war auf Eristik ausgerichtet, auf Polemik in Auseinandersetzungen vor Gericht und Volksversammlung. Selbst die Gespräche beim Symposium hatten eristische Züge[1225]. Die Anwendung von Rhetorik und Dialektik auf die τέχναί und die Wissensgebiete konnte nur die Gleichwertigkeit von Rede und Gegenrede betonen und damit nur zu Aporien führen, diese aber nicht auflösen.
Sophisten die, über die „Schulkünste" hinaus ein „Sachwissen" anboten, wurden als Außenseiter angesehen. Die sophistische Bildung war von Anfang an auf die freie Rede ausgerichtet. Sie war einseitig auf die aktuellen Bedürfnisse der attischen Demokratie ausgerichtet und sie war bezüglich der τέχναί schon im 5. Jahrhundert v.u.Z, defizitär. Sie ging später im so genannten Trivium auf und führte über Rom zur humanistischen Bildung im 13. Jahrhundert.
Platon und Isokrates haben versucht der unverbindlichen, eristischen Rhetorik der Sophisten durch eine „Philosophie" eine verlässlichere Grundlage zu geben.
.... Facettenreicher sind die bildungspolitischen Entwürfe von Platon und Aristoteles: beide haben neben dem Trivium auch ein Sachwissen für notwendig erachtet, das aber nicht soweit gehen soll, dass man zum Banausen wird. Eine eindeutige Abgrenzung vom Fachwissen und Bildungswissen ist indes bei beiden nicht zu finden.
.... Nur Xenophon hat in seiner Kyrupädie auch τέχναί als zu erwerbendes Können einbezogen.

* Pindar hat die Künste noch rühmend erwähnt (2.3.2.3.). Doch es gab auch eine Geringschätzung der τεχνίτης. Die Bezeichnung „banausos" taucht das erste Mal Mitte des 5. Jahrhunderts bei Herodot und Sophokles auf. Bei Platon und Aristoteles hat der Terminus Eingang in die Philosophie gefunden:

Platon (3.6.2.2.7.) kannte und verwendete für Handwerker und Künste die Bezeichnung „banausisch" Er erwähnte eine Reihe von Defiziten: Mangelnde Sensibilität für das Dämonische, falsche Gottesvorstellung, Schwäche des göttlichen Seelenteils des Menschen, ungenügende Bildung der Vernunft und des Rechtsgefühls, ungenügende mathematische Kenntnisse, durch die berufliche Tätigkeit verkrüppelte körperliche und/oder seelische Konstitution. Wir finden ein Gemisch von Motiven.

Es mag ein gewandelter gesellschaftliches Vorurteil darin anklingen, es mag ein Widerhall des sophistischer Bildungsoptimismus sein oder das Spiegelbild gesellschaftlicher Arroganz und/oder ein Führungsanspruch des Philosophen, dass in der Hierarchie der τέχναί die nachahmenden und die produzierenden Künste niedriger stehen als die spekulativen und diese wiederum niedriger stehen als die Kunst der Dialektik. Wer in seiner Bildung auf der Stufe seiner Kunst hängen bleibt und nicht darüber hinaus zu einer philosophischen Schau der Wahrheit und des wahrhaft Seienden kommt, ist, zumindest aus der Sicht des Philosophen, ein Banause. Doch wahrhaft banausisch war für Platon, wer ein falsches Bild von Gott hatte.
Diese Einschätzung und Einordnung der Wissenschaften in eine Hierarchie wurde von der Stoa und vom Neuplatonismus aufgegriffen und an die die spätantiken Religionen, an das Christentum und an den Islam, weitergegeben. Aber eben diese Einschätzung hat die Stoa und den Platonismus für die monotheistische Religionen attraktiv gemacht: Wahre Weisheit und wahres Wissen besitzt nur die Theologie.

* Platon erkannte die Sophistik als eine Sackgasse und bot als ein Gegenmittel die Philosophie an. Die Akademie war ein Forum der Wissenschaften seiner Zeit: Mathematik, Astronomie wohl auch Zoologie und Botanik. Doch in seinem philosophischen System waren die τέχναί und damit auch die Wissenschaften einer verfeinerten Dialektik untergeordnet. Sie hatten nur eine dienende Rolle.

* Auch Aristoteles (3.6.3.9.) hat einen Zweig der τέχναί, nämlich die Handwerke, als in einem herkömmlichen Sinne als banausisch bezeichnet: denn wer das Leben eines Banausen oder Tagelöhners führt, hat keine Möglichkeit, sich um die Tugend zu kümmern. Seine naturkundlichen Schriften haben ihre Wurzeln in der Akademie Platons.

In der Auseinandersetzung mit den Sophisten wurden von Platon und seinem „Sokrates" stichhaltige Methoden der Argumentation und der Beweisführung formuliert, und diese nicht nur auf die Rhetorik, sondern auf alle Gebiete des Wissens angewandt. Die „Hebammenkunst" des „Sokrates", die kritische Prüfung von Aussagen war ein erster Schritt zu einer „Methodendiskussion". Sowohl Platon als auch Aristoteles diskutierten die Möglichkeiten Wissenschaften theoretisch zu begründen. Platon glaubte mit Hilfe der dialektischen Methode die festen Grundlagen in der Lehre vom wahren Sein zu finden. Aristoteles erkannte, dass für die Wissenschaften sowohl induktives als auch deduktives Vorgehen konstitutiv ist. Doch für die Prüfung von Aussagen entscheidendes Kriterium ist der Beweis. Diese beiden Ansätze prägten den Wissenschaftsbegriff bis hin zur Aufklärung. Im Spannungsbogen zwischen „Beobachtung" und „Prinzipien" trat uns das erste Mal der vorwärtsdrängende, aber auch utopische Aspekt wissenschaftlichen Denkens entgegen.

* Ausblick: Im 5. Jahrhundert begegnet uns die alte Vorstellung von Hybris als ein schon bekannter atechnischer Attraktor in der Dichtung. Im 4. Jahrhundert v.u.Z. zeichnen sich im kulturphilosophischen Phasenraum nicht nur die Bereiche der Spezialwissenschaften, sondern auch ein neuer atechnischer Attraktionsbereich ab. Bei Platon und Aristoteles ist es die vita contemplativa (3.6.2.2.8.; 3.6.3.8. und 3.7.). Diese hat drei theoretische Komponenten: die Ausrichtung auf eine Seelenlehre, auf ei-

ne „Lehre vom wahren Sein" und auf „das Göttliche". Doch die vita contemplativa kann auch mit anderen Inhalten gefüllt werden. Dies zu zeigen ist das Ziel der Kapitel 4 bis 6. Auch die humanistischen Studien Petrarcas wurden von dieser Lebensweise getragen (7.5.1.4.).

Die Geringschätzung der nachahmenden Künste bei Platon war eine der leitenden Vorstellungen im Bilderstreit des frühen Mittelalters (5.3.2.3.).

Literatur

	Digitale Bibliothek Band 18: Lexikon der Antike
Andreau, Jean	Banking and Business in the roman World
Anton, John P.	Science and Sciences in Plato
Aristophanes	Die Acharner
Aristophanes	Die Frösche
Aristophanes	Die Ritter
Aristophanes	Die Vögel
Aristophanes	Die Wolken
Aristoteles	Att.pol.
Aristoteles	De Caelo,
Aristoteles	EE
Aristoteles	Generatione animalis
Aristoteles	Meteorologie
Aristoteles	MM
Aristoteles	Mph
Aristoteles	NE
Aristoteles	Organon III Erste Analytik
Aristoteles	Organon IV, Zweite Analytik
Aristoteles	PA
Aristoteles	Parva naturalia
Aristoteles	Physik
Aristoteles	Poetik
Aristoteles	Politik
Aristoteles	Politik
Aristoteles	Protreptikos
Aristoteles	Sophistische Widerlegungen
Aristoteles	Topik
Aristoteles	Über die Seele
Aristoteles (ps)	Economics
Aristoteles (ps)	Mechanik
Austin, M. und Vidal-Naquet, P.	Gesellschaft und Wirtschaft im alten Griechenland
Balansard, Anne	Techne dans les dialogues de Platon
Baltrusch, Ernst	Sparta
Beernhard H.F.Taureck	Die Sophisten
Bol, Peter C.	Antike Bronzetechnik
Brandwood, Leonhard	A Word Index to Plato
Brodersen, Kai	Frauen und Männer auf griechischen Fluchtafeln, in: U. Christoff und R. Rollinger (Hg) Geschlechter – Frauen- Fremde Ethnien in Antiker Ethnographie, Theorie und Realität
Brun, Jean	Socrates
Burkert, Walter	Babylon, Memphis, Persepolis. Eastern Context of Greek Culture
Burkert, Walter	Die Griechen und der Orient
Burkert, Walter	Griechische Religion der archaischen und klassischen Epoche
Carl B. Boyer	A History of Mathematics
Cartledge, Paul	Kulturgeschichte Griechenlands in der Antike
Casson, Lionel	Bibliotheken in der Antike
Christes, Johannes ; Klein, Richard ; Lüth, Christoph (Hg),	Handbuch der Erziehung und Bildung in der Antike

Christoph Horn und Christof Rapp,	Wörterbuch der antiken Philosophie
Cicero	Vom Redner
Cicero	De natura deorum
Claud Mossè,	Der Prozess des „Sokrates";
Cuomo, S.	Technology and culture in Greek and Roman Antiquity
D. H. Fowler	The Mathematics of Plato`s Academy
Diehls - Kranz	
Diogenes Laertios	Leben und Meinungen berühmter Philosophen
Dodds, Eric Robertson	Die Griechen und das Irrationale
dtv	Lexikon der Antike
dtv	Der kleine Pauly
Edmonds, John Maxwell	The Fragments of Attic Comedy
Edward A. Maziarz, Thomas Greenwood,	Greek Mathematical Philosophy: Ch 10
Egert Pöhlmann	Einführung in die Überlieferungsgeschichte und in die Textkritik der antiken Literatur; BdI: Altertum
Eisenstadt, S.N.	Kulturen der Achsenzeit
Ekkehard Martes	Die Sache des „Sokrates"
Elfriede Huber-Abrahamowicz	Das Problem der Kunst bei Platon
Erbse, Hartmut	Überlieferungsgeschichte der griechischen klassischen und hellenistischen Literatur, in Herbert Hunger et al. Geschichte der Textüberlieferung.
Erler, Michael	Kleines Werklexikon Platon
Euripides	Archelaos: Fragment
Euripides	Autolykos: Fragment
Euripides	Bellerophontes: Fragment
Euripides	Fragmente unbestimmter Herkunft 933
Euripides	Ixion: Fragment
Färber, Rafael	Warum hat Platon die "ungeschriebene Lehre" nicht geschrieben?
Fernanda Decleva Caizzi,	Antisthenis fragmenta
Fox, Robin Lane	Die klassische Welt
Fried, Johannes und Keiler, Thomas (Hg)	Wissenskulturen
Fine, Gail (Hg)	The Oxford Handbook of Plato
Gadamer, Hans-Georg	Mathematik und Dialektik bei Platon, n: Plato im Dialog
Gagarin, Michael	Antiphon the Athenian
Gaiser, Konrad	Platons ungeschriebene Lehre
Gigon, Olof	„Sokrates", sein Bild in Dichtung und Geschichte
Gorgias,	Lob der Helena
Graeser, Andreas	Die Philosophie der Antike
Green, Richard u. Handley, Eric	Bilder des Griechischen Theaters
Haarmann, Harald	Universalgeschichte der Schrift
Hanna Philipp und Ernst Berger	in: Polyklet. Der Bildhauer der griechischen Klassik, Katalog zur Ausstellung Frankfurt/Main
Hans Krämer	Platons ungeschriebene Lehre; In: Theo Kobusch und Burkhard Mojsisch (Hg), Platon, seine Dialoge in der Sicht der neuer Forschungen
Herondas	Die Frauen im Asklepiostempel
Herodot	Das Geschichtswerk
Hesiod	Werke und Tage
Hippokrates	Ausgewählte Schriften, Die ärztliche Kunst

Homer	Die Odyssee
Horn, Christoph; Müller, Jörn; Söder, Joachim (Hg)	Platon Handbuch, Leben – Werk – Wirkung
Hossenfelder, Malte	Antike Glückslehren, Quellen in deutscher Übersetzung
Höffe, Otfried	Aristoteles-Lexikon
Ibscher:, G.	Demokrit, Fragmente zur Ethik
Isokrares	Encomium of Helen 4-9, in Isokrates, translated by Dacid C. Myrhady and Yun Lee Too
Isokrares	Against the Sophists
Isokrares	Antidosis
Isokrares	Panathenaikos
Isokrares	Panegyrikos
Jaeger, Werner	Paideia, Die Formung des griechischen Menschen
Jaspers, Karl	Platon
Junker, Klaus und Strohwald, Sabrina	Götter als Erfinder, Die Entstehung der Kultur in der griechischen Kunst
Kindermann, Heinz	Theatergeschichte Europas
Kluxen, Wolfgang	Der Begriff der Wissenschaft, in Peter Weimar (Hg.) Die Renaissance der Wissenschaften
Kranz, Walter	Geschichte der griechischen Literatur
Lasserre, Francois	The Birth of Mathematics in the Age of Plato;
Löbl, R.	Techne I und II
Long, A. A.	Handbuch Frühe griechische Philosophie
Long, A. A.	Hellenistic Philosophy
Lysias	Reden
Lysias	Reden
Lysias	Rede
Mattingly, David J. Salmon John (Hg),	Economics Beyond Agriculture in the Classical World
Mühl, M.	Einleitung zu Panegyrikos, Aus dem Schatze des Altertums, Griechische Schriftsteller/36)
Müllerus, Carolus	Fragmenta Historicorum Grecorum
Murray, Oswyn	Das frühe Griechenland
Nestle, Wilhelm	Geschichte der griechischen Literatur
Nikolaou, Sousanna-Maria	Die Atomlehre Demokrits und Platons Timaios
Nilsson, M.P.	Griechische Feste
Nilsson, M.P.	Geschichte der Griechischen Religion
O'Grady, Patricia	The Sophists, an intoduction
Paternie, Catalin	Plato`s Myths
Paternie, Catalin	Plato, selected Myths
Pausanias,	Beschreibung griechenlands
Pfohl, Gerhard	Griechische Inschriften als Zeugnisse des Privaten und öffentlichen Lebens
Piepenbrink, Karen	Philosophie und Lebenswelt in der Antike
Platon	Alkibiades I
Platon	Apologie
Platon	Charmides
Platon	Euthydemos
Platon	Euthydemos
Platon	Euthyphron
Platon	Gorgias
Platon	Hippias I und II
Platon	Ion
Platon	Kratylos
Platon	Kritias

Platon	Laches
Platon	Lysias
Platon	Nomoi
Platon	Phaidros
Platon	Philebos
Platon	Politeia
Platon	Politikos
Platon	Protagoras
Platon	Siebenter Brief
Platon	Sophistes
Platon	Theaitetos
Platon	Timaios
Plinius,	Nauralis historia
Plutarch	Perikles
Pritchard, Paul	Plato's Philosophy of Mathematics
Proklos	Kommentar XI. zum Sonnengleichnis
Romilly, Jacque-line de	Les Grands Sophistes dans LÀthene de Pèricès
Schadewaldt, Wolfgang	Die Anfänge der Geschichtsschreibung bei den Griechen
Schäfer, Christian (Hg)	Platon-Lexikon
Scheibler, Inge-borg	Griechische Malerei der Antike
Scheibler, Inge-borg	Griechische Töpferkunst
Schirren, Thomas und Zinsmaier, Tho-mas	Die Sophisten
Schadewaldt, Wolfgang	Die griechische Tragödie
Scholten, Helga	Die Sophisten
Schreiber, Peter	Euklid
Schweitzer, Bern-hard	Zur Kunst der Antike, Ausgewählte Schriften
Scott Meikle	Aristotele`s Economic Thought
Seel, Otto	Die platonische Akademie
Sextus Empiricus	Gegen die Wissenschaftler
Sextus Empiricus	Gegen die Dogmatiker
Sophokles	Aias
Sophokles	Antigone
Sophokles	Elektra
Sophokles	Hippol
Sophokles	Öd.Kol
Sophokles	Oed.Tyr
Sophokles	Prometheus
Sophokles	Trach.
Sprague, Rosa-mond Kent	The older Sophists;
Steinschneider, Moritz	Rangstreit-Literatur
Strauss, Leo	Persecution and the art of writing
Takis Poulakos,	Speaking for the Polis, Isokrates rhetorical Education
Tarik, Wareh	The Theory and Practice of Life, Isokrates and the Philosophers
Theophrastus	On Stones
Thukydides	
Wieland, Wolfgang	Das Sokratische Erbe: Laches; in Theo Kobusch und Burkhard Mojsisch, Hg, Platon, seine Dialoge in der Sicht der neuer Forschun-

	gen
Wiliamowitz – Möllendorff, Ulrich von	Platon
Wilms, Hartmut	Techne und Paideia bei Xenophon und Isokrates
Xenophon,	Anabasis
Xenophon,	Apologie
Xenophon,	Die Verfassung der Spartaner
Xenophon,	Hieron
Xenophon,	Kyrupädie
Xenophon,	Memorabilien
Xenophon,	Oeconomicus
Xenophon,	Poroi

Referenzen

[1]   Walter Burkert, Babylon, Memphis, Persepolis. Eastern Context of Greek Culture; S.1

[2]   Walter Burkert, Babylon, Memphis, Persepolis. Eastern Context of Greek Culture; S.1

[3]   Homer, Odyssee: IX. Gesang, 125

[4]   Raimund Schulz, Die Antike und das Meer; S. 111

[5]   Hesiod; Werke und Tage 618ff

[6]   Platon, Phaidon, 109b; Moses M. Finley, Die Antike Wirtschaft: S. 205

[7]   Lionel Casson, Reisen in der Alten Welt, S.80

[8]   Aulus Gellius, Attische Nächte, VII.17.1.

[9]   Michael H. Harris, History of Libraries in the western World, S. 39ff

[10]   Raimund Schulz, Die Antike und das Meer; S. 102

[11]   Raimund Schulz, Die Antike und das Meer; S. 114

[12]   Thukydides II,16

[13]   Lysias, Reden: 14, 15 16, 23, 25-28, 30, 31

[14]   Platon, Euthydemos: 278b

[15]   Thukydides, III.82

[16]   Thukydides, VIII.54; dtv-Lexikon der Antike, Geschichte; dtv, Der kleine Pauly

[17]   Klaus Bergdolt, Die Pest, S. 11

[18]   Thukydides II,65

[19]   Heraclides Ponticus, De rebus publicus ; in : Carolus Müllerus, Fragmenta Historicorum Grecorum, Bd II, S. 199a

[20]   Idomeneus Lampsacenus,, De Demagogis ; in : Carolus Müllerus, Fragmenta Historicorum Grecorum, Bd II, S. 491,8

[21]   Aristophanes: Die Vögel, 810

[22]   Jean Andreau, Banking and Business in the roman World, p. 30

[23]   Wikipedia

[24]   Tracey Rihll, Making Money in classical Athens; in: David J. Mattingly, John Salmon (Hg), Economics Beyond Agriculture in the Classical World, S.115

[25]   Theophrastus, On Stones, 53

[26]   Theophrastus, On Stones, 58

[27]   Platon, Kritias 109c

[28]   Sitta von Reden, Money in classical Antiquity, p. 71

[29]   Sitta von Reden, Money in classical Antiquity, p. 73

[30]   Platon, Nomoi: 742a

[31]   Xenophon, Poroi: III.2

[32]   Sitta von Reden, Money in classical Antiquity, p. 81

[33]   Bleirohre für Wasserleitungen wurden erst im 1. Jahrhundert eingeführt.

[34]   Aristotle, Economics, II. 37

[35]   Michael Sommer, Wie Frösche um einen Teich, in: Robert Bohn et al, Fernhandel in Antike und Mittelalter; S.26

[36]   Carol Mattusch, Metalworking and Tools; in: John Peter Oleson, The Oxford Handbook of Engeneering and Technology in thr Classical World; p 418

[37]   Raimund Schulz, Die Antike und das Meer; S. 127

[38]   Aristoteles, NE: 1160a11

[39]   Folker Reichert, Auf der Reise in eine andere Welt, in: Robert Bohn et al, Fernhandel in Antike und Mittelalter; S.50

[40]   S. Cuomo, Technology and culture in Greek and Roman Antiquity, Introduction

[41]   Aristoteles, Metaphysil, Buch M, 1077a

[42]   Raimund Schulz, Die Antike und das Meer; S. 126

[43]   Raimund Schulz, Die Antike und das Meer; S. 127

[44]   Plutarch, Perikles 12

[45]   Plutarch, Perikles 12; Thukydides II.41

[46]   Plutarch, Perikles 14

[47]   M.P. Nilsson: Griechische Feste.

[48]   Egert Pöhlmann, Einführung in die Überlieferungsgeschichte und in die Textkritik der antiken Literatur; BdI: Altertum; S. 12

[49]   Plutarch, Perikles 13

[50]   Hanna Philipp , Handwerker und bildende Künstler in der griechischen Gesellschaft; in: Polyklet. Der Bildhauer der griechischen Klassik, Katalog zur Ausstellung Frankfurt/Main 1990, S 80

51   Klaus Junker und Sabrina Strohwald, Götter als Erfinder, Die Entstehung der Kultur in der griechischen Kunst; S. 86

52   Walter Burkert, Griechische Religion der archaischen und klassischen Epoche: S. 139

53   Soi Agelidis, Antikes Kultursponsoring, in: Antike Welt, 2/2010, S. 15

54   Soi Agelidis, Antikes Kultursponsoring, in: Antike Welt, 2/2010, S. 15

55   Egert Pöhlmann, Einführung in die Überlieferungsgeschichte und in die Textkritik der antiken Literatur; Bdl: Altertum; S. 23

56   Wikipedia

57   Athenaios, Das Gelehrtenmahl, V.2 (186)

58   Athenaios, Das Gelehrtenmahl, V.3 (186)

59   Athenaios, Das Gelehrtenmahl, IV.128ff, 467

60   Leo Strauss, Persecution and the art of writing, p. 22ff

61   Lexikon der Antike: Asebie, S. 1. Digitale Bibliothek Band 18: Lexikon der Antike, S. 625 (vgl. LDA, S. 64)]

62   Andrew Robinson, Die Geschichte der Schrift, S. 16

63   Egert Pöhlmann, Einführung in die Überlieferungsgeschichte und in die Textkritik der antiken Literatur; Bdl: Altertum; S. 18ff

64   Uwe Jochum, Geschichte der Abendländischen Bibliotheken, S. 38

65   Harald Haarmann, Universalgeschichte der Schrift, S. 289

66   Lionel Casson, Bibliotheken in der Antike, S. 35

67   Diogenes Laertios, IX.6

68   Karl-Heinz Leven, Nachwort zu: Hippokrates, Ausgewählte Schriften, S.328

69   Xenophon, Memorabilien, IV.10.

70   Platon, Phaidon, 98b

71   Diogenes Laertios, II.12

72   Platon, Apologie 26d

73   M. Austin und P. Vidal-Naquet, Gesellschaft und Wirtschaft im alten Griechenland, Text 73 mit Tabelle 2

74   Diogenes Laertios, III. 9 und VIII.15

75   Diogenes Laertios, IV.3

76   Diogenes Laertios, VII.31

77   Thukydides I,22

78   Aischylos: Der gefesselte Prometheus, 459

79   Platon, Phaidros:274e

80   Walter Burkert, Die Griechen und der Orient, S. 27

81   Aristophanes: Die Frösche, 1109

82   Aristophanes: Die Frösche, 50

83   Euripides Theseus (Fragment)

84   Michael H. Harris, History of Libraries in the western World, S. 39ff

85   Egert Pöhlmann, Einführung in die Überlieferungsgeschichte und in die Textkritik der antiken Literatur; Bdl: Altertum; S. 12

86   Uwe Jochum, Geschichte der Abendländischen Bibliotheken, S. 38

87   Eupolis, Fr. 304

88   Julia Wilker, Frühe Büchersammlungen der Griechen; in: Wolfram Hoepfner, Antike Bibliotheken, S. 19

89   Lionel Casson, Bibliotheken in der Antike, S. 44

90   Aristophanes: Die Frösche, 945

91   Xenophon, Memorabilien, I.6.14

92   Uwe Jochum, Geschichte der abendländischen Bibliotheken, S. 39

93   Julia Wilker, Frühe Büchersammlungen der Griechen; in: Wolfram Hoepfner, Antike Bibliotheken, S. 19

94   Walther Kranz: Geschichte der Griechischen Literatur, II.1.

95   Lionel Casson, Bibliotheken in der Antike, S. 48

96   Xenophon, Memorabilien, IV.2.1

97   Xenophon, Memorabilien, IV.2.19f

98   Strabo, Geographica, XIII. 54 (609)

99   Michael H. Harris, History of Libraries in the western World, S. 40ff

100   Egert Pöhlmann, Einführung in die Überlieferungsgeschichte und in die Textkritik der antiken Literatur; Bdl: Altertum; S. 18ff

101   Uwe Jochum, Geschichte der Abendländischen Bibliotheken, S. 40

102   Michael H. Harris, History of Libraries in the western World, S. 42ff

103   Joachim Latacz, Der Beginn von Schriftlichkeit und Literatur, in: Joachim Latacz, Thierry Greub, Peter Blome, Alfried Wieczorek, Homer, Der Mythos von Troia in Dichtung und Kunst, S. 62

104   Robin Lane Fox, Die klassische Welt, S.190

105   Frederic A. Cooper, Greek Engineering and Construction; in: John Peter Oleson, The Oxford Handbook of Engeneering and Technology in thr Classical World; p 225

106   Platon, Menexenos, 235e

107   Thukydides II,65

108   Thukydides II,65

109   Ernst Baltrusch, Sparta; S. 94

110   Ernst Baltrusch, Sparta; S. 86

111   Werner Jaeger, Paideia Buch I. 365

112   Herodot, Das Geschichtswerk,   VI.126

113   Walter Burkert, Die Griechen und der Orient, S. 27

114   Homer, Illias 6.208

115   Werner Jaeger, Paideia, Die Formung des griechischen Menschen; Bd I. 63ff

116   Werner Jaeger, Paideia, Die Formung des griechischen Menschen; Bd I. 89ff

117   Hesiod, Werke und Tage, 276

118   Hesiod, Werke und Tage, 284

119   Hesiod, Werke und Tage, 289

120   Wolfgang Schadewaldt, Die Anfaenge der Geschichtsschreibung bei den Griechen, Hesiod 3

121   Diehls/Kranz Fragmente der Vorsokratiker, 21B10

122   Xenophon, Symposium, III.4

123   Platon, Politeia: 600aff

124   Platon, Politeia: 606e

125   Werner Jaeger, Paideia Buch I. 365

126   Xenophon, Symposium, IV.6

127   Werner Jaeger, Paideia Buch I. 364

128   Xenophon, Symposium, IV.6

129   Werner Jaeger, Paideia Buch II.59

130   Xenophon, Memorabilien, II.1.3.

131   Ingeborg Scheibler: Griechische Töpferkunst; S. 130

132   Ingeborg Scheibler: Griechische Töpferkunst; S. 63

133   Ingeborg Scheibler: Griechische Töpferkunst; S. 146

134   Willy Clarseeand Katelijn Vandorpe, Information Technologies: Writing, Book, Production, and the Role of Literacy; in: John Peter Oleson, The Oxford Handbook of Engeneering and Technology in the Classical World; p 733

135   Willy Clarseeand Katelijn Vandorpe, Information Technologies: Writing, Book, Production, and the Role of Literacy; in: John Peter Oleson, The Oxford Handbook of Engeneering and Technology in the Classical World; p 734

136   Platon, Protagoras, 325e ff

137   Christoph Lüth, Einführung zu: Johannes Christes, Richard Klein, Christoph Lüth, (Hg), Handbuch der Erziehung und Bildung in der Antike; S. 16

138   Werner Jaeger, Paideia Buch I. 365, 380

139   Diogenes Laertios, II,122/123

140   Xenophon, Apologie 29-31; Memorabilien, IV.1.3-4.

141   Klaus Junker und Sabrina Strohwald, Götter als Erfinder, Die Entstehung der Kultur in der griechischen Kunst; S. 87

142   Klaus Junker und Sabrina Strohwald, Götter als Erfinder, Die Entstehung der Kultur in der griechischen Kunst; S. 87

143   Klaus Junker und Sabrina Strohwald, Götter als Erfinder, Die Entstehung der Kultur in der griechischen Kunst; S. 86

144   Klaus Bergdolt, Die Pest, S. 11

145   Soi Agelidis, Antikes Kultursponsoring, in: Antike Welt, 2/2010, S. 15

146   Vergleiche die Reden des Lysias: 5,7,12,18,19,20, in der Rede 21, in einer Verteidigungsrede in einem Fall von Bestechung werden nicht weniger als 14 Liturgien mit Angabe des Aufwandes aufgezählt!

147   Bernhard Schweitzer, Künstler und Begriff des Künstlerischen; in: Bernhard Schweitzer, Zur Kunst der Antike, Ausgewählte Schriften, S. 21, 23

148   Bernhard Schweitzer, Künstler und Begriff des Künstlerischen; in: Bernhard Schweitzer, Zur Kunst der Antike, Ausgewählte Schriften, S. 25

[149]   Bernhard Schweitzer, Künstler und Begriff des Künstlerischen; in: Bernhard Schweitzer, Zur Kunst der Antike, Ausgewählte Schriften, S. 26

[150]   Bernhard Schweitzer, Künstler und Begriff des Künstlerischen; in: Bernhard Schweitzer, Zur Kunst der Antike, Ausgewählte Schriften, S. 29

[151]   Paul Cartledge, Kulturgeschichte Griechenlands in der Antike, S. 287

[152]   M. Austin und P. Vidal-Naquet, Gesellschaft und Wirtschaft im alten Griechenland, Text 73 mit Tabellen1 und 2

[153]   Heracleides Ponticus, De rebus publicis; in : Carolus Müllerus, Fragmenta Historicorum Grecorum, Bd II, S. 209,9

[154]   Hippokrates, Ausgewählte Schriften, Die ärztliche Kunst VI.2

[155]   Aristoteles, Att.pol. 13.2

[156]   Ernst Kirsten und Wilhelm Kraiker, Griechenlandkunde, Bd.I. S. 166

[157]   Xenophon: Oeconomicus IV-VI, ev. Auch Sophokles, 3.4.2.

[158]   Homer, Die Odyssee: VIII.169ff (Übers.: Wolfgang Schadewaldt)

[159]   Xenophon: Oeconomicus IV-VI;

[160]   Aristoteles: Politik, 1278a4ff

[161]   Thomas Voskuhl (Ü), Äsop, Fabeln, Nr. 212

[162]   Thomas Voskuhl (Ü), Äsop, Fabeln, Nr. 103

[163]   Paul Cartledge, Kulturgeschichte Griechenlands in der Antike, S. 120

[164]   Martin P. Nilsson: Geschichte der Griechischen Religion Bd1,S 800ff; Kai Brodersen, Frauen und Männer auf griechischen Fluchtafeln, in: U. Christoff und R. Rollinger (Hg) Geschlechter – Frauen- Fremde Ethnien in Antiker Ethnographie, Theorie und Realität: S. 485

[165]   Ingeborg Scheibler: Griechische Töpferkunst; ders.: Griechische Malerei der Antike; Peter C. Bol: Antike Bronzetechnik

[166]   Gerhard Pfohl, Griechische Inschriften als Zeugnisse des Privaten und öffentlichen Lebens, Bild 1

[167]   Die Griechische Anthologie: VI,

[168]   Gerhard Pfohl, Griechische Inschriften als Zeugnisse des Privaten und öffentlichen Lebens, Nr.: 145

[169]   Klaffenbach, Griechische Epigraphik; S. 67

[170]   Klaffenbach, Griechische Epigraphik, S. 68

[171]   Gerhard Pfohl, Griechische Inschriften als Zeugnisse des Privaten und öffentlichen Lebens, Nr.: 147, 148

[172]   Emanuel Loewy, Inschriften griechischer Bildhauer, S. 406

[173]   Klaffenbach, Griechische Epigraphik, S. 66

[174]   R. Löbl: Techne I, Text 62,63

[175]   R. Löbl: Techne I, Text 64

[176]   Bernhard Schweitzer, Xenokrates von Athen; in: Bernhard Schweitzer, Zur Kunst der Antike, Ausgewählte Schriften, S. 166

[177]   Richard Green, Eric Handley, Bilder des Griechischen Theaters

[178]   Pausanias, Beschreibung griechenlands, I.22.6.

[179]   Herondas: Die Frauen im Asklepiostempel

[180]   Plinius, Nauralis historia: 34. 53

[181]   Ingeborg Scheibler: Griechische Malerei der Antike

[182]   Platon 13. Brief 361a

[183]   Athenaios, Das Gelehrtenmahl, XIII. 590

[184]   dtv-Lexikon der Antike, Geschichte; dtv, Der kleine Pauly

[185]   Athenaios, Das Gelehrtenmahl, XIII. 590

[186]   Sextus Empiricus, Gegen die Wissenschaftler: II.4

[187]   Hanna Philipp und Ernst Berger in: Polyklet. Der Bildhauer der griechischen Klassik, Katalog zur Ausstellung Frankfurt/Main 1990, S135 bzw. 136

[188]   Bernhard Schweitzer, Xenokrates von Athen; in: Bernhard Schweitzer, Zur Kunst der Antike, Ausgewählte Schriften, S. 105

[189]   Bernhard Schweitzer, Xenokrates von Athen; in: Bernhard Schweitzer, Zur Kunst der Antike, Ausgewählte Schriften, S. 105, 159

[190]   Bernhard Schweitzer, Xenokrates von Athen; in: Bernhard Schweitzer, Zur Kunst der Antike, Ausgewählte Schriften, S. 117, 159

[191]   Xenophon, Memorabilien, III.10.1-8.

[192]   Bernhard Schweitzer, Xenokrates von Athen; in: Bernhard Schweitzer, Zur Kunst der Antike, Ausgewählte Schriften, S. 140

[193]   Euripides, Fragmente, Eurystheus, fr.791

[194]   Plinius, Naturalis Historia: 7.198

[195]   Plinius. Ä., Naturkunde, 34.35

[196]   Homer, Odyssee: VIII. 173

[197]   Klaus Bringmann, Eine Revolution der griechischen Wissenskultur. Gorgias, Antiphon, die Dissoi Logoi und der Historiker Thukydides; in: Johannes Fried und Thomas Keiler (Hg) Wissenskulturen; S. 59

[198]   Peter Spahn, Sophistik und Ökonomie; in: Karen Piepenbrink, Philosophie und Lebenswelt in der Antike, S. 36

[199]   John Maxwell Edmonds: The Fragments of Attic Comedy, Vol.1, Kratinos: Fr.2

[200]   DK, 79-90; Jacqueline de Romilly: Les Grands Sophistes dans LÀthene de Pèricès; Andreas Graeser: Die Philosophie der Antike, Bd2; Rosamond Kent Sprague: The older Sophists; Beernhard H.F.Taureck: Die Sophisten

[201]   DK, 87; Rosamond Kent Sprague: The older Sophists: S106ff; Michael Gagarin: Antiphon the Athenian

[202]   Thukydides VIII,68

[203]   John Maxwell Edmonds: The Fragments of Attic Comedy, Vol.1, Plato: Fr.103

[204]   DK, 79

[205]   DK, 82

[206]   Wolfgang Schadewaldt, Die Anfänge der Geschichtsschreibung bei den Griechen, S63

[207]   Gorgias, Lob der Helena: 8-9; DK, 82, B11

[208]   Xenophon, Erinnerungen an „Sokrates", 2.1.

[209]   Moritz Steinschneider, Rangstreit-Literatur; in: Stzungsberichte der kaiserlichen Akademie der Wissenschaften in Wien, Philosophisch historische Klasse, Band 155, 4. Abhandlung, S. 66, 77, 84, 85

[210]   Platon, Gorgias: 451e; A. A. Long, Handbuch Frühe griechische Philosophie, S268

[211]   Platon, Gorgias, 455b

[212]   Xenophon, Memorabilien, IV.2.5.

[213]   Platon, Gorgias

[214]   Platon, Gorgias: 318e, 352e

[215]   Platon, Protagoras, 318e

[216]   Platon, Phaidros,261a

[217]   Platon, Gorgias: 451aff

[218]   Platon, Gorgias: 456b-d; Sophistes 232d

[219]   Patricia O'Grady, What is a Sophist? In: Patricia O'Grady, The Sophists, an intoduction, S. 9

[220]   Gorgias: Lob der Helena 14, DK 82, B11

[221]   Aristoteles, Sophistische Widerlegungen

[222]   DK, 90.III.10

[223]   Peter Spahn, Sophistik und Ökonomie; in: Karen Piepenbrink (Hg), Philosophie und Lebenswelt in der Antike: S. 47

[224]   DK, B4; R.K.Sprague, The older Sophists: S4,10,15

[225]   R.K.Sprague, The older Sophists: S6

[226]   Platon, Protagoras: 320 d – 321e

[227]   DK, B1; R.K.Sprague,The older Sophists: S10

[228]   DK B3

[229]   Platon, Phaidros: 229c-e

[230]   DK, 80,85,87,90

[231]   DK, B44; Michael Gagarin: Antiphon the Athenian

[232]   Platon, Protagoras: 338c/d

[233]   Rosamond Kent Sprague: The older Sophists, S106ff; Michael Gagarin: Antiphon the Athenian

[234]   Platon, Gorgias; 481ff

[235]   Jacqueline de Romilly: Les Grands Sophistes dans L´Athene de Pèricès

[236]   Thomas Schirren und Thomas Zinsmaier, Die Sophisten: Einleitung, S. 24

[237]   Hesiod, Werke und Tage: 106 - 201

[238]   Diehls - Kranz B18

[239]   Platon, Protagoras: 319a, 320 cff

[240]   Platon, Protagoras: 322 d

[241]   Platon, Gorgias 448c

[242]   Ps. Aristoteles, Mechanik: 847a20

[243]   DK, 86; Platon, Hippias I und II, Cicero, Vom Redner: III.127

[244]   DK, 85

245   Gorgias: Lob der Helena, DK, B11

246   DK, 90.III.10

247   DK, 90.III.10

248   Fragment 6 in Thomas Schirren und Thomas Zinsmaier, Die Sophisten: S. 255

249   Aristophanes: Lysistrate, Die Vögel, Die Wolken,

250   Aristophanes: Lysistrate, Die Wolken,

251   Platon, Protagoras, 325e

252   Werner Jaeger, Paideia Buch I. 378

253   Platon, Protagoras, 318e

254   Jacqueline de Romilly: Les Grands Sophistes dans LÀthene de Pèricès; Helga Scholten, Die Sophisten, S. 50

255   Hellmut Flashar, Rezeption Homers durch die Philosophen, in: Joachim Latacz, Thierry Greub, Peter Blome, Alfried Wieczorek, Homer, Der Mythos von Troia in Dichtung und Kunst, S. 215

256   DK, 82

257   Platon, Euthydemos: 278b

258   Isbesondere die Reden 24, Zur Verteidigung eines Behinderten und 29, Rede gegen Philokrates

259   Werner Jaeger, Paideia Buch I. 377

260   Platon, Protagoras, 318d-e

261   DK, 86; Platon, Hippias I und II, Xenophon Erinnerungen IV.4,5; Cicero, Vom Redner: III.127

262   Werner Jaeger, Paideia Buch I. 377

263   Werner Jaeger, Paideia Buch I. 400

264   Werner Jaeger, Paideia Buch I. 377

265   Helga Scholten, Die Sophisten, S. 260

266   Werner Jaeger, Paideia Buch I. 368

267   Jacqueline de Romilly: Les Grands Sophistes dans LÀthene de Pèricès; Helga Scholten, Die Sophisten, S. 130

268   Daniel Devereux, Socratic ethics and moral psychology; in: Gail Fine (Hg), The Oxford Handbook of Plato, S. 139

269   Aristophanes: Die Frösche, 1109

270   Werner Jaeger, Paideia Buch I. 381

271   Michael Edwards, The Attic Orators, S. 7

272   John Maxwell Edmonds: The Fragments of Attic Comedy, Vol.1

273   Diogenes Laertios; II,38

274   dtv_Lexikon der Antike, Philosophie, Literatur, Wissenschaft

275   dtv_Lexikon der Antike, Philosophie, Literatur, Wissenschaft

276   Lysias, F5

277   Lysias, Rede 30, Anklage gegen Nikomarchos

278   Lysias, Rede 6

279   Diogenes Laertios; II,40

280   Fragment 1 in Thomas Schirren und Thomas Zinsmaier, Die Sophisten: S. 181

281   Wolfgang Schadewaldt, Legende von Homer, dem fahrenden Sänger, S. 43

282   Alkidamas, Über die Verfasser schriftlicher reden oder über die Sophisten (3) in Thomas Schirren und Thomas Zinsmaier, Die Sophisten: S. 347

283   Alkidamas, Über die Verfasser schriftlicher reden oder über die Sophisten (4) in Thomas Schirren und Thomas Zinsmaier, Die Sophisten: S. 349

284   Alkidamas, Über die Verfasser schriftlicher reden oder über die Sophisten (5) in Thomas Schirren und Thomas Zinsmaier, Die Sophisten: S. 349

285   Alkidamas, Über die Verfasser schriftlicher reden oder über die Sophisten (9) in Thomas Schirren und Thomas Zinsmaier, Die Sophisten: S. 351

286   Alkidamas, Über die Verfasser schriftlicher reden oder über die Sophisten (14) in Thomas Schirren und Thomas Zinsmaier, Die Sophisten: S. 353

287   Alkidamas, Über die Verfasser schriftlicher reden oder über die Sophisten (30) in Thomas Schirren und Thomas Zinsmaier, Die Sophisten: S. 361

288   Alkidamas, Über die Verfasser schriftlicher reden oder über die Sophisten (32) in Thomas Schirren und Thomas Zinsmaier, Die Sophisten: S. 363

289   Michael Edwards, The Attic Orators, Ch. 5, S. 25

290   Christoph Lüth, Studium, Griechenland ; in: Johannes Christes, Richard Klein, Christoph Lüth, (Hg), Handbuch der Erziehung und Bildung in der Antike; S. 125

291   Isokrares, Encomium of Helen 4-9, in Isokrates, translated by David C. Myrhady and Yun Lee Too

292   M. Mühl, Einleitung zu Panegyrikos, Aus dem Schatze des Altertums, Griechische Schriftsteller/36)

293   Isokrates, Against the Sophists, 10

294   Hartmut Wilms, Techne und Paideia bei Xenophon und Isokrates: S212

295   Introduction to Isocrates in Isocrates, translated by David C. Myrhady and Yun Lee Too

296   Nicocles; und Against the Sophists; in Isokrates, translated by David C. Myrhady and Yun Lee Too

297   Panegyrikos 40, Isocrates, Vol I, Loeb Classical Library, Translated by George Norlin

298   Panathenaikos, 208, Isocrates, Vol II, Loeb Classical Library, Translated by George Norlin

299   Panegyrikos 47-49, Isocrates, Vol I, Loeb Classical Library, Translated by George Norlin)

300   Takis Poulakos, Speaking for the Polis, Isokrates rhetorical Education.

301   Antidosis, in Isokrates, translated by David C. Myrhady and Yun Lee Too

302   Werner Jaeger, Paideia Buch III. 107

303   Malcolm Schofield, Plato in his time and place; in: Gail Fine (Hg), The Oxford Handbook of Plato, S. 50

304   Tarik, Wareh, The Theory and Practice of Life, Isokrates and the Philosophers

305   Wikipedia

306   On The Peace 39; Antidosis, 4-5; in Isokrates, translated by David C. Myrhady and Yun Lee Too

307   Cicero, De oratore II 64.

308   Christoph Lüth, Studium, Griechenland, in: Johannes Christes, Richard Klein, Christoph Lüth, (Hg), Handbuch der Erziehung und Bildung in der Antike; S. 125

309   Heinz Berthold, Nachwort zu: Aulus Gellius Attische Nächte, S. 277ff

310   Werner Jaeger, Paideia, Bd 3, S.105f

311   Walter Kranz, Geschichte der griechischen Literatur: S. 113

312   Hartmut Erbse, Überlieferungsgeschichte der griechischen klassischen und hellenistischen Literatur, in Herbert Hunger et al. Geschichte der Textüberlieferung. Bd. I. S. 217

313   Diogenes Laertios, IX. 6.

314   Rafael Faerber, Warum hat Platon die "ungeschriebene Lehre" nicht geschrieben? S. 30

315   Lexikon der antike

316   Hartmut Erbse, Überlieferungsgeschichte der griechischen klassischen und hellenistischen Literatur, in Herbert Hunger et al. Geschichte der Textüberlieferung. Bd. I. S. 217

317   Aristophanes: Die Frösche, 49, 69

318   Diogenes Laertios, II.12

319   Platon, Apologie 26d

320   Aristophanes: Die Wolken, 960

321   Aristophanes: Die Wolken, 474

322   Wolfgang Schadewaldt, Die Anfänge der Geschichtsschreibung bei den Griechen, Thukydides 1

323   Xenophon, Memorabilia: 4.2.10.

324   Xenophon, Anabasis: 7.5.14.

325   Wolfgang Schadewaldt, Die Anfaenge der Geschichtsschreibung bei den Griechen

326   Wolfgang Schadewaldt, Die Anfaenge der Geschichtsschreibung bei den Griechen, Thukydides 6

327   FGH AI, 1a

328   Wolfgang Schadewaldt, Die Anfaenge der Geschichtsschreibung bei den Griechen, Thukydides 6

329   Herodot, Das Geschichtswerk, I. 4

330   Matthew Clark, Exploring Greek Myth, p. 128

331   Herodot , Das Geschichtswerk, IV.44

332   Wolfgang Schadewaldt, Die Anfaenge der Geschichtsschreibung bei den Griechen, Herodot

333   Wolfgang Schadewaldt, Die Anfaenge der Geschichtsschreibung bei den Griechen, Herodot 8

334   Wolfgang Schadewaldt, Die Anfaenge der Geschichtsschreibung bei den Griechen, Herodot 14

335   Wolfgang Schadewaldt, Die Anfaenge der Geschichtsschreibung bei den Griechen, Thukydides 6

336   Wolfgang Schadewaldt, Die Anfaenge der Geschichtsschreibung bei den Griechen, Herodot 1

337   Lukian, Der wahren Geschichte zweites Buch

338   Herodot, Das Geschichtswerk, II. 125ff

339   Herodot, Das Geschichtswerk, II. 164ff

340   Herodot, Das Geschichtswerk, II164-167

[341]   Wolfgang Schadewaldt, Die Anfaenge der Geschichtsschreibung bei den Griechen, Thukydides 1

[342]   Thukydides I,20-22

[343]   Thukydides III,38

[344]   Klaus Bergdolt, Die Pest, S. 11

[345]   Thukydides III,38

[346]   Thukydides I,142

[347]   Thukydides I,23

[348]   Klaus Bergdolt, Die Pest, S. 11

[349]   Thukydides II,53

[350]   Thukydides III.82-83)

[351]   Thukydides, VI.27-28

[352]   Thukydides, VI.53

[353]   Herman Strasburger, Umblick im Trümmerfeld der griechischen Geschichtsschreibung; in: Historiographia Antiqua, Commentationes Lovanienses, Symbolae Serie A, Volumen 6, S. 31

[354]   Herman Strasburger, Umblick im Trümmerfeld der griechischen Geschichtsschreibung; in: Historiographia Antiqua, Commentationes Lovanienses, Symbolae Serie A, Volumen 6, S. 34ff

[355]   dtv- Lexikon der Antike

[356]   Heinz Kindermann, Theatergeschichte Europas Bd.I. S.20

[357]   Heinz Kindermann, Theatergeschichte Europas Bd.I. S.22

[358]   Herodot, Das Geschichtswerk, VI.21

[359]   dtv- Lexikon der Antike

[360]   Heinz Kindermann, Theatergeschichte Europas Bd.I. S.35

[361]   Walther Kranz: Geschichte der Griechischen Literatur, II.1.

[362]   Walter Bappert, Wege zum Urheberrecht, S. 13

[363]   Heinz Kindermann, Theatergeschichte Europas Bd.I. S.20

[364]   Hesiod, Werke und Tage: 42 - 105

[365]   Aischylos, Die Eumeniden, 473

[366]   Aischylos, Die Eumeniden, 487

[367]   Aischylos, Die Eumeniden, 483

[368]   Wolfgang Schadewaldt, Die Anfänge der Geschichtsschreibung bei den Griechen, Hesiod 8

[369]   Heinz Kindermann, Theatergeschichte Europas Bd.I. S.65

[370]   Sophokles, Antigone: 332

[371]   Sophokles, Antigone: 683, 1349

[372]   Sophokles, Öd.Kol: 472

[373]   Sophokles, Trach. 928)

[374]   Sophokles, Trach. 1001

[375]   Sophokles, Antigone: 365

[376]   Sophokles, Prometheus: 506

[377]   Sophokles, Trach. 1001

[378]   Sophokles, Aias, 356

[379]   Sophokles, Elektra, 1500

[380]   Sophokles, Oed.Tyr, 357

[381]   Sophokles, Oed.Tyr.,643

[382]   Sophokles, Oed.Tyr., 380

[383]   Sophokles, Hippol.: 670

[384]   Sophokles, Prometheus: 514, Aias: 86

[385]   Sophokles, Antigone: 332-375

[386]   Sophokles, Aias: 1121

[387]   Sophokles, Oed.Tyr, 379

[388]   Aristophanes: Die Frösche

[389]   Wolfgang Schadewaldt, Die griechische Tragödie, S. 340

[390]   Aulus Gellius, The Attic Nights, XV.20

[391]   Wolfgang Schadewaldt, Die griechische Tragödie, S. 338

[392]   Wolfgang Schadewaldt, Die griechische Tragödie, S. 337

[393]   Wolfgang Schadewaldt, Die griechische Tragödie, S. 344

[394]   Wolfgang Schadewaldt, Die griechische Tragödie, S. 345

[395]   Heinz Kindermann, Theatergeschichte Europas Bd.I. S.75

[396] Euripides Orestes 708

[397]   Heinz Kindermann, Theatergeschichte Europas Bd.I. S.78

[398]   Euripides, Die Hilfeflehenden, 202

399   Euripides, Bellerophontes: Fragment 265

400   Euripides, Bellerophontes: Fragment 259

401   Euripides, Bellerophontes: Fragment 259

402   Euripides, Ixion: Fragment 712

403   Euripides, Archelaos: Fragment 732

404   Euripides, Fragmente unbestimmter Herkunft 933

405   Euripides, Autolykos: Fragment 771

406   Wolfgang Schadewaldt, Die griechische Tragödie, S. 339

407   Walther Kranz: Geschichte der Griechischen Literatur, II,1.

408   R. Löbl: Techne

409   Walther Kranz: Geschichte der Griechischen Literatur, II.2.

410   Walther Kranz: Geschichte der Griechischen Literatur, II,2.

411   Aristophanes: Lysistrate, Die Vögel, Die Wolken,

412   Walther Kranz: Geschichte der Griechischen Literatur, II.2.

413   John Maxwell Edmonds: The Fragments of Attic Comedy, Vol.1

414   Walther Kranz: Geschichte der Griechischen Literatur, II,2.

415   fr155

416   Fr 108

417   Athenaios, Das Gelehrtenmahl, VI. 96 (268)

418   fr133

419   dtv-Lexikon der Antike, Philosophie, Literatur, Wissenschaft

420   fr146, 147

421   Fr162

422   Fr. 46; Pausanias, Perikles 33

423   Platon, Protagoras; Xenophon, Memorabilien

424   Aristophanes: Die Frösche, 1015

425   Aristophanes: Die Acharner 21ff

426   Aristophanes: Die Acharner 675

427   Aristophanes: Die Vögel, 489

428   Aristophanes: Die Ritter, 1242

429   Aristophanes: Die Wolken, 95 - 100

430   Aristophanes: Die Wolken, 111 - 114

431   Aristophanes: Die Wolken, 142-217

432   Eupolis: fr146, 147

433   Aristophanes: Die Wolken, 361 und Die Vögel, 692

434   Plato, der Dichter: fr.103

435   Aristophanes: Die Wolken, 324

436   Aristophanes: Die Ritter,188

437   Aristophanes: Die Ritter, 213)

438   John Maxwell Edmonds: The Fragments of Attic Comedy, Vol.1

439   Aristophanes: Die Frösche, 1498

440   John Maxwell Edmonds: The Fragments of Attic Comedy, Vol.1

441   Walther Kranz: Geschichte der Griechischen Literatur, II,2.

442   John Maxwell Edmonds: The Fragments of Attic Comedy, Vol.1

443   Aristophanes: Die Vögel, 1004ff

444   Aristophanes: Lysistrate, Die Vögel

445   John Maxwell Edmonds: The Fragments of Attic Comedy, Vol.1

446   Wolfgang Schadewaldt, Die griechische Tragödie, S. 324

447   Aristophanes: Die Frösche

448   Heinz Kindermann, Theatergeschichte Europas Bd.I. S.76

449   John Maxwell Edmonds: The Fragments of Attic Comedy, Vol.1

450   Heinz Kindermann, Theaterfeschichte Europas Bd.I. S.101

451   Heinz Kindermann, Theaterfeschichte Europas Bd.I. S.78

452   Aristophanes: Die Frösche

453   Aristophanes: Die Frösche

454   Heinz Kindermann, Theatergeschichte Europas Bd.I. S.101

455   Walther Kranz: Geschichte der Griechischen Literatur, II.1.

456   Heinz Kindermann, Theatergeschichte Europas Bd.I. S.75

457   Heinz Kindermann, Theatergeschichte Europas Bd.I. S.77

458   Aristophanes: Die Frösche, 1538-1540

459   John Maxwell Edmonds: The Fragments of Attic Comedy, Vol.2

460   Antiphanes Fr121 in R. Löbl: Techne

461   Wilhelm Nestle, Geschichte der griechischen Literatur, Bd II., III.A., S. 42

462   John Maxwell Edmonds: The Fragments of Attic Comedy, Vol.2, Antiphanes, fr.106

463   Alexis, fr.1

464   Krationos, fr.10

465   fr.7, auch Antiphanes fr. 160, 227

466   fr. 1, 93, 147, 158, 180)

467   Alexis, fr.196,220,221; Aristophon fr.9-13

468   Alexis, fr.36, 239

469   Herman Beckby, Einführung zu: Anthologia Greca, S. 21

470   Hans-Joachim Gehrke, Geschichte des Hellenismus, S. 91ff

471   Die Bezeichnung „Philosophische Sekten" finden wir noch bei Diogenes Laertios, (Ende 2. Jahrhunderts u.Z.; 4.1.2.3.)

472   Tarik, Wareh, The Theory and Practice of Life, Isokrates and the Philosophers, Introduction, p. 1

473   Friedo Ricken, Antike Skeptiker

474   Werner Jaeger, Paideia Buch II. 63

475   Idomeneus Lampsacenus, de Socraticis und De Demagogis ; in : Carolus Müllerus, Fragmenta Historicorum Grecorum, Bd II, S. 490,1 ; 491,8

476   Aristxenus Tarentinus, Vita Pythagorae eiusque discipulorum, Vita Sokratis; in : Carolus Müllerus, Fragmenta Historicorum Grecorum, Bd II, S. 272, 280

477   Diogenes Laertios, II.27

478   fr.9

479   Xenophon, Memorabilien, I.1-11.

480   Olof Gigon, „Sokrates", sein Bild in Dichtung und Geschichte; Diogenes Laertios, II.20/21

481   Platon, Charmides, 153a

482   Diogenes Laertios, II.22/23

483   Platon, Timaios, 17b

484   Athenaios, Das Gelehrtenmahl, V. 55

485   Platon, Symposion 215a

486   Platon, Protagoras: 314e ff

487   Diogenes Laertios, II.45; III.35

488   Daniel Devereux, Socratic ethics and moral psychology; in: Gail Fine (Hg), The Oxford Handbook of Plato, S. 139

489   Platon, Menexenos, 235c

490   Xenophon, Memorabilien, II.7.1.; III.10.1, 6; IV.7.2.

491   Platon, Theaitetos:148e-150c

492   Platon, Theaitetos:210c

493   Cornelius Alexander Polyhistor, Fr.141 ; in : Carolus Müllerus, Fragmenta Historicorum Grecorum ; III 206

494   Platon, Phaidon, 98b

495   Xenophon, Memorabilien, I.6.13

496   Platon, Laches

497   Xenophon, Memorabilien, III.3.1.

498   Xenophon, Memorabilien, IV.7.6.

499   Platon, Phaidon: 96a

500   Xenophon, Memorabilien, IV.7.5.

501   Platon, Phaidon: 99e

502   Platon, Phaidros: 230d

503   Xenophon, Memorabilien, IV.7.1-9.

504   Xenophon, Memorabilien, IV.7.9.

505   Sextus Empiricus, Gegen die Dogmatiker: I.10

506   Sextus Empiricus, Gegen die Dogmatiker: I.8

507   Platon, Ion:532e

508   Xenophon, Memorabilien, III.10.

509   Xenophon, Memorabilien, III.11.3. ; Den Satz hat Umberto Eco in seiner Parodie « Platon im Striptease-Lokal » aufgegriffen

510   Xenophon, Memorabilien: II.7.

511   Olof Gigon, „Sokrates". Sein Bild in Dichtung und Geschichte, S139

512   Der Kleine Pauly

513   Plutarch, Perikles 32

514   Satyrus; in : Carolus Müllerus, Fragmenta Historicorum Grecorum, Bd III, S. 163.14
515   Lexikon der Antike)
516   Hermippus Callimachius, Anaxagoras; in : Carolus Müllerus, Fragmenta Historicorum Grecorum, Bd III, S. 43
517   Diogenes Laertios, II.8, 12
518   Platon, Phaidon, 98b
519   DK 38.1
520   Der Kleine Pauly
521   Aulus Gellius, The Attic Nights, V.III
522   Diogenes Laertios, IX,54
523   Sextus Empiricus, Gegen die Dogmatiker: 3.56, 57
524   Sextus Empiricus, Gegen die Dogmatiker: 3.57; Diogenes Laertios, IX,51-52
525   Diogenes Laertios, IX,52
526   Dodds, Die Griechen und das Irrationale, S. 241, Anm. 66
527   Der kleine Pauly
528   Malte Hossenfelder, Antike Glückslehren, Quellen in deutscher Übersetzung; Der
Kyrenaismus; S. 61
529   Diogenes Laertios, II. 101
530   dtv Lexikon der Antike, Gerhard Zimmer, Die Nähe der Macht, Neue Aufgaben für die Kunst;
in: Gregor Weber, Kulturgeschichte des Hellenismus, S. 284
531   Cicero, De natura deorum: I.85., 87., III.3.
532   Aulus Gellius, The Attic Nights, V.III
533   Platon, Gorgias: 484c-486b
534   Vergleiche Platon, Lysias, 24.20.
535   Xenophon, Ökonomikos: VII.13
536   Platon, Apologie: 17c
537   Platon, Laches:187e
538   Diogenes Laertios, II.21
539   Diogenes Laertios, II.21; Xenophon, Memorabilien, I.2.31.-37.
540   Platon, Alkibiades I, 116
541   Platon, Apologie 18a, 28a
542   Platon, Protagoras, 316 c/d
543   Satyrus, Vitae, Alkibiades; in : Carolus Müllerus, Fragmenta Historicorum Grecorum, Bd III, S.
160.1
544   Diogenes Laertios; II,39
545   Hermippus Callimachius, Anaxagoras; in : Carolus Müllerus, Fragmenta Historicorum Grecorum, Bd III, S. 43.32
546   Platon, Apologie: 19a, 23e-24c; vergl. Auch Xenophon, Memorabilien: I.1.1.ff
547   Platon, Apologie 19.d; 31.b; Xenophon, Memorabilien, 1.2.60; 1.6.5.; 1.6.13.
548   Xenophon, Memorabilien, IV.7.2.9.
549   Platon, Apologie: 23d
550   Platon, Apologie: 26bff; Euthyphron:12e
551   Platon, Phaidon: 118a
552   Platon, Phaidros: 229
553   Platon: Apologie: 21bff
554   Platon: Apologie: 22d
555   Platon: Apologie: 19c
556   Xenophon, Memorabilien, IV.2.1.
557   Platon, Theaitetos:150b/c
558   Diogenes Laertios, II.41/2
559   Diogenes Laertios, II.20
560   Diogenes Laertios, II.43
561   C.C.W.Taylor, „Sokrates"; Olof Gigon, „Sokrates"; Ekkehard Martes, Die Sache des „Sokrates"; Claud Mossè, Dere Prozess des „Sokrates"; Jean Brun Soctate
562   Diogenes Laertios, Leben und Meinungen berühmter Philosophen: VI.1 - 19
563   Fernanda Decleva Caizzi, Antisthenis fragmenta 47A, 47C
564   Diogenes Laertios, Leben und Meinungen berühmter Philosophen: III.35
565   Fernanda Decleva Caizzi, Antisthenis fragmenta 27
566   Peter Spahn, Sophistik und Ökonomie; in: Karen Piepenbrink (Hg), Philosophie und Lebenswelt in der Antike: S. 37
567   Fernanda Decleva Caizzi, Antisthenis fragmenta 39B, 39E

[568]   Fernanda Decleva Caizzi, Antisthenis fragmenta 40; Diogenes Laertios, Leben und Meinungen berühmter Philosophen: VI. 9

[569]   Malte Hossenfelder, Antike Glückslehren, Quellen in deutscher Übersetzung; Der Kyrenaismus; S. 38

[570]   Diogenes Laertios, Leben und Meinungen berühmter Philosophen: II. 66

[571]   Diogenes Laertios, Leben und Meinungen berühmter Philosophen: II. 69

[572]   Diogenes Laertios, Leben und Meinungen berühmter Philosophen: II. 86

[573]   Malte Hossenfelder, Einletung zu: Antike Glückslehren, Quellen in deutscher Übersetzung; S. XXI

[574] Christoph Horn, Jörn Müller, Joachim Söder (Hg), Platon Handbuch, Leben – Werk – Wirkung, S. 363

[575]   Anne Balansard: Techne dans les dialogues de Platon; vergleiche auch Leonhard Brandwood: A Word Index to Plato

[576]   Malcolm Schofield, Plato in his time and place; in: Gail Fine (Hg), The Oxford Handbook of Plato, S. 55

[577]   T.H.Irwin, The platonic Corpus; in: Gail Fine (Hg), The Oxford Handbook of Plato, S. 81

[578]   T.H.Irwin, The platonic Corpus; in: Gail Fine (Hg), The Oxford Handbook of Plato, S. 83

[579]   T.H.Irwin, The platonic Corpus; in: Gail Fine (Hg), The Oxford Handbook of Plato, S. 77

[580]   Wolfgang Schadewaldt, Die Anfaenge der Geschichtsschreibung bei den Griechen, Thukydides 1

[581]   Platon, Laches: 185e,

[582]   Platon, Phaidros:262c

[583]   Hans-Georg Gadamer, Mathematik und Dialektik bei Platon, in: Plato im Dialog, S295

[584]   Platon, Laches: 187e

[585]   Platon, Sophistes:234e

[586]   Platon, Theaitetos: 210c

[587]   Wolfgang Wieland: Das Sokratische Erbe: Laches; in Theo Kobusch und Burkhard Mojsisch, Hg, Platon, seine Dialoge in der Sicht der neuer Forschungen

[588]   Platon, Hippias I: 284c

[589]   Platon, Hippias I: 281d

[590]   Platon, Kratylos: 386a

[591]   Platon, Gorgias:491e-492c

[592]   Platon, Sophistes:233c; Gorgias:459d

[593]   Platon, Gorgias: 452e, 459c

[594]   Platon, Nomoi: 938a

[595]   Platon, Phaidros: 272e

[596]   Platon, Phaidros:262c; Sophistes: 267eff

[597]   Platon, Hippias I: 282b-d

[598]   Platon, Politeia: 493a

[599]   Platon, Sophistes:224b-e, 231d

[600]   Platon, Laches:186c

[601]   Platon, Sophistes:235a

[602]   Platon, Phaidros, 279b

[603]   Platon, Euthydemos; 304b – 304c

[604]   Malcolm Schofield, Plato in his time and place; in: Gail Fine (Hg), The Oxford Handbook of Plato, S. 50

[605]   Malcolm Schofield, Plato in his time and place; in: Gail Fine (Hg), The Oxford Handbook of Plato, S. 50

[606]   Platon, Gorgias: 463b

[607]   Platon, Gorgias: 463b

[608]   Platon, Gorgias:463c

[609]   Yehuda Alkana, Die Entstehung des Denkens zweiter Ordnung im antiken Griechenland, in: S.N. Eisenstadt, Kulturen der Achsenzeit, S. 57

[610]   Platon, Protagoras: 313c/d

[611]   Platon, Nomoi, 982d, 983b

[612]   Platon, Gorgias: 343a

[613]   Platon, Kratylos: 440c

[614]   Platon, Kratylos: 438d

[615]   Platon, Kratylos: 436d

[616]   Platon, Hippias I: 286e, 304c

[617]   Platon, Kratylos: 440b

[618]   Platon, Theaitetos: 152a- 171d

[619]   Platon, Protagoras, 311b, Phaidros, 270c

[620]   Wolfgang Schadewaldt, Die Anfänge der Geschichtsschreibung bei den Griechen, S65

[621]   Platon, Phaidros:259e

[622]   Platon, Sophistes: 253b/c

[623]   Francois Lasserre: The Birth of Mathematics in the Age of Plato; Carl B. Boyer: A History of Mathematics

[624]   Christoph Horn, Jörn Müller, Joachim Söder (Hg), Platon Handbuch, Leben – Werk – Wirkung, S. 64

[625]   Malcolm Schofield, Plato in his time and place; in: Gail Fine (Hg), The Oxford Handbook of Plato, S. 36

[626]   Platon, Nomoi, 983c

[627]   Platon, Phaidros, 270b, 277b

[628]   Platon, Politeia:522c

[629]   Platon, Protagoras: 356e,357b; Politeia:526e-527b

[630]   Platon, Politeia:602d

[631]   Platon, Politeia: 602d-603a

[632]   Malcolm Schofield, Plato in his time and place; in: Gail Fine (Hg), The Oxford Handbook of Plato, S. 50

[633]   Platon, Phaidros:274b

[634]   Platon, Phaidros:278d

[635]   Platon, Timaios: 68d

[636]   Platon, Timaios: 68d

[637]   Platon, Phaidros 276c

[638]   Rafael Faerber, Warum hat Platon die "ungeschriebene Lehre" nicht geschrieben? S. 41

[639]   Platon, Theaitetos: 176b-d

[640]   Platon, Charmides: 174b/c

[641]   Platon, Politeia: 531cff

[642]   Platon, Philebos:57e-58e; Politeia 534d

[643]   Platon, Politeia: 534b-c

[644]   Platon, Politeia:514aff

[645]   Platon, Politeia: 514a-518c

[646]   Carolus Müllerus, Fragmenta Historicorum Grecorum ; Bd II und III

[647]   Malcolm Schofield, Plato in his time and place; in: Gail Fine (Hg), The Oxford Handbook of Plato, S. 36

[648]   Platon, 7., 9.,12., und 13. Brief

[649]   Christoph Lüth, Studium, Griechenland, in: Johannes Christes, Richard Klein, Christoph Lüth, (Hg), Handbuch der Erziehung und Bildung in der Antike; S. 125

[650]   Platon, Phaidros 260d

[651]   Konrad Gaiser, Philodems Academica, Die Berichte über Platon und die Alte Akademie in zwei herkulanensischen Papyri. Dikaiarch, Platons Schule, SD. 152ff

[652]   Wolfram Hoepfner, Platons Akademie; in: Wolfram Hoepfner, Antike Bibliotheken, S. 56

[653]   dtv, Der Kleine Pauly; D. H. Fowler, The Mathematics of Plato`s Academy; Ulrich von Wiliamowitz – Moellendorff, Platon

[654]   Karl Jaspers, Platon; Otto Seel, Die platonische Akademie; Francois Lasserre: The Birth of Mathematics in the Age of Plato; John P. Anton Science and Sciences in Plato; D. H. Fowler, The Mathematics of Plato`s Academy; Carl B. Boyer: A History of Mathematics

[655]   Carl B. Boyer: A History of Mathematics S93

[656]   Hermippus Callimachius, Vitae, Fr.20; in : Carolus Müllerus, Fragmenta Historicorum Grecorum, Bd III, S. 40

[657]   Posidonius Apamensis, De Oceano, Fr. 81; in : Carolus Müllerus, Fragmenta Historicorum Grecorum, Bd III, S. 40

[658]   Favorinus Arelatensis Fr. 16; in : Carolus Müllerus, Fragmenta Historicorum Grecorum, Bd III, S. 40

[659]   Platon, Politeia, 527d; Timaios, 47a

[660]   Konrad Gaiser, Platons ungeschriebene Lehre, S. 299ff

[661]   Francois Lasserre: The Birth of Mathematics in the Age of Plato S 17, 29, 30, 69

[662]   Sir Thomas Heath, Aristarchus of Samos, the ancient Copernicus, S. 193

[663]   Sir Thomas Heath, Aristarchus of Samos, the ancient Copernicus, S. 254

[664]   Sir Thomas Heath, Aristarchus of Samos, the ancient Copernicus, S. 252

[665]   Wikipedia

666   Peter Schreiber, Euklid: S15-19

667   Francois Lasserre: The Birth of Mathematics in the Age of Plato, S17

668   Konrad Gaiser, Philodems Academica, Die Berichte über Platon und die Alte Akademie in zwei herkulanensischen Papyri. Dikaiarch, Platons Schule, S. 152ff

669   Sir Thomas Heath, Aristarchus of Samos, the ancient Copernicus, S. 212

670   Plutarchos, Doppelbiographien: Marcellus 14.

671   John P. Anton, Introduction zu: John P. Anton (Hg) Science and Sciences in Plato, S. X

672   Malcolm Schofield, Plato in his time and place; in: Gail Fine (Hg), The Oxford Handbook of Plato, S. 55

673   Aristoteles, Über den Himmel

674   Jan Müller, Ascending to problems, Astronomy and Harmonics in Republic VII; in: John P. Anton (Hg) Science and Sciences in Plato, S. 107

675   Platon, Philebos 52b

676   Platon, Timaios 83e

677   Platon, Timaios 88b

678   Platon, Nomoi 890a

679   Platon, Timaios 64d

680   Platon, Timaios 81e

681   Platon, Phaidros 270e

682   Platon, Timaios 27a

683   Platon, Nomoi 888e

684   Platon, Nomoi 889a

685   Platon, Nomoi 889d

686   Platon, Nomoi: 665a

687   Platon, Politeia, 377d

688   Catalin Paternie, Plato`s Myths, Introduction, S. 1

689   Catalin Paternie, Plato,selected Myths, Introduction, S. XVIII

690   Catalin Paternie, Plato`s Myths, Introduction, S. 19

691   Platon, Phaidros:274b

692   Athenaios, Das Gelehrtenmahl, V. 55-61

693   Catalin Paternie, Plato,selected Myths, Introduction, S. XXIII

694   Platon, Phaidon, 124d

695   Platon, Timaios 29d

696   Catalin Paternie, Plato`s Myths, Introduction, S. 11

697   Platon, Politeia 597d

698   Platon, Timaios 27c

699   Platon, Timaios 29a

700   Platon, Nomoi:709b

701   Platon, Alkibiades I, 108b

702   Platon, Gorgias:448c

703   Platon, Hippias I: 281d

704   Platon, Hippias I: 282a

705   Platon, Politeia:346d

706   Platon, Politeia:438b-d)

707   Platon, Ion:537c-538a, Alkibiades I

708   Platon, Politeia:342a, Alkibiades I

709   Platon, Ion:533e

710   Platon, Ion:532e-534e

711   Platon, Phaidros: 245a, 265a

712   Nomoi:889d; Politeia:597d/e; 601b

713   Platon, Politeia:599a

714   Elfriede Huber-Abrahamowicz; Das Problem der Kunst bei Platon

715   Platon, Nomoi:668b; 669b;

716   Platon, Politikos: 283e-284b

717   Platon, Politeia:402aff

718   Platon, Politeia:598a

719   Platon, Politeia:597d/e; 601b

720   Platon, Politeia:602b,c; Sophistes:234b-e, 235d-236c; Theaitetos:208e

721   Platon, Sophistes:266c

722   Platon, Politikos: 288c

723   Platon, Hippias maior:297e-298a

724   Platon, Politikos:288c
725   Platon, Gorgias:501d-502e
726   Platon, Sophistes: 235d/e
727   Platon, Nomoi:669a/b
728   Platon, Nomoi:701a
729   Platon, Sophistes:235a
730   Platon, Politeia:602b
731   Platon, Sophistes:264bff
732   Platon, Gorgias:502c
733   Platon, Politeia:598c
734   Platon, Politeia:605c
735   Platon, Nomoi:658e-659a
736   Platon, Politeia:607a
737   Platon, Nomoi:802c
738   Platon, Gorgias:501e-502b
739   Platon, Politeia:377dff
740   Platon, Nomoi:700d
741   Platon, Nomoi:701a
742   Platon, Nomoi:668b
743   Platon, Nomoi:656d/e
744   Platon, Nomoi:653d; 665a
745   Platon, Hippias I:297e-298a
746   Platon, Phaidros: 125e-251a
747   Platon, Ges. 891a
748   Joachim Latacz, Der Beginn von Schriftlichkeit und literatur, in: Joachim Latacz, Thierry Greub, Peter Blome, Alfried Wieczorek, Homer, Der Mythos von Troia in Dichtung und Kunst, S. 62
749   Platon, Theaitetos, 143a
750   Platon, Phaidros:275d
751   Platon, Protagoras, 129a
752   Platon, Phaidros:275d
753   Platon, Phaidros:276d
754   Platon, Phaidros:274aff
755   Platon, Phaidros:274b
756   Platon, Phaidros:273e
757   Platon, Phaidros:276a
758   Platon, Siebenter Brief: 343a
759   Walter Bappert, Wege zum Urheberrecht, S. 15
760   Platon, Phaidros:276b
761   Platon, Phaidros:276d, 277e
762   Platon, Phaidros:276e-277a
763   Konrad Gaiser, Platons ungeschriebene Lehre, Einleitung und Übersicht, S. 1
764   Aristoteles, Physik: 209b15
765   Platon, Phaidros:276a; Hans Krämer, Platons ungeschriebene Lehre; in Theo Kobusch und Burkhard Mojsisch, Hg, Platon, seine Dialoge in der Sicht der neuer Forschungen
766   Platon, Phaidros:275c/d, 278a
767   Aristoteles, Physik: 209b15
768   Konrad Gaiser, Platons ungeschriebene Lehre, Einleitung und Übersicht, S. 3
769   Konrad Gaiser, Platons ungeschriebene Lehre, Testimonia platonica, S. 443-557
770   Konrad Gaiser, Platons ungeschriebene Lehre, Testimonia platonica, S. 443-557
771   Diogenes Laertios, III.25-28
772   Leo Strauss, Persecution and the art of writing, p. 22ff
773   Proklos, Kommentar XI. zum Sonnengleichnis
774   Leo Strauss, Persecution and the art of writing, p. 22ff
775   Jamblichos, Pythagoras, 245
776   Thomas Campanella, Die Bücher und die Welt, in: Spiegel der Welt, Handschriften aus drei Jahrtasenden, Katalog der Ausstellung der Fondation Martin Bodmer Cologny, Marbach 2000; Schlußgedicht des Katalogs, Bd. I., S. 468
777   Platon, Kritias 109c
778   Platon, Kritias 111b
779   Platon, Politeia, 495e
780   Platon, Nomoi, 889d

781   Platon, Politeia, 597aff
782   Platon, Nomoi, 903c
783   Platon, Alkibiades, 131ab
784   Platon, Politeia, 369bff
785   Platon, Politeia, 372cff
786   Solon, Eunomie-Gedicht 5-10
787   Platon, Gorgias, 517d-518a
788   Platon, Philebos, 55cff; Politikos, 285eff
789   Platon, Sophistes, 219aff, 265aff; Symposion, 205b/c
790   Platon, Timaios, 29a/b, 30c
791   Platon, Euthydemos, 289b
792   Herodot, Das Geschichtswerk, I.30
793   Platon, Nomoi, 818d
794   Platon, Philebos, 55cff
795   Platon, Politeia, 526e-527b
796   Platon, Phaidros, 274b
797   Platon, Politeia, 522c
798   Platon, Politeia, 525c; Edward A. Maziarz, Thomas Greenwood, Greek Mathematical Philosophy: Ch 10
799   Platon, Nomoi, 519d
800   Platon, Philebos, 56c-e
801   Francois Lasserre: The Birth of Mathematics in the Age of Plato
802   Platon, Nomoi, 525d
803   Paul Pritchard, Plato's Philosophy of Mathematics, S. 119
804   Konrad Gaiser, Platons ungeschriebene Lehre, Einleitung und Übersicht, S. 7
805   Platon, Politeia, 528b
806   Platon, Nomoi 886d
807   Platon, Politeia, 529c
808   Platon, Timaios
809   Sousanna-Maria Nikolaou, Die Atomlehre Demokrits und Platons Timaios, S. 140
810   Platon, Timaios 28a
811   Platon, Timaios 29a
812   Platon, Timaios 29b
813   Platon, Siebenter Brief: 342ab
814   Platon, Politeia:510c
815   Platon, Theaitetos: 145e
816   Platon, Theaitetos: 145e-147e
817   Platon, Theaitetos: 145aff
818   Platon, Theaitetos: 210c
819   Platon, Sophistes:253e
820   Platon, Sophistes:254a
821   Platon, Kratylos: 390c
822   Platon, Phaidros: 265d
823   Platon, Sophistes: 253d
824   Platon, Phaidros: 266b-c
825   Platon, Phaidros: 270
826   Konrad Gaiser, Philodems Academica, Die Berichte über Platon und die Alte Akademie in zwei herkulanensischen Papyri. Dikaiarch, Platons Schule, SD. 152ff , Kommentar "Dikaiarch über Platon" C, S. 348
827   Platon, Politeia: 517b/c
828   Platon, Euthydemos: 290b/c
829   Platon, Politeia: 511c
830   Platon, Politeia: 511d
831   Platon, Politeia: 509d-510b)
832   Platon, Politeia: 511b-d; Platon, Politeia:525c; Edward A. Maziarz, Thomas Greenwood, Greek Mathematical Philosophy: Ch 12
833   Platon, Theaitetos: 210c
834   Christoph Horn und Christof Rapp, Wörterbuch der antiken Philosophie
835   Platon, Nomoi 677a
836   Platon, Nomoi 679ab
837   Platon, Nomoi 680a

838　　Platon, Politeia: 8. Buch

839　　Platon, Politeia:548a

840　　Platon, Politeia:497b

841　　Platon, Euthydemos: 291c, 292a; Politikos:276c, 294a, 300e, 311b

842　　Platon, Protagoras: 322d

843　　Platon, Protagoras: 319c-e

844　　Platon, Politeia:376aff

845　　Platon, Politeia:413cff

846　　Platon, Politikos:311b

847　　Platon, Politeia:342e, 346e

848　　Platon, Politeia:347a

849　　Platon, Euthyphron:12e

850　　Platon, Euthyphron:14e

851　　Platon, Symposion:202e

852　　Platon, Symposion:203a

853　Malcolm Schofield, Plato in his time and place; in: Gail Fine (Hg), The Oxford Handbook of Plato, S. 58

854　　Platon, Politeia: 401a

855　　Platon, Gorgias: 517d-518a

856　　Platon, Euthyphron: 13d

857　　Platon, Politeia:522b

858　　Platon, Nomoi:741e

859　　Platon, Symposion:203a

860　　Platon, Theaitetos:176b-d

861　　Platon, Politeia:590c

862　　Platon, Nomoi:644a

863　　Platon, Politeia:522b

864　　Platon, Politeia:495e

865　　Platon, Alkibiades I, 131ab

866　　Platon, Politeia: 533bc

867　　Platon, Politeia: 533b

868　　Platon, Theaitetos: 176cd

869　　Platon, Politeia: 514a

870　　Platon, Politeia: 519d

871　　Platon, Gorgias, 484c

872　　Platon, Politeia: 721d

873　　Platon, Nomoi:705b

874　　Platon, Nomoi:705a

875　　Platon, Nomoi:743d

876　　Platon, Kritias: 110c

877　　Platon, Kritias: 115b

878　　Platon, Kritias: 120e-121a

879　　Platon, Kritias: 121b-c

880　　Platon, Timaios: 25d

881　Michael Erler, Kleines Werklexikon Platon

882　Oswyn Murray, Das frühe Griechenland: S. 249

883　Demosthenes, 23. 207 – 208, in Oswyn Murray, Das frühe Griechenland: S. 197

884　　Platon, Nomoi:919c

885　　Platon, Nomoi:920a

886　　Platon, Nomoi:849b

887　　Platon, Politeia:374a, 423d; Nomoi: 846d/e; Timaios: 17c/d

888　　Platon, Nomoi:742a

889　　Platon, Timaios: 18b

890　　Platon, Nomoi:920c

891　　Platon, Nomoi:938b

892　　Platon, Politeia:406d-407e

893　　Platon, Politeia:408b

894　　Platon, Politeia:378e

895　　Platon, Politeia:379eff; 391c/d

896　　Platon, Politeia:383c

897　　Platon, Politeia:386aff

[898]   Platon, Politeia:387d

[899]   Platon, Politeia:389b, 392b; Nomoi:936e

[900]   Platon, Ion: 540dff; Politeia:698e-699a

[901]   Platon, Nomoi:662b/c

[902]   Platon, Politeia: 401b

[903]   Platon, Politeia:377bff; Nomoi:662b/c; 801d

[904]   Platon, Nomoi:801d

[905]   Platon, Politeia:401c

[906]   Platon, Politeia: 398cff

[907]   Platon, Politeia:399e

[908]   Platon, Politeia:388d

[909]   Platon, Nomoi:816d

[910]   Platon, Nomoi:816e

[911]   Platon, Politeia:434a-c

[912]   Platon, Politeia:424b

[913]   Platon, Nomoi:765d

[914]   Platon, Nomoi:654a

[915]   Platon, Nomoi:766a

[916]   Platon, Nomoi:804d

[917]   Platon, Nomoi:765d

[918]   Christoph Horn, Jörn Müller, Joachim Söder (Hg), Platon Handbuch, Leben – Werk – Wirkung, S. 334

[919]   Platon, Nomoi:766a

[920]   Werner Jaeger, Paideia Buch II. 132

[921]   Platon, Politeia: 522a

[922]   Platon, Ion:537d-538a

[923]   Platon, Laches:185b)

[924]   Platon, Gorgias: 504d/e

[925]   Platon, Politeia: 518d

[926]   Platon, Politeia: 518c

[927]   Platon, Politeia: 519c

[928]   Platon, Politeia, 377b

[929]   Platon, Politeia: 599d

[930]   Platon, Politeia: 600e

[931]   Catalin Paternie, Plato`s Myths, Introduction, S. 1

[932]   Platon, Politeia: 600c

[933]   Platon, Protagoras: 319a

[934]   Platon, Nomoi:802c

[935]   Rachana Kamtekar, Plato on Education and Art; in: Gail Fine (Hg), The Oxford Handbook of Plato, S. 347, 356

[936]   Platon, Timaios:18a

[937]   Platon, Nomoi, 809c

[938]   Platon, Nomoi, 808e

[939]   Platon, Politeia:522c,e

[940]   Platon, Politeia: 600b

[941]   Platon, Politeia: 524d – 531d; Edward A. Maziarz, Thomas Greenwood, Greek Mathematical Philosophy: Ch. 10

[942]   Platon, Protagoras, 312b

[943]   Platon, Gorgias 514e

[944]   Platon, Politeia: 531d – 533c

[945]   Platon, Nomoi:818a

[946]   Rachana Kamtekar, Plato on Education and Art; in: Gail Fine (Hg), The Oxford Handbook of Plato, S. 347, 356

[947]   Platon, Politeia:531dff

[948]   Platon, Politeia:536d

[949]   Platon, Politeia:534e

[950]   Platon, Politeia: 533b/c, 534a

[951]   Malte Hossenfelder, Einletung zu: Antike Glückslehren, Quellen in deutscher Übersetzung; S. XXI

[952]   Christian Schäfer (Hg), Platon-Lexikon; Bildung/Erziehung

[953]   Leo Strauss, Persecution and the art of writing, p. 22ff

954   Otfried Höffe, Aristoteles-Lexikon
955   Dtv-Lexikon der Antike
956   Aristoteles, EE: 147a33
957   Aristoteles, Mph: 1014b16
958   Aristoteles, Physik: 253b9
959   Aristoteles, Physik: 185a13
960   Aristoteles, Politik: 1253a8
961   Aristoteles, Physik: 254b16
962   Aristoteles, Physik: 192b22
963   Aristoteles, Physik: 246a12 F1, 246b28 F2
964   Aristoteles, Politik: 1334b15
965   Aristoteles, Physik: 200b33
966   Aristoteles, Physik: 101a12, 28, 202a8, 14, 251a10
967   Aristoteles, Physik: 199b30
968   Aristoteles, Physik: 193a34
969   Aristoteles, Mph: 1046b2
970   Aristoteles, NE: 1140a21
971   Aristoteles, Physik: 192b28
972   Aristoteles, Protreptikos: B14
973   (Aristoteles, Politik: 1256a16
974   Aristoteles, Protreptikos: B17
975   Aristoteles, NE: 1101a4
976   Aristoteles, Protreptikos: B13
977   Aristoteles, Physik: 199a15
978   Aristoteles, Physik: 2001a20, 251a10
979   Aristoteles, Protreptikos: B10, 13)
980   Aristoteles, Protreptikos: B10, 13
981   Aristoteles, Physik: 246b28F2
982   Aristoteles, Protreptikos: B10, 13, 14, 22
983   Aristoteles, Protreptikos: B46
984   Aristoteles, Protreptikos: B47
985   Aristoteles, Politik: 1256a40
986   Aristoteles, Politik: 1256a27
987   Aristoteles, Politik: 1258b29
988   Aristoteles, NE: 1139b – 1140a
989   Aristoteles, NE: 1139b36
990   Aristoteles, NE: 1139b19
991   Aristoteles, Mph: 981b30
992   Aristoteles, Mph. 981a4
993   Aristoteles, Mph. 981a24
994   Aristoteles, Politik: 1258b35
995   Aristoteles, NE:1140a1
996   Aristoteles, MPh: 981a30
997   Aristoteles, MPh: 981b7
998   Aristoteles, NE:1091a6
999   Aristoteles, NE:1094a28
1000   Aristoteles, NE: 1095a16
1001   Aristoteles, Mph: 981b30-982a3
1002   Aristoteles, Mph: 981b4
1003   Aristoteles, PA: 639a
1004   Aristoteles, Politik: 1329a
1005   Aristoteles, Politik: 1291a
1006   Aristoteles, MPh: 981b17
1007   Aristoteles, Politik: 1329b27
1008   Aristoteles, MPh: 981b21
1009   Aristoteles, Politik: 1327a
1010   Aristoteles, Politik: 1329a
1011   Aristoteles, Politik: 1337b
1012   Aristoteles, Politik: 1260b41
1013   Aristoteles, Politik: 1329a19
1014   Aristoteles, Politik: 1278a19, 1319a26

1015   Aristoteles, Politik: 1258b

1016   Aristoteles, Politik: 1323b, NE: 1177a

1017   Aristoteles, Protreptikos: B29

1018   Aristoteles, PA: 687a10

1019   Aristoteles, PA: 687a17

1020   Aristoteles, Protreptikos: B10, 13

1021   Aristoteles, EE: 1215a26

1022   Aristoteles, Rhetorik: 1.9.27

1023   Aristoteles, Politik: 1278b19, NE: 1133a2

1024   Aristoteles, Politik: 1329a6

1025   Aristoteles, Mph. 980b28

1026   Aristoteles, Politik: 1279a17, 1320a33

1027   Aristoteles, Politik: 1258b; NE: 1133a1-b32; Scott Meikle, Aristotele`s Economic Thought

1028   Aristoteles, Nikomachische Ethik, Buch IX

1029   Aristoteles, NE: 1099a31

1030   Aristoteles, Politik: 1254a

1031   Aristoteles, Politik: 1256a

1032   Aristoteles, Politik: 1257a, 1258a

1033   Aristoteles, Politik: 1256a

1034   Aristoteles, Politik: 1260b, 1278a

1035   Aristoteles, Politik: 1337b

1036   Aristoteles, Politik: 1329a

1037   Aristoteles, Politik: 1257a

1038   Aristoteles, Politik: 1257a

1039   Aristoteles, Politik: 1258a

1040   Aristoteles, Politik: 1258a

1041   Aristoteles, Politik: 1259b

1042   Aristoteles, NE: 1119b

1043   Aristoteles, NE: 1121b

1044   Aristoteles, NE: 1119b

1045   Aristoteles, NE: 1121b

1046   Aristoteles, NE: 1121b

1047   Aristoteles, NE: 1140b23, MM: 1197a25

1048   Aristoteles, Politik: 1281b

1049   Aristoteles, NE: 1106b5, 1181a23

1050   Aristoteles, Sophistische Widerlegungen, 164a20, 164b20

1051   Aristoteles, Sophistische Widerlegungen, 171b

1052   Aristoteles, Physik: 199a33; Über die Seele: 432b23

1053   Aristoteles, MM: 1205a37

1054   Aristoteles, EE: 1246a27

1055   Aristoteles, Mph: 1078b

1056   Aristoteles, Poetik: 1450b

1057   Aristoteles, Poetik: 1451b

1058   Aristoteles, Poetik: 1451b

1059   Aristoteles, Poetik: 1453a

1060   Aristoteles, Poetik: 1452a

1061   Aristoteles, Poetik: 1460b

1062   Aristoteles, Poetik: 1460b-1462b

1063   Aristoteles, Poetik: 1448a, 1450a

1064   Aristoteles, Über die Seele: 417a23

1065   Aristoteles, Über die Seele, Physik, Metaphysik)

1066   Aristoteles, MPh: 981b10ff

1067   Aristoteles, MPh: 980b29ff

1068   Aristoteles, Meteorologie, 338a20

1069   Aristoteles, Meteorologie, 339a2

1070   Aristoteles, Meteorologie, 339a7

1071   Aristoteles, Organon IV, Zweite Analytik: 71a3

1072   Aristoteles, Organon IV, Zweite Analytik: 71a1

1073   Aristoteles, Topik, I. Buch, 105b

1074   Aristoteles, Organon IV, Zweite Analytik: 71b9

1075   Aristoteles, NE: 1139b19

1076 Aristoteles, NE: 1139b25
1077 Aristoteles, NE: 1139b28
1078 Aristoteles, NE: 1142a14
1079 Aristoteles, NE: 1143b11
1080 Aristoteles, Organon IV, Zweite Analytik: 73b34
1081 Aristoteles, Organon IV, Zweite Analytik: 74a4
1082 Aristoteles, Physikvorlesung, 118a23
1083 Aristoteles, Generatione animalis, 788b10
1084 Aristoteles, MPh: 995a27
1085 Aristoteles, Organon IV: 71b17
1086 Aristoteles, NE: 1139b32
1087 Aristoteles, MM:1182a
1088 Aristoteles, Organon IV, Zweite Analytik: 74b18
1089 Aristoteles, Organon IV, Zweite Analytik: 71b18
1090 Aristoteles, Organon IV, Zweite Analytik: 72a7
1091 Aristoteles, Organon IV, Zweite Analytik: 72a15
1092 Aristoteles, Meteorologie, 344a5
1093 Aristoteles, Meteorologie, 343b20
1094 Aristoteles, Meteorologie, 363b1, 375b9
1095 Aristoteles, Meteorologie, 339b32
1096 Aristoteles, Metaphysik, 1078b 9ff
1097 Aristoteles, MPh: 1064b1ff
1098 Fritz Wehrli, Die Schule des Aristoteles, Heft VIII, Eudemos von Rhodos
1099 Aristoteles, PA: 491a10
1100 Aristoteles, MPh: 981b27
1101 Aristoteles, MPh: 996b27
1102 Aristoteles, MPh: 1005a20
1103 Aristoteles, Organon IV, Zweite Analytik: 74b23
1104 Aristoteles, MPh: 1005b13
1105 Aristoteles, MPh: 1005b19, 1006a3
1106 Aristoteles, MPh: 1006a31
1107 Aristoteles, MPh: 1007b18
1108 Aristoteles, MPh: 1006b13
1109 Aristoteles, MPh: 1008b29
1110 Aristoteles, MPh: 1005b19
1111 Platon, Politeia: 511b-d
1112 Aristoteles, Organon IV, Zweite Analytik: 776b22
1113 Aristoteles, Organon IV, Zweite Analytik: 75a37
1114 Aristoteles, Organon IV, Zweite Analytik: 76a16
1115 Aristoteles, Organon IV, Zweite Analytik: 76a36ff
1116 Aristoteles, Organon IV, Zweite Analytik: 76a30
1117 Aristoteles, Organon III Erste Analytik I.1.: 24a
1118 Aristoteles, Organon III Erste Analytik I.1.: 24b
1119 Aristoteles, Organon III Erste Analytik I.1.: 24b
1120 Aristoteles, Organon IV: 76b35
1121 Aristoteles, Organon VI: 170a31
1122 Aristoteles, PA: 639a
1123 Aristoteles, De Caelo, Parva naturalia
1124 Aristoteles, NE: 1140a23
1125 Aristoteles, Generatione animalis: 760b28
1126 Aristoteles, Physik: 213b
1127 Aristoteles, De Caelo: 313a
1128 Aristoteles, Poetik: 1447a(ff)
1129 Aristoteles, Poetik: 1447b, 1460b
1130 Aristoteles, Poetik: 1448b
1131 Aristoteles, Poetik: 1448a
1132 Aristoteles, NE: 1094b24
1133 Aristoteles, Poetik: 1450b
1134 Aristoteles, Poetik: 1451b
1135 Aristoteles, NE: 1140b22
1136 Aristoteles, NE: 1141a9

1137   Aristoteles, Mph: 1078b1

1138   Aristoteles, Politik: 1341b36

1139   Aristoteles, Poetik: 1450a

1140   Aristoteles, Poetik: 1462b

1141   Aristoteles, Politik: 1342a14

1142   Aristoteles, Politik: 1281b6

1143   Aristoteles, Politik: 1442b

1144   Aristoteles, Politik: 1323b

1145   Aristoteles, EE: 1215b2

1146   Aristoteles, NE: 1178b8

1147   Aristoteles, EE: 1249b17

1148   Aristoteles, NE: 1177b30

1149   Aristoteles, Protreptikos: B108

1150   Aristoteles, Protreptikos: B67

1151   Aristoteles, NE: 1178a4, Protreptikos: B20

1152   Aristoteles, NE: 1178a24

1153   Aristoteles, Protreptikos: B22

1154   Aristoteles, Protreptikos: B66, 67, 69

1155   Aristoteles, Protreptikos: B69

1156   Aristoteles, Organon IV: 71a1

1157   Aristoteles, Politik: 1337a36

1158   Aristoteles, Politik: 1337b

1159   Aristoteles, Politik: 1337b

1160   Aristoteles, Politik: 1337a

1161   Aristoteles, Politik: 1337a

1162   Aristoteles, PA: 639a

1163   Aristoteles, PA: 639a

1164   Aristoteles, EE: 1217a)

1165   Aristoteles, MPh: 1006a

1166   Aristoteles, NE: 1094b

1167   Aristoteles, PA: 639a

1168   Wolfgand Kluxen, Der Begriff der Wissenschaft, in Peter Weimar (Hg.) Die Renaissance der Wissenschaften: S. 286

1169   Malte Hossenfelder, Einletung zu: Antike Glückslehren, Quellen in deutscher Übersetzung; S. XXI

1170   Malte Hossenfelder, Einletung zu: Antike Glückslehren, Quellen in deutscher Übersetzung; S. XXI

1171   Diogenes Laertios, IX.57

1172   Diogenes Laertios, IX.57

1173   http://www.iep.utm.edu/diogen-a/

1174   DK, 68B.5

1175   Aristxenus Tarentinus, Commentarii; in : Carolus Müllerus, Fragmenta Historicorum Grecorum, Bd II, S. 290

1176   DL, IX.40

1177   Sousanna-Maria Nikolaou, Die Atomlehre Demokrits und Platons Timaios S. 128

1178   G. Ibscher: Demokrit, Fragmente zur Ethik

1179   DK, 68B150

1180   DK, 68B.82

1181   DK, 68B.59

1182   DK, 68B.157

1183   DK, 68B.154

1184   DK, 68B.144

1185   DK, 68B218

1186   DK 68B11

1187   DK 68B125

1188   Aristoteles, Physik 213b

1189   Aristoteles, De Caelo 313a)

1190   A.A. Long, Hellenistic Philosophy, S. 15

1191   Sextus Empiricus, Gegen die Wissenschaftler I.1.; Diogenes Laertios, X.8

1192   Aulus Gellius, The Attic Nights, V.III

1193   *Horaz: Briefe. Dichtung der Antike von Homer bis Nonnos, S. 11338 (c) Aufbau-Verlag]*

[1194]   Seneca, Von der Gemütsruhe, an Serenus 2.

[1195]   Petron: Satyrikon. Dichtung der Antike von Homer bis Nonnos, S. 13837 (vgl. Petron-Sat., S. 85) (c) Volker Ebersbach]

[1196]   Aulus Gellius Die Attischen Nächte, V.3.1., S. 271ff

[1197]   Lukian: Alexander oder Der falsche Prophet. Dichtung der Antike von Homer bis Nonnos, S. 7068 (vgl. Lukian-W Bd. 2, S. 86) (c) Aufbau-Verlag]

[1198]   Irenäus, Gegen die Häresien, II.14.3

[1199]   Xenophon, Anabasis, V.7

[1200]   Xenophon, Memorabilia IV.2.33.

[1201]   Hartmut Wilms, Techne und Paideia bei Xenophon und Isokrates: S103

[1202]   Xenophon, Kyrupädie: 5.III.47

[1203]   Xenophon, Memorabilien: III.4.12

[1204]   Xenophon, Memorabilien, III.6.17-18, IV.6, Kyrupädie: I.4.22.

[1205]   Xenophon, Oeconomicus: V,11

[1206]   Xenophon, Memorabilien: III.6.18

[1207]   Xenophon, Oeconomicus: XV,12

[1208]   Xenophon, Kyrupädie: 1.VI. 20-40

[1209]   Xenophon, Kyrupädie: 7.II.13

[1210]   Xenophon, Über die Jagd: 12.8. und 13.1-6

[1211]   Xenophon, Hieron: XI.5/6.

[1212]   Xenophon, Hieron: IX.7.

[1213]   Xenophon, Hieron: IX.8-9

[1214]   Xenophon, Hieron: X.1.

[1215]   Xenophon, Poroi: III und VI

[1216]   Xenophon, Poroi: V.4

[1217]   Xenophon, Oeconomicus

[1218]   Xenophon, Die Verfassung der Spartaner: VII.5.

[1219]   Xenophon, Die Verfassung der Spartaner: XIV.3.

[1220]   Xenophon, Oeconomicus: V,17

[1221]   Xenophon, Oeconomicus: V,11

[1222]   Xenophon, Oeconomicus: IV,2-4;-VI,5-7

[1223]   dtv- Lexikon der Antike

[1224]   R. Löbl: Techne II, Text 405

[1225]   Platon, Symposium; Xenophon, Symposium

Zeitfracht Medien GmbH
Ferdinand-Jühlke-Straße 7
99095 Erfurt, Deutschland
produktsicherheit@kolibri360.de